KB051794

상징어와 떠나는 일본 역사문화 기행

Japan Keywords 99

조양욱 지음

nBook

차례

첫째 마당 | 역사·전통·풍습

둘째 마당 | 정치·경제·사회

셋째 마당 | 문화·생활·스포츠

본문 사진 제공 사진가

구자호

조의환

윤덕주

이영섭

첫째 마당

역사 · 전통 · 풍습

전화위복(轉禍爲福),
오늘의 일본을 일구어준 은물(恩物)

구로후네 黑船 くろふね

집권 후 200여년을 넘기면서 도쿠가와 막부(德川幕府)의 영향력이 밑바닥으로 떨어지던 1853년. 현재의 도쿄만(灣) 부근에 낯선 배 4척이 출몰했다. 미국 동(東)인도함대 사령관 페리(Matthew Perry) 제독이 이끄는 함선이었다.

펜실베이니아의 강 이름에서 명명한 기함(旗艦) 사스케하나(Susquehanna)는 배수량이 4천 톤 가까웠으며, 10인치 포(砲) 3문(門)을 포함 모두 9문의 포가 장착된 전함(戰艦)이었다.

일본인들이 화들짝 놀란 것은 기함과 또 한 척의 배가 증기선이었기 때문이다. 고작 범선(帆船)만 알던 이들로서는 증기기관을 돌려 기계로 움직이는 배는 듣도 보도 못한 미지의 세계였다.

선체를 검정 페인트로 칠하여 철선(鐵船)처럼 보였지만 실제로는 목선(木船)이었던 페리 함선. 일본인들은 이를 두고 검은 배, 구로후네라고 수군거렸다. 그렇다면 페리 제독은 왜 필모어(Millard Fillmore) 대통령 친서까지 휴대하고 쇄국으로 닫힌 나라 일본에 들이닥쳤을까?

고래잡이 때문이었다. 산업혁명 성공으로 공장 기계를 돌리려면 윤활유를 비롯한 기름이 필수품이었다. 그걸 충당하느라 고래를 잡아 기름을 짜냈다. 그로 인해 포경업이 번창한 것은 자연스러운 귀결이었다.

포경선은 보통 1년 이상 항해하며 고래를 잡았다고 한다. 그러자면 도중에 어딘가에서 물과 식료품, 땔감인 장작 등을 보충해야 했다. 태평양이 고래잡이 어장인 미국 포경선으로서는 가장 맞춤한 보급기지가 일본이었다. 단단히 빗장을 걸어 잠근 채 잠든 나라를 깨우려면 무력을 동원하는 게 첩경이었고….

훗날 이름을 한자로 피리(彼理)라고 표기한 페리 제독, 그는 대통령 친서만 전하고 조용히 물러났다. 너무 놀란 막부의 1년 유예 간청을 받아들였던 것이다. 이듬해 다시 나타난 페리가 으름장을 놓았다. 빈껍데기 뿐 무력하기 짝이 없던 막부, 미·일 화친조약을 맺고 시모타(下田)와 하코다테(函館) 두 항구를 개항할 수밖에 없었다.

어쩌면 일본으로서는 이것이 전화위복의 계기였다. 낡은 옷을 벗어던지고 새 옷으로 갈아입었다. 국운(國運) 융성을 위한 절묘한 타이밍, 사가(史家)들은 그것을 두고 메이지유신(明治維新)이라 작명했다.

작가 시바 료타로(司馬遼太郎)는 수많은 명작을 남겼다. 워낙 존경을 받았던지라 사람들로부터 나라의 스승, 국사(國師)로까지 떠받들렸다. 그가 쓴 저작 중 『언덕 위의 구름』 제1권 첫 장을 펼치면 대뜸 이런 구절로 이야기가 시작된다.

"참으로 조그마한 나라가 개화기를 맞으려 한다."

조그마한 나라 일본, 그 개화기란 곧 근대국가의 초석을 놓은 메이지유신에 다름 아니었다. 박정희(朴正熙) 대통령이 남의 나라 역사를 본떠 10월 유신이라 흉내 냈을 만큼 메이지유신은 일본이라는 나라의 새로운 미래를 연 제1막 제1장이었다.

엄청난 변화가 찾아왔다. 국가다운 국가의 꼴을 비로소 갖추기 시작했음은 물론이려니와, 국민 계몽을 위한 신식 교육기관 설립에서부터 단발령(斷髮令) 시행에 이르기까지 나라 바로 세우기 작업이 급속도로 이루어졌다.

미국과 유럽으로 대규모 시찰단도 파견했다. 유학생 60명에다 신정부 각료 3명(전체 각료는 7명이었다), 각료급 실력자 이토 히로부미(伊藤博文)를 포함한 108명의 사절단은 당초 10개월 일정을 갑절이나 늘여 2년 가까이 서양 문물에 탐닉했다.

이때에도 일본인들은 과거의 학습법을 구사했다. 즉 해외 유학생 파견과는 별도로 수많은 외국인 전문가를 국내로 불러들여 스

미국 동인도함대 소속 기함 사스케하나(Susquehanna).

승으로 삼았던 것이다. 그 영역은 새 국가 건설을 위한 온갖 분야가 망라되었다. 군대 육성에는 영국과 독일 군인을 초빙했다. 해군은 영국군, 육군은 독일군에게 교육을 맡겼다니 그 치밀성에는 혀를 내두르지 않을 수 없다.

신식 교육제도 마련을 위한 교육자, 도시 건설을 위한 건축가 등 외국에서 불러들인 전문가가 물경 1만 명이 넘었다면 할 말 다 했다. 6천여 명의 영국인이 가장 많았고, 다음이 3천 명 가까운 미국인, 900여 명의 독일인, 600여 명의 프랑스인, 그리고 40여 명의 이탈리아인이었다. 당시 일본 인구를 약 3천500만 명으로 추산하자면 얼마나 많은 외국인을 불러들였는지 금방 계산이 나온다.

시바 료타로가 메이지유신을 다룬 또 하나의 작품 『료마(竜馬)가 간다』. 거기에는 주인공 사카모토 료마(坂本竜馬)가 가쓰 가이슈(勝海舟)로부터 미국 민주주의에 대한 설명을 들은 다음 이런 대화를 나누는 장면이 나온다.

"미국 첫 대통령 워싱턴이라는 사람의 자녀들은 지금 무엇을 하고 있습니까?"(사카모토)

"그 따위는 아무도 몰라요!"(가쓰)

왕이건 쇼군(將軍)이건 지역 영주이건, 자자손손 이어가는 권력 세습만을 믿어왔던 사카모토와 같은 쇄국의 열혈 청년들. 그들이 우물 안 개구리에서 벗어나 이제까지와는 전혀 다른 세계에 눈을 뜬 것이 개국(開國)과 흥국(興國)의 촉진제가 되었음은 분명해 보인다.

난생 처음 대했던 구로후네. 메이지유신 150년을 맞이한 올해(2018년)로되, 일본인들 뇌리에 각인된 검정색 배의 화인(火印)이 여전히 생생하리라고 느끼는 건 착각일까?

100년 넘는 역사와 전통,
초등학교 입학 선물

란도세루 ランドセル

주먹구구로 셈해 보니 얼추 130여 년, 일본 초등학생들이 여태 한결같이 메고 다니는 책가방 란도세루의 역사다. 참 가당찮다. 그야말로 우째 이런 일이…!

비슷한 백팩(backpack)이 일본에 도입된 건 독일을 본떠 신식 군대 육군을 창설하면서였다. 묘한 것은 훈련을 비롯한 시스템이 죄다 메이드 인 독일이었는데, 웬일인지 병사들이 휴대품을 담도록 나눠준 배낭은 메이드 인 네덜란드였다. 란도세루는 네덜란드어 란셀(Ransel)의 일본 사투리다.

일본에서 상류 계급 자녀를 위한 교육기관 가쿠슈인(學習院) 초등과가 설치된 것은 1847년, 그것이 메이지 새 정부 출범 후인 1884년 정식으로 관립(官立)학교가 되었다. 이듬해에는 「교육 현장에서의 평등」이란 가치를 내세워 왕족, 귀족 자녀들이 마차나 인력거를 타고 등교하는 것을 금지시켰다. 요즈음으로 치면 자가용 금지다. 더불어 학생들은 누구 할 것 없이 룩색(rucksack)에다 교재와 학용품을 담아 각자 메고 오도록 정했다.

불과 몇 해 뒤, 황태자(훗날의 다이쇼 천황)가 입학하게 되었다. 이 사실을 안 당대 권력자 이토 히로부미가 육군 장교용 배낭과 흡사한 가방을 만들어 입학 선물로 바쳤고, 이를 계기로 란도세루가 인기를 끌기 시작했다.

하지만 언감생심, 꿈도 꾸지 못하던 값비싼 란도세루에 서민들 손길이 닿은 것은 패전 후 살림살이 형편이 조금씩 나아지던 1960년 무렵. 믿거나 말거나지만 자녀들이 등·하교하다가 물에 빠지면 튜브 대용, 자동차에 치이면 충격 방지용으로도 맞춤하다는 소문이 더해지면서 부담스러운 가격에도 불구하고 날개 돋은 듯 팔려나갔다고 한다.

정말 비싸긴 비싸다. 40~50만 원짜리는 예사고, 최근에는 100만 원이 넘는 고급품까지 등장했다. 그 여파로 중부지방 간사이(關西)국제공항 면세점에 란도세루가 진출했다는 뉴스가 전해진 것이 불과 몇 해 전이다. 그야 어쨌든 초등학교 6년 내내 쓰니 가성비(價性比)가 높다며 고개를 끄덕이는 부모가 많고, 행여 책가방으로 인해 학교에서 친구들에게 왕따 당할까봐서도 안달을 한다니 더 일러 무엇 하리오.

게다가 또 한 가지 사회 현상. 우리나 일본이나 자녀는 줄어들고 노인은 늘어난다. 저쪽 통계만 소개하자면, 2016년 초등학교 입학생은 반세기만에 반 토막 밑으로 떨어진 100만여 명. 이에 비해 65세 이상 노인은 3천만 명을 훌쩍 넘었다. 이를 빗대어 '주머니가 6개'라는 유행어가 들려오는 모양이다. 말인즉슨 어린이 한 명을 위해 부모와 조부모, 외조부모 등 6명이 아낌없이 지갑을 연다는 뜻이었다.

일본 초등학생의 필수품 란도세루.

이토 히로부미에 의해 촉발된 초등학교 입학 선물 란도세루. 해마다 4월 초하루 개학을 앞두고 일본에서는 오늘도 책가방 매장이 어른들로 붐빈다. 그것은 장난감, 옷, 그림책, 그리고 외식(外食)과 더불어 애지중지하는 '자녀용 선물 랭킹 5'라니 일본보다 더한 출생률 감소에 허덕이는 우리 처지에서야 무얼 나무랄까.

200년 만에 스스로 물러나는
명목상 군주

덴노 天皇 てんのう

일본과 영국은 닮은 점이 많다. 둘 다 섬나라이고, 자동차가 좌측 통행하며, 내각책임제이다. 상징적 존재인 왕이 있고, 왕실이 있다. 한 가지는 전혀 다르다. 엘리자베스2세 여왕처럼 영국에서는 여자가 왕이 될 수 있으나 일본은 남자만이 천황, 즉 덴노의 자리에 앉는다.

그것이 예로부터 물려받은 전통은 아니다. 서기 592년부터 무려 36년 동안 왕위를 지킨 첫 여성 천황 스이코(推古)를 포함하여 역사상 8명의 여성이 왕좌에 올랐다. 그러다 1868년 메이지(明治) 천황이 즉위하여 서양식 제국주의를 지향하면서 「황실 전범(典範)」 제1조에 남자만이 왕위를 잇는다고 못박아버렸다.

그로 인해 온갖 소동이 빚어졌다. 이유는 하나, 오랜 세월 왕자가 태어나지 않았기 때문이다. 가장 큰 속앓이는 황태자인 나루히토(德仁) 부부의 몫으로 돌아갔다. 결혼 7년 만에 간신히 임신에 성공하여 왕실 안팎에서 큰 기대를 걸었건만 공주가 태어났다.

차곡차곡 쌓인 스트레스로 인해 마사코 황태자비(妃)는 급기야 몸 져 누웠다. 미국신문 〈워싱턴 포스트〉는 "지구상에서 가장 오래된 세습 군주의 후계자가 될 아들을 낳아야 한다는 왕실의 무거운 의무를 짊어진 채 마사코비는 사실상 인질 상태에 빠져 있다"고 꼬집었다.

왕위를 이을 남자가 없는 게 아니다. 서열 1위인 황태자가 있고, 2위인 황태자의 남동생, 3위인 천황의 동생 등 7명이 줄지어 있었다. 그러나 직계 맏아들로 왕위 계승 전통을 세우고자 하는 궁내청으로서야 황태자비가 아들 낳기를 학수고대할 수밖에 없다.

가지 많은 나무 바람 잘 날 없듯 삐걱대던 왕실에 돌풍이 분 것은 2016년 8월이었다. 아키히토(明仁) 천황이 영상 메시지라는 이례적인 방법으로 퇴위(退位)의 심중을 드러낸 것이다. 나이와 신체 쇠약을 이유로 들었다. 1933년생인 천황은 그동안 여러 차례 수술을 받은 병력(病歷)이 있다.

대번에 정치권을 포함한 일본사회 전체가 술렁거렸다. 반대 목소리가 적잖았으나 천황 스스로 의사를 밝힌 점, 황태자의 나이도 어언 환갑을 바라본다는 점 등으로 대세가 기우는 형세였다.

「천황 퇴위 등에 관한 황실 전범 특례법」이 국회를 통과, 공포된 것은 2017년 6월이었다. 이를 받아 그 해 12월 황실회의가 열렸다. 퇴위 날짜는 이 회의를 통한 의견 수렴 과정을 거쳐 총리가 결정한다. 모두 10명인 황실회의 멤버는 총리, 중·참의원 의장 및 부의장, 최고재판소 장관 및 재판관 1명, 궁내청 장관과 황족 2명이다.

D데이는 정해졌다. 2019년 4월 30일. 나이 55세로 보위(寶位)에 오른 지 서른 해 남짓, 이튿날 제126대 천황이 즉위함과 동시에 상황(上皇)으로 물러나 앉는다. 이와 더불어 연호(年號) 헤이세이(平成)도 바뀐다. 새 연호는 총리의 의뢰를 받은 전문학자들이 국민들 이상에 걸맞은 의미를 지닌 두 글자의 한자(漢字)로, 쓰기 쉽고 읽기 쉬운 후보군(群)을 제시하면 그 중에서 총리가 고르게 되어 있다.

아무튼 생전 퇴위라는 급물살에 실리면서 왕실의 남아선호에 대한 반기(反旗)도 겉으로는 내려졌다. 그래도 15세 이상의 공주는 본인 희망에 따라 왕실을 떠나 평민이 될 수 있다는 것이나, 공주가 평민과 혼인하면 즉시 왕족 신분에서 벗어나고 마는 규정 등은 여전한 남존여비의 불씨로 남아 있다. 더구나 매스컴에 의해 사사건건 비견되는 영국 왕실은 아흔을 넘긴 여왕의 재위 기록이 이미 기네스북에 올랐고, 그러다보니 찰스 황태자는 벌써 칠순 나이 아닌가!

덴노 항목을 마무리하면서 잠깐, 일본 법정 공휴일 16일 가운데 생일과 연관된 날이 사흘이나 된다. 첫째 '쇼와노히(昭和の日)'

라 부르는 4월29일은 히로히토 천황의 생일. 다음이 '문화의 날'인 11월3일. 역시 애초에는 메이지 천황의 생일이었다. 세 번째가 12월23일. 현 천황의 생일인데, 이제 2019년부터는 또 바뀌어야 한다. 이 양반들, 앞으로도 왕의 생일은 죄 공휴일로 삼으려나?

히로히토 전(前) 천황.

겐고 元号 げんごう

고대 중국에서 황제에 의한 시간 지배라는 의미로 쓰던 연호(年號), 한국과 중국에서는 일찌감치 사라진 이 연호가 일본에서는 지금껏 펄펄 살아 있다. 상징적인 존재에 지나지 않더라도 국왕과 왕실이 엄연히 존재하기 때문이리라. 그들 용어로는 원호, 겐고다. 예전에는 연호로 썼으나 메이지유신 이래 원호로 고쳤다.

딱 2개 조항으로 된 일본에서 가장 짧은 법률 명칭 역시 원호법이다. 1979년에 여당 주도로 제정되었다.

제1항, 원호는 정령(政令)으로 정한다. 제2항, 원호는 황위 계승이 있을 경우에 한해 바꾼다.

헤이세이(平成). 현행 일본 연호다. 한국인으로서는 결코 쉬 잊지 못하는 히로히토 천황 치하의 쇼와(昭和)시대가 막을 내리고, 1989년 황태자 아키히토가 새 천황으로 즉위하면서 붙여진 연호다.

2019년 5월 1일이면 이 연호가 바뀌게 된다. 「덴노(天皇)」 항목에서도 소개했지만, 아키히토 천황이 퇴위하고 이 날 황태자가 제126대 천황으로 즉위한다. 그러므로 원호법 제2항을 따라야 하기 때문이다.

연호는 왕실을 담당하는 궁내청을 비롯한 일본정부, 그리고 관계 전문가들의 밀실 논의를 통해 정해진다. 두 글자 한자(漢字)로, 쓰기 쉽고, 읽기 쉬워야한다는 세 가지 기본 원칙이 있다.

헤이세이는 『사기(史記)』 오제본기(五帝本紀)에 나오는 내평외성(内平外成)과 『서경(書經)』 대우모(大禹謨)의 지평천성(地平天成)에서 뽑아낸 단어라고 한다. 일본인들로서는 1989년이 헤이세이 1년이었다.

문제는 이 연호가 물과 공기처럼 평소에는 있는 지 없는 지조차 모르는 존재인 천황과는 달리, 일상생활에 두루 통용되고 있다는 사실이다. 특히 정부가 작성하는 문서나 보도자료 등에는 반드시 연호를 적도록 관례화 되어 있다. 그러니 단적으로 말하자면 일본에서 생활하기 위해서는 천황이야 몰라도 그만이지만, 연호만큼은 기억해두어야 불편이 덜하다는 뜻이다.

그것은 양력과 더불어 고유 명절 등은 반드시 음력으로 꼽는 한국에서의 단기(檀紀)와는 또 다른 측면이 있다. 단군 기원의 단기야 한국인의 일상에 큰 영향을 끼치지는 않는다. 어쩌다 따져볼 일이 생겨도 서기(西紀)에 2천333년을 보태기만 하면 그뿐이다. 그에 비해 일본의 연호는 생활 구석구석에 그림자처럼 늘 따라 다닌다.

연호의 역사에도 약간 변화가 있었다. 쇼군(將軍)이 실질적인 권력을 행사한 무신정권 막부(幕府) 시절에는 왕의 재위 기간 중에도 연호가 바뀌는 수가 왕왕 있었다. 그러던 것이 메이지 천황 이후로는 1 왕 1 연호 제도가 정착되었다.

천황이 타계하면 연호가 곧 그의 칭호로 바뀐다. 60여 년을 재위한 히로히토가 떠나자 일본 국민들이 그를 쇼와 천황이라 부르는 것도 그래서이다. 이 점, 북한은 또 달라 보인다. 김일성이 태어난 1912년을 주체(主體) 원년으로 쳐서, 3대 세습한 여태 그대로다. 일본과 다른 것은 서기를 괄호 속에 함께 표기한다는 점이리라. 주체107년(2018년)이라는 식으로….

도쿄 도심 한복판에 자리한
구중궁궐

고쿄 皇居 こうきょ

여류작가 쓰보이 사카에(壺井榮)가 발표하여 밀리언셀러가 된 반전(反戰) 소설 『스물네 개의 눈동자』에 나오는 한 장면. 갯마을 초등학교 분교의 처녀 선생님이 학동들에게 묻는다.

"천황 폐하가 어디 계시는지 아는 사람?"

아이들이 우르르 손을 든다. 선생님이 한 학생을 지목한다. 코흘리개 녀석의 대답이 걸작.

"벽장 속에서 계십니다."

왁자하게 터지는 웃음소리, 하지만 영 터무니없지는 않다. 군부가 천황을 앞장 세워 전쟁으로 치닫던 무렵, 학교마다 천황 사진을 모시는 봉안전(奉安殿)을 꾸며 경의를 표하게 했다. 식민지 한국에서도 마찬가지였다.

소설 속 분교처럼 가난한 벽촌(僻村) 학교에는 봉안전이 있을

리 없어 조례 때마다 벽장에 넣어둔 사진을 들고 나왔다가 식이 끝나면 다시 제자리에 돌려놓았다. 그걸 눈여겨 본 꼬마로서야 천황의 거처는 벽장일 뿐, 도쿄에 자리한 드넓은 왕궁 고쿄를 어찌 알리오.

원래는 일본을 통일한 도쿠가와 이에야스(德川家康)가 본거지로 삼은 에도성(江戶城)이었다. 메이지유신으로 그동안 교토(京都)에서 살던 천황이 옮겨오면서 궁성으로 바뀌었고, 고쿄로 불리기 시작한 것은 1948년부터다.

주요한 왕실 행사는 이곳을 중심으로 이뤄진다. 해마다 정월 초이튿날 거행되는 새해 인사 집회 잇반산가(一般參賀)는 왕궁 내에서 가장 긴 건물인 160미터의 장화전(長和殿) 중앙 발코니에 천황 부부와 황족들이 모습을 나타내면서 진행된다. 매스컴들은 2018년 이 행사가 역대 가장 많은 군중(12만7천 명)이 몰린 가운데 성대하게 열렸다고 보도했다. 천황의 생전 퇴위 소식이 전해졌기 때문이리라.

왕실 업무를 관장하는 궁내청 발표에 의하면 2017년 한 해 동안 외국 왕족과 국가원수 등 귀빈 26명이 천황을 예방했다고 한다. 이들에게 만찬을 베푸는 곳은 연회장 풍명전(豊明殿)이다.

이 같은 전각(殿閣)들을 포함하여 해자(垓字)로 에워싸인 140만 평방미터의 왕궁은 그 넓이가 바티칸의 3배, 여의도의 6분의 1에 달한다. 300종이 넘는 나무들이 울창한 숲을 이루고, 무리 지어 노니는 새가 70종을 헤아린다던가?

그렇게 너른 곳에서 누가 사나? 여러 왕족 가운데 오직 천황과 황태자 가족만이 주인공이다. 물론 보좌진은 훨씬 많다. 1천 명이 넘는 궁내청 직원 중에는 직접 천황 부부를 뒷바라지하는 시종직(侍從職)과, 황태자 가족을 돌보는 동궁직(東宮職)이 10% 가량이다. 모두 국가공무원이며, 출퇴근이 불가능한 여관(女官)은 미망인과 독신여성이 맡는다.

경호를 담당하는 왕궁 경찰본부도 있다. 경찰청 파견기관인데, 광역자치단체 경찰본부와 동격이다. 환자보다 직원이 더 많다고 욕먹는 부속병원까지 있다. 하루 평균 외래환자가 병원 직원의 3분의 2에 지나지 않기 때문이란다.

그래서 한 해 예산을 얼마나 쓸까? 일본인이 내는 세금에서 1인당 200엔을 살짝 웃돈다는 기록을 본 적이 있는데 그게 많은지 적은지는 일본인 스스로가 셈해볼 일이다. 세금 이야기가 나와서 말이지만 왕족들은 납세 의무가 없다. 건강보험이나 연금, 근로자 보험과도 무관하다.

한 시절 한국에서는 대통령 휘장이 들어간 속칭 청와대 시계가 세인의 관심을 끌었다. 어떤 능글맞은 이는 호가호위(狐假虎威)하듯이 시계를 차고 거드름을 피워 눈총을 받았다. 천황에게는 그런 게 없을까?

진짜로 왕이 내린대서 은사(恩賜)라는 표현을 쓰는데, 뜻밖에도 담배였다. 멀리 메이지시대로부터 왕실 문장(紋章)인 국화가 그려진 담배를 왕궁 청소 자원봉사자 등에게 나눠주었다. 양이 자그마치 연간 100만 개비를 훌쩍 넘어 금연단체가 인상 쓴다는 뒷말이 들리더니 2006년 역사의 뒤안으로 사라졌다. 지금은 별사탕이 담긴 예쁜 과자상자로 바뀌었다고 한다.

어쨌든 앞으로 천황이 또 다시 벽장을 드나드는 꼴불견이야 없으렷다!

일본인들이 마음의
고향으로 치는 영산(靈山)

후지산 富士山 ふじさん

아마도 연하장 그림으로는 가장 자주 등장하지 않았을까? 일본 최고봉 후지산, 해발 3천776미터. 똑같은 발음에 한자를 달리하여 후지산(不二山)이라는 별칭으로도 적었다. 세상에 둘도 없는 산이란 뜻이었다.

크기도 대단하다. 산중턱의 5개 호수 가운데 하나인 가와구치호(川口湖) 둘레가 17.4 킬로미터, 넓이가 5.6 평방킬로미터라면 대략 가늠할 수 있으리라.

일본인들은 후지산을 영산이요 마음의 고향이라고 부른다. 워낙 후지산을 선망해서인지 일본 각지에 똑같은 이름의 산이 31개나 있단다. 기념일도 있다. 2월23일이 후지산의 날이다. 일본어 발음으로 후(2), 지(2), 산(3)에서 따온 택일이다.

민족의 심벌로 떠받들었기에 등반도 애초에는 신앙과 결부되

한여름을 빼고는 늘 눈에 쌓여 있는 후지산.

어 있었다. 17세기경부터 후지고(富士講)라는 이름의 종교 집단 신도들이 수행을 위해 후지산에 올랐다는 것이다. 그들은 흰옷 차림에 방울을 흔들고 경을 외우면서 산을 탔다.

1860년에야 종교 색채를 탈피한 대규모 등산이 이루어졌다. 60년마다 한 번씩 돌아온다는 후지산의 생일을 맞은 이 해, 수만 명이 산행에 나섰다. 초대 주일 영국공사 러드포드 올콕(Rutherford Alcock)도 한몫 끼어 첫 외국인 등정자로 기록되었다.

불문율처럼 인식되어 온 여성 입산금지도 생일을 맞는 해에 한해서 풀었다. 물론 그 이전에 금기를 어긴 용감한 여성이 있었는데, 남장(男裝)을 했대서 눈감아 주었단다. 여성 차별은 제2대 영국공사 해리 스미스 파크스(Harry Smith Parkes)의 아내가 산을 오

붉게 물든 노을 속에 도리이가 세워진 후지산.(시즈오카현 제공)

른 뒤 완전히 사라졌다.

전문가가 아닌 일반인들의 등반은 7월 초하루에서 9월 10일까지 이뤄진다. 이 때 전국에서 몰려온 남녀노소 등산객이 4개 코스에 인산인해를 이룬다. 환경성 산하 간토(關東)지방 환경사무소는 후지산 8부 능선에 적외선 감지기를 설치, 등산객 숫자를 체크한다. 2017년도에는 28만5천 명으로 집계되었다.

정상에 자리한 신사(神社) 경내의 우체국은 일본인다운 발상이었다. 1906년에 세웠다니 역사도 오랜 이곳에서 부친 편지는 당사자가 하산하여 집으로 돌아간 후에야 배달된다. 그래도 거기에 찍힌 우체국 소인(消印)이 흡사 공공기관의 등반 확인서 구실을 하는 것이다. 이제는 휴대전화가 통하게 중계소까지 세웠다지만 역시 오래도록 남을 신표로는 후지산 정상 우체국 스탬프만 못하리라.

마치 한 나뭇가지가 우뚝 솟아 하얀 옥비녀처럼 푸른 하늘에 꽂혀 있는 것 같았고, 중턱으로부터 아래는 구름과 안개에 덮여 있었다. 마치 태화산(太華山)의 구슬연못(玉井)에 하얀 연꽃이 피어난 것 같았다. 도무지 세상에서 흔히 볼 수 있는 그런 것이 아니었다. 만약 진시황으로 하여금 이 광경을 낭야대(琅揶臺)에서 바라보게 했더라면 마땅히 다시 푸른 바다를 건너서 신선을 불렀을 것이다.

요즈음 쓴 후지산 완상기(玩賞記)가 아니다. 1719년 조선통신사 제술관(製述官)으로 일본을 다녀온 신유한(申維翰)의 기행문 『해유록(海遊錄)』에 나오는 대목이다. 그리 해묵은 기록이기는 해도, 300년 전 조선 선비의 눈에 비친 후지산이라고 해서 지금과 모습이 다르지는 않았으리라.

후지산 정상 우체국 스탬프.

쇼토쿠 타이시 聖德太子 しょうとくたいし

일본인들은 역사상 가장 걸출한 위인으로 누구를 꼽을까? 지폐에 자주 등장한 인물을 뒤지는 것도 하나의 방법이리라. 쇼토쿠 태자(574~622년)다. 100엔부터 1천 엔, 5천 엔, 1만 엔짜리 지폐에 이르기까지 7번이나 초상이 실렸다.

자신의 고모인 일본 최초 여왕 스이코(推古) 천황을 대신하여 섭정(攝政)으로 취임, 사회를 혁명적으로 개혁한 인물이다. 그가 이룩한 업적은 어떤 것이었을까?

첫째는 불교 연구와 보급에 온힘을 쏟았다. 금당 벽화로 유명한 호류지(法隆寺)도 창건했다. 두 번째로 일본 최초 관료제도인 관위12계제(冠位12階制)를 정하여 신하들이 원활한 행정을 통해 나라를 이끌도록 했다.

세 번째는 앞선 중국 문물을 배우려 대규모 견수사(遣隋使)를 파견한 것이다. 이것은 나중에 견당사(遣唐使)로 이어지면서 나라를 살찌우는 지식 유입 통로 역할을 톡톡히 해냈다. 이로 인해 대규모 국비 유학생을 세계 최초로 해외에 보낸 나라가 일본이라는 기록도 갖게 되었다.

쇼토쿠 태자는 이 같은 업적을 통해 국가로서의 기초를 튼튼히 다졌다. 그가 불교를 널리 보급하는 한편으로 전통 신앙인 신도(神道)를 배격하지 않았다는 점도 특기할 만하다. 신불(神佛) 습합사상(習合思想)이라는 것으로, 불교와 신도 사이에서 갈피를 잡지 못할 국민들의 정신적 혼란과 갈등을 말끔히 씻어주었던 것이다.

이것은 메이지유신을 하면서 거리낌 없이 서양문물을 받아들일 때에도 통했다. 일본의 정신과 서양의 기술, 화혼양재(和魂洋才)라는 한마디로 거부감을 떨쳤다. 오늘날 일본인들이 결혼식은 신도, 장례식은 불교식으로 치르는 경우가 흔한 것 또한 마찬가지다.

그런 위대한 인물의 위상이 근자에 와서 많이 흔들린다. 심지어 가짜라는 이야기까지 나돈다. 역사학자 오야마 세이이치(大山誠一)는 1999年에 출간한 저서 『쇼토쿠 태자의 탄생』에서 비교적 일찌감치 비판론을 제기했다. 오야마는 책에서 관위12계와 견수사 파견을 뺀 나머지는 모조리 허구라는 주장을 폈다.

과연 진실은 무엇인가? 실존 인물임은 분명하다. 이름은 우마야토오우(厩戸王 うまやとおう). '성(聖)스럽고 덕(德)이 높은 태자'

라는 칭호는 사후에 붙여졌다. 그럴싸한 추론이 들려오기도 했다.

지폐에 초상화가 실린 쇼토쿠 태자.

태자 몰후(歿後) 50년, 처절한 왕위 쟁탈전이 벌어졌다. 간신히 승리를 거두고 왕위에 오른 덴무(天武)는 실추된 천황의 권위를 되살리느라 태자를 이용하기로 했다. 그 시절 행해진 수많은 정책을 과대 포장하여 위대한 업적을 만들어 낸 뒤, 쇼토쿠 태자라고 띄웠다는 것이다.

그렇게 함으로써 라이벌인 유력 호족들을 누르고, 자신의 혈통적 우수성과 통치자로서의 정통성 확립을 노렸다. 그런 다음 천황 중심 중앙집권 율령국가를 건설해나가고자 했다는 설명이다.

그러니 적어도 쇼토쿠 태자가 천황 섭정으로 활동했음은 분명하다. 단지 대대손손 떠받들린 위인에 걸맞게 모든 것을 혼자 이뤄 내었는지는 의심의 여지가 있지만…. 그 바람에 긴 세월 이어져 내려온 일본 최고 위인상(像)에 금이 가니 이를 어찌 할꼬?

일본 지폐 이야기를 먼저 들먹인 김에 덧붙이자. 역사상 첫 지폐는 1881년에 나온 1엔, 5엔, 10엔짜리로, 진구(神功) 황후 초상이 들어갔다. 모계(母系)가 신라로 전해지는 진구는 삼한정벌이라는 믿거나 말거나인 설화 주인공이기도 하다.

현재 사용하는 최고액권 1만 엔 지폐 속 인물은 사립 명문 게이오(慶應)대학을 세운 계몽사상가 후쿠자와 유키치(福澤諭吉)로 바뀌었다. 1984년부터다.

히노마루 日ノ丸 ひのまる

1936년 베를린, 스물네 살 식민지 청년 손기정(孫基禎)은 이를 악물고 달렸다. 올림픽 스타디움 트랙을 돌아 감격의 1위 골인, 2시간 29분 19초였다. 시상대에 선 손기정의 머리에는 승리를 상징하는 월계수가 얹혔다. 하지만 흠뻑 땀에 전 그의 유니폼에 새겨져 있던 것은 태극기가 아닌 일장기(日章旗)였다.

히노마루. 일본 국기(國旗). 아니, 정확하게 밝히자면 패전 후 오랜 세월을 사생아처럼 지내다가 1999년 8월에야 비로소 입적(入籍)함으로써 공인된 나라의 깃발이다. 일설에는 예로부터 신사(神社)에서 달았다고도 하며, 16세기 경 일본 배들이 이 깃발을 달고 다녔다는 이야기도 있다.

기록상으로는 에도(江戸)시대(1603~1867년) 말기, 사쓰마번(薩摩藩, 현재의 규슈 가고시마 지역) 영주였던 시마즈 나리아키라(島

津齊彬)가 당시 일본 바다에 빈번히 출몰하던 서양 선박과 구분하느라 하얀 천에 태양을 그린 깃발을 휘하 선박에 달도록 했다. 이어서 중앙 행정관청이었던 막부에 건의하여 국기로 삼도록 했다고 한다.

그 무렵 미국 방문 사절단을 싣고 태평양을 건넌 여객선 간린마루(咸臨丸)에도 이 깃발이 나부꼈다. 메이지 새 정부가 들어서자 1870년 정식으로 나라의 표징으로 삼았다. 깃발 치수는 가로·세로 비율이 3대2, 가운데 동그라미 지름은 세로 길이 5분의 3이다.

히노마루가 오욕의 깃발로 돌변한 것은 일본이 군국주의로 치달으면서부터였다. 군함을 위시한 모든 군대가 이 깃발아래 침략의 나팔을 불었으며(육해군 깃발은 따로 있었다), 국민들에게도 무조건적인 애국심 고양의 수단으로 써먹었기 때문이다. 그로 인해 패전 후 히노마루는 국가(國歌)였던 「기미가요(君が世)」와 더불어 미움의 대상으로 전락했다.

아무리 그래도 나라의 심벌을 그냥 내버려둘 리가 없었다. 자위대가 발족되자 병영에서 먼저 부활했다. 1964년 도쿄 올림픽에서는 버젓이 국기로 대접 받았다.

그렇게 한 발자국씩 걸음을 뗐으나 일반인들 생활 속에까지 제대로 파고들지 못하는 현실에 애통한 눈길을 던지는 인간들이 있었다. 바로 우익 패거리들이었다. 때마침 우익 정객 나카소네 야스

히로(中曾根康弘)가 총리로 선출되자 학교마다 히노마루, 기미가요를 국기와 국가로서 가르치도록 지시하여 소동이 일었다.

그 후 한동안 잠잠해지는가 싶더니 이 또한 시대의 변화를 피해가지 못했다. 20세기 마지막 해, 마침내 기미가요와 나란히 일본국 법전 속에 버젓이 자리 잡기에 이르렀다. 나라의 깃발, 나라의 노래로…. 다만 강요하지 않는다는 묵계(黙契) 아닌 묵계가 맺어진 듯한데, 졸업식이나 입학식 시즌에 이따금 들려오는 뉴스로는 강요로 인해 더러 갈등이 빚어지는 모양이었다. 그러면 그렇지!

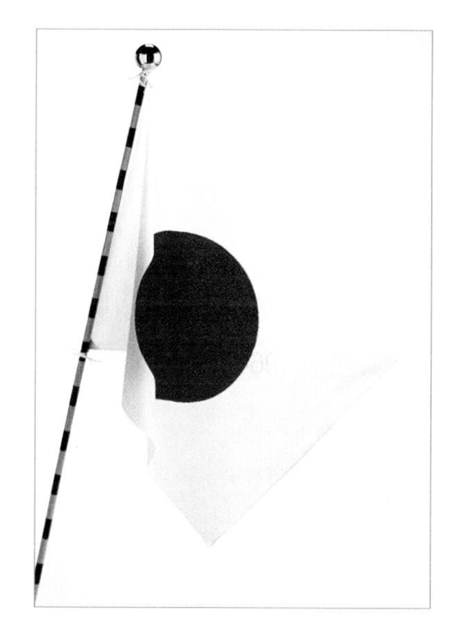

일본 국기 히노마루.

자라보고 놀란 가슴
솥뚜껑 보고 놀란다

기미가요 君が代

「님(君)이 다스리는 세상 / 영원무궁토록 이어지소서 / 조그만 돌멩이가 바위가 되고 / 거기에 이끼가 낄 만큼 먼 훗날까지 / 영원히 이어지소서」

한국의 광복절을 이틀 앞둔 1999년 8월13일, 일본정부는 국기(國旗)와 국가(國歌)에 대한 법을 이날부터 공포, 시행했다. 위 노래는 국가인 「기미가요」 가사다. 물론 그 이전에도 우리가 일장기(日章旗)라 부르는 히노마루(日の丸)와 기미가요가 국기나 국가처럼 대접받아온 것이 사실이다.

그랬음에도 굳이 법으로 규정한 연유는, 그때까지 자율에 맡겨 놓았던 각급 학교 입학식이나 졸업식에서의 사용을 강제하기 위한 저의가 있었던 게 아닌가 싶다. 실제로 법 제정을 코앞에 두었던 바로 그 해, 찬반양론 틈바구니에 끼어 고민하던 히로시마(廣島)의 한 고교 교장이 졸업식 직전 자살한 사건까지 일어났었다.

식민지 지배로 고통 받았던 한국에서는 흔히 제2차 세계대전의 두 패전국인 독일과 일본의 행태를 비교하곤 한다. 홀로코스트로 상징되는 나치의 학살과, 일제에 의해 저질러진 만행의 속죄 방식이 너무 달랐기 때문이다.

전후 독일 위정자들은 피해자들을 향해 무릎 꿇고 깨끗하게 과거 잘못을 빌었다. 일본은 '통석(痛惜)의 염(念)'이니 하는 애매한 수사(修辭)를 풀풀 먼지가 날리는 낡은 사전 갈피에서 골라내는 데에만 골몰했다.

그것은 '앗사리'(산뜻)하다는 그네들의 사무라이 정신과도 거리가 멀었다. 물론 일본 지식인 중에는 독일과 일본의 과거사가 비교 대상이 못 된다는 주장을 펴는 이들이 적지 않다. 그야 어쨌거나….

나라 노래 제정도 두 나라가 사뭇 다르다. 독일은 법전의 어디를 뒤져도 국가에 관한 규정이 없단다. 옛 동독은 「폐허로부터의 부활」을 국가로 공식 선정했다. 하지만 베를린 장벽 설치 후에는 가사가 빠진 멜로디만 연주했다고 한다. 그나마 통일된 다음에는 기억 속에 묻어버렸다.

서독은 하이든(Joseph Haydn)이 작곡하고 호프만 폰 팔러슬레벤(Hoffmann von Fallersleben)이 작사한 것으로 알려진 「독일의 노래」 제3절을 우여곡절 끝에 국가로 삼았다. 그랬으나 법 제정은 고사하고 학교에서도 누구 하나 가르치거나 배우려하지 않는다는 것이다.

자기네 나라의 노래를 정하겠다는 것을 나무랄 수야 없다. 그럼에도 자꾸 시선을 던지는 것은, 혹시 저러다 애국을 넘어 다시금 일을 저지르면 어쩌나 하는 피해망상의 군걱정이 모락모락 피어나기 때문이리라.

실제로 국가 제정 후 상황이 그랬다. 공립학교 입학식과 졸업식에서 노래가 흘러나오는데도 자리에서 일어서지 않은 교사들에게 징계가 내려졌다. 감봉이나 정직 처분을 받은 교사들이 소송을 제기했다. 1심, 2심을 거쳐 최고재판소까지 올라간 끝에 "계고(戒告)는 괜찮으나 감봉, 정직은 지나치다"는 판결이 내려졌다.

부랴부랴 사전을 들추어 보니 계고의 뜻풀이가 '주로 공무원을 대상으로 행하는 징계 처분의 일종'이라고 두루뭉실, 알쏭달쏭했다. 그 바람에 2017년 9월, 도쿄지방법원이 징계권 일탈과 남용을 이유로 불복 교사들 손을 들어주자마자 도쿄도 교육위원회가 분풀이하듯 계고 처분을 내렸다. 국가 제창을 둘러싼 잡음은 여전히 이어진다.

간바로 頑張ろう, がんばろう

일본에서 생활하다 귀국하기 전의 여름, 큰 맘 먹고 후지산(富士山)에 올랐다. 여느 일본인들처럼 4개 등반 코스 가운데 자동차로 오를 수 있는 2천400여 미터에서 시작한 등산길, 우리 일행 세 사람은 정상에서 일출을 보겠다며 밤을 도와 걷는 수많은 남녀노소 일본인들 틈에 끼어서 강행군을 했다. 화산재로 뒤덮여 나무는커녕 풀 한 포기 제대로 보이지 않는 산행은 그야말로 고행(苦行)이었다.

이상한 것이 눈에 띄었다. 진이 빠져 등정을 포기하고 내려가 버릴까 하는 약한 마음이 생길만한 거리(이건 어디까지나 개인적 추측이지만)에 도달하면 입간판 하나가 나타나곤 했다. 거기에는 이런 글이 적혀 있었다.

"힘(元氣)을 내서 간바로, 정상까지 00분"

그걸 읽는 순간 간바로라는 단어는 이제까지와는 전혀 다른 느낌으로 와 닿았다. 원형 간바루(頑張る)는 힘을 내다, 분발하다, 참고 노력하다는 뜻이다. 그게 영어의 Let's go식으로 "이제 정상까지 얼마 남지 않았으니 힘을 내자"며 서로를 격려하고 권유하는 의미를 담을 때 어미(語尾) 변화가 일어나 간바로가 되는 것이다.

만약 힘을 내라는 다짐, 혹은 명령형이 될 때는 간바레(頑張れ)가 된다. 그것은 시험공부나 운동경기 등 일상생활 여기저기에서 들려오는 간바로, 간바레와 다를 바 없다. 굳이 한국 사회에서 널리 쓰이는 동의어를 찾자면 영어 본래 뜻과는 거리가 먼 '파이팅'이리라.

적어도 외국인 눈높이에서 볼 때 후지산 등반길의 간바로가 달라보였던 건 과민했던 탓일까? 그것은 단순한 다독거림이 아니라 마치 눈에 보이지 않는 절대자가 일본인들에게 내리는 은밀한 속삭임처럼 느껴졌다. 탄환(彈丸) 등산이라는 별칭이 붙은 무박(無泊)의 당일치기도 평균 10시간은 좋이 걸리는 산행. 그걸 누가 시켜서 하는 것이 아니다. 산 좋고, 물 좋아 나선 행락도 아니다. 정상에 올랐대서 상을 주지도 않는다.

그럼에도 불구하고 이따금 등반길이 곧 저승길이 되기도 하는 걸 뻔히 알면서 경향 각지에서 몰려든 필부필부(匹夫匹婦)들. 심지어 어떤 이들은 휴대용 산소통까지 챙겨 기를 쓰고 험로(險路)를 오르는 사연…. 나로서는 일본 최고봉에 자리한 아담한 신사(神

社), 센겐다이샤오쿠미야(淺間大社奧宮)에서 어떤 실마리를 잡을 수밖에 없었다.

무슨 뜻인가? 정상으로 오르는 산행 루트 군데군데 신도(神道)의 상징 도리이(鳥居)가 세워져 있었다. 또 가까스로 꼭대기에 오른 사람들은 지친 몸을 이끌고 부리나케 신사로 달려가 참배부터 먼저 했다. 그러니 일본인에게는 일상생활 자체라는 신도, 그 신도의 절대자가 간바로라고 소곤거리며 고행을 유도한다고 유추하지 못할 바도 없었다.

여기서 잠깐! 한국에서는 지리산 중턱에 있는 법계사가 가장 높은 곳에 자리한 절이라고 했다. 해발 몇 미터쯤인지는 대충 가늠할 수 있으리라. 그런데 후지산 정상의 신사라니! 벌어진 입이 좀체 다물어지지 않았다. (하기야 여기서 결혼식을 올리는 별난 커플까지 있단다.) 훗날 어떤 책에서 후지산 8부 능선 위로는 몽땅 신사가 땅 임자라는 글을 읽고 나서야 비로소 고개가 끄덕여졌다.

어수선한 분위기 속에서도 다행히 화사하게 막 내린 2018년 평창 동계올림픽. 여자 스피드 스케이팅 500미터에서 나란히 금, 은메달을 딴 고다이라 나오(小平奈緒)와 이상화(李相花) 선수의 아름다운 우정이 현해탄을 넘나들며 큰 감동을 불러일으켰다. 그때 금을 놓치고 눈물짓는 이상화에게 다가가 고다이라가 했다는 한국어가 '잘 했어!'였단다.

만약 고다이라가 이 말을 일본어로 했더라면? 필경 간바루에서 어미 변화한 '간밧타!'였지 않았을까 싶다.

단순 복수극인가,
무사도의 극치인가?

주신구라 忠臣藏 ちゅうしんぐら

한국의 「춘향전」이나 「심청전」에 비견되는, 아니 흥행 빈도를 따지자면 훨씬 윗길인 일본 고전 명작 「주신구라」. 1748년 전통 민중연극 가부키(歌舞伎)로 초연된 이래 일 년 내내 어디에선가 무대에 오르며, 소설로도 끊임없이 읽힌다는 롱런 셀러다.

1702년 12월14일, 에도(江戸)는 하얀 눈에 뒤덮여 있었다. 이날 밤, 막부 고관이자 미가와국(三河國, 지금의 아이치현 일부) 영주인 기라 요시나카(吉良義央) 저택에 사무라이 47명이 들이닥쳤다. 그들은 기라의 목을 베어 센가쿠지(泉岳寺)라는 절 경내의 묘 앞에 바친다.

그곳은 이들의 주군으로, 한 해 전 할복 자결한 아사노 나가노리(淺野長矩)의 묘였다. 아코(赤穗, 지금의 효고현 아코시) 영주였던 아사노는 기라로부터 모욕당한 분을 삭이지 못하여 그를 죽이려다 실패했다. 사건을 보고받은 쇼군(將軍)은 지엄한 자신의 거처 내에서 칼부림을 일으킨 것에 격분, 아사노에게 할복을 명했다.

졸지에 주인을 잃은 오이시 구라노스케(大石內藏助)를 위시한 무사들은 복수를 위해 1년여 절치부심했다. 마침내 뜻을 이룬 그들은 막부의 처분을 기다렸다. 일부에서는 그들의 행동이 사무라이로서 당연한 일이었다고 옹호했으나, 자칫 똑같은 사건이 꼬리를 물까 우려한 나머지 일벌백계로 돌아섰다. 단, 명예는 지킬 수 있도록 처형 아닌 할복 자결로 매듭지었다. 16살짜리도 섞인 무사들은 주군 묘 곁에 나란히 묻혔다.

한 명만 살아남았다. 데라사카 노부유키(寺坂信行). 그는 워낙 최하위 사무라이인 아시가루(足輕) 출신이어서 거사 도모 초반부터 동참 여부를 놓고 논란이 빚어졌다. 전해지는 소문으로는 그가 습격 직전 도망쳤다는 설, 거사 직후 일부러 빼돌렸다는 설 등이 분분했다.

하여튼 데라사카는 83세 천수(天壽)를 누렸다. 대부분의 가부키나 소설에서는 원수를 갚느라 무사들이 겪은 천신만고를 낱낱이 기록으로 남기는 임무가 그에게 맡겨졌던 것으로 묘사된다.

실화를 바탕으로 한 「주신구라」는 제3자가 보기에는 단순한 복수극처럼 비쳐진다. 그런 작품이 그토록 일본인의 변함없는 사랑을 독차지하는 요인은 무엇일까. 지일 작가 김소운(金素雲)이 무사도를 설명하며 써놓은 글에 힌트가 있다.

> 이 한편의 복수담 속에는 영주에 대한 충성, 그 충성을 관철하기 위해 스스로 사지를 택하는 희생정신, 동지끼리의 맹약을 끝까지 지킨 신의 등 무사도의 귀감이라고 할 모든 도의적 조건이 갖추어져 있다. 그럼으로 해서 후세 사람들이 '아코 의사(赤穗義士)'의 이름으로 그들을 추앙하는 것이겠지만, 한편 그것이 발단에서 종국까지 어디까지나 일본적인 모럴, 일본적인 뉘앙스로 일관된 것이 일반 국민 대중의 구미를 한결 돋우는 이유라고 볼 수 있다.

해마다 거사 날이었던 12월 14일에 맞춰 전국 20여 곳에서 아코 의사제(義士祭)가 개최된다. 그 중에서도 출신지 아코시(市)에서 1903년부터 열려온 이벤트에는 10만 명 가까운 외지 관광객이 몰려든다니 이야말로 조상 덕인가?

114회째를 맞은 2017년에는 가부키 배우이자 작곡가인 나카무라 바이자쿠(中村梅雀)가 길거리 퍼레이드에서 주인공 오이시 역을 맡았다고 한다. 다만 온 일본이 「주신구라」로 부산을 떨어도 오직 한 곳, 기라의 영지였던 곳에서만큼은 터부라는 사실을 기억해둠직 하다.

지역 감정 아닌
고향 사랑 묻는다

오쿠니 お国 おくに

노벨 문학상을 받은 소설가 가와바타 야스나리(川端康成)의 명작 『설국(雪国)』 첫머리는 이렇게 시작된다.

> 국경의 긴 터널을 빠져나가자 눈의 나라였다. 밤의 밑바닥이 하얗게 바뀌었다.

이 대목에서 영문을 모르는 독자들은 주인공이 나라와 나라 사이의 국경 검문소라도 통과하는 양 착각하기 십상이다. 하지만 아니다. 그것은 그저 지방과 지방의 경계를 의미하는데 지나지 않는다. 일본인이라면 누구나 아는 '나라 국(國)'자의 그 같은 쓰임새, 그럴만한 연유가 있음직하다.

연배(年輩)의 일본인들과 허물없이 대화를 나누다보면 곧잘 튀어나오는 질문이 있다.

“오쿠니와 도코데스카?(お国はどこですか)”

여기서도 나라 국(国)이 들어갔다. 번연히 한국인인 줄 알고 만나 새삼스럽게 어느 나라에서 왔느냐고 묻다니? 이 무슨 말장난인가 싶어 잠시 어리둥절하고 있을라치면 상대가 얼른 고쳐 묻는다. “고향이 어딥니까?”

그렇다. 일본에서는 태어난 고향을 나라라고도 표현하는 것이다. 아마도 그 유래는 저마다 영지(領地)를 가진 무사 출신 다이묘(大名)들이 제 땅, 곧 제 나라를 제가 다스리던 일본식 봉건체제에서 비롯되었으리라.

도쿠가와 이에야스가 천하를 통일하고 세운 에도 막부 시절 참근교대(參勤交代)라는 제도가 생겨났다. 자신의 영지인 번(藩)에서 왕 노릇을 하는 다이묘들로 하여금 일정 기간 에도에 와서 살다가 영지로 돌아가는 일을 되풀이하도록 만들었던 것이다.

다소 변화가 있긴 했으나 기본 원칙이 있었다. 에도에 따로 저택을 마련하여 정실(正室)과 후계자는 반드시 여기서 살아야했다. 인질이나 마찬가지였다. 다이묘의 거주 기간은 영지가 에도에서 가까운 경우 6개월이었고, 나머지는 대개 1년씩이었다.

특례를 두긴 했다. 쓰시마번(對馬藩) 같은 경우 너무 멀리 떨어진 원격지인데다 조선과의 빈번한 교류를 감안하여 3년마다 넉 달씩만 머물다가 돌아가게 해주었다.

에도시대 초기에는 200곳에 미치지 못한 번의 숫자가 말기에는 260여 곳으로 늘어났다. 분가(分家)가 주 요인이었다. 이들을 홀짝 두 패로 나눠 성가시게 에도와 영지를 오가게 한 이유는 무엇일까?

쇼군(將軍)에 대한 충성 맹세 외에 지방권력 힘 빼기가 노림수였다. 영주님 행차에 수행원이 빠질 리 없었다. 영지 규모와 생산성에 의거하여 매긴 녹봉(祿俸) 격인 고쿠다카(石高)에 따라 수행원 숫자가 달랐다.

현재의 중남부 와카야마(和歌山)가 근거지였던 기슈도쿠가와(紀州德川) 영주는 대단했다. 쇼군 직계인 그가 1841년 에도로 올라갈 때에는 무사 1천639명, 수행 종자(從者)와 일꾼 2천337명, 말(馬) 103필이 동원되었다는 기록이 남아 있다.

또 지금의 가고시마(鹿兒島) 지역인 사쓰마번(薩摩藩)이 참근교대에 나설 때 440리(1천700킬로미터) 길을, 40일에서 60일에 걸쳐 1천880명이 움직이면서, 1만7천 냥(兩)의 비용을 지출했다는 자료도 있다. 계산이 복잡하나 현재 가치로 어림잡아 수십 억~수백 억 엔에 해당한다고 했다.

막부가 겨냥한 것이 바로 이 점이었다. 참근교대를 할 때마다 다이묘의 곳간이 확 줄어들었다. 재력이 뒷받침되어야 전력(戰力)도 키울 텐데 이래서야 언감생심, 막부에 대항할 재간이 없다. 가뜩이나 처자(妻子)가 인질로 붙들려 있는 마당이니 반역은 애당초 물 건너갔다.

일본에서는 메이지유신 4년 후인 1871년 7월, 중앙집권을 강화하기 위한 혁명적인 시책이 펼쳐졌다. 폐번치현(廢藩置縣). 막부가 사라지고도 명맥을 유지하던 번을 없애고 군현(郡縣)제도를 실시했던 것이다. 그래서 설치된 것이 3부(府) 72현(縣)이었다.

그렇게 명칭은 바뀌었으되 오랜 세월 이어 내려온 번에 대한 인식이 쉬 지워질 리 만무했다. 허울뿐인 임금 따로, 실권자인 쇼군 따로의 묘한 센트럴 컨트롤(central control)이 이뤄지는 가운데 번은 번대로 하나의 독립 채산제, 혹은 독립국가에 버금가는 시스템을 갖추고 있었으니까.

그렇게 번에서 생겨난 오쿠니라는 단어도 기억의 물결에 실려 꾸준히 이어져 내려왔다. 나라가 아니라 대대로 살아온 삶의 터전, 고향이라는 가슴 뭉클한 자의(字意)를 담고….

저쪽은 기사도(騎士道),
이쪽은 무사도(武士道)

사무라이 侍 さむらい

지일(知日) 작가 김소운이 남긴 불후의 명문 「목근통신(木槿通信)」에 나오는 글부터 한 토막.

> 떡장수 집 이웃에 가난한 홀아비 낭인(浪人)과 그의 어린 자식이 살았다. 어린애가 떡 가게에서 놀다 돌아간 뒤에 떡 한 접시가 없어졌다. 낭인의 아들인 그 어린애에게 혐의가 씌워졌다.
>
> "아무리 가난할망정 내 자식은 사무라이의 아들이다. 남의 가게에서 떡을 훔쳐 먹다니, 그럴 리가 만무하다."
>
> 낭인은 백방으로 변명해보았으나 떡 장수는 종시 듣지 않고 떡값만 내라고 조른다. 이에 낭인은 칼을 빼어 그 자리에서 어린 자식의 배를 갈라 떡을 먹지 않았던 증거를 보

인 뒤에 그 칼로 떡 장수를 죽이고 저마저 할복 자결해버린다.

선비 사(士)로도 적는 사무라이는 배를 주릴망정 명예에 죽고 사는 것을 좌우명으로 삼았다. 그들에게는 충성, 희생, 신의, 염치, 예의, 결백 등의 철칙이 따랐다. 그래서 만들어진 무사도, 그중에도 목숨을 초개처럼 여기는 무사도의 극치를 일러 하가쿠레(葉隱) 정신이라 했다.

사무라이에도 여러 계층이 있었다. 도쿠가와 막부 시절에는 녹봉 500석 이상 1만석 미만인 무사를 하타모토(旗本)라 했다. 그 아래는 하타모토약꼬(旗本奴)라 불렸다. 또 어디에 속하지 않은 떠돌이 무사 로닌(浪人)이 있었다. 이 말이 현대에 와서는 실직자나 재수생을 일컫는 표현으로 둔갑했다. 우리말 사전에도 '낭인'이라 실려 있고….

일본인의 생활관습 가운데 사무라이에서 유래된 것들이 적지 않다. 흥미롭기로 치자면 좌측통행과 정좌법(正坐法)에 관한 사연이 단연 돋보인다. 먼저 자동차 좌측통행. 풍속학자 히구치 키요유키(樋口清之)에 의하면 허리춤에 비스듬히 크고 작은 두 자루의 칼을 꽂고 다닌 사무라이들은 남의 칼이 부딪치는 걸 도발로 간주했다.

그러니 대부분 오른손잡이인 사무라이들이 왼쪽 허리춤에 칼을 차고 좁은 골목을 우측통행하다가는 상대의 칼과 부딪치기 일쑤다. 그래서 일부러 왼쪽으로 걸었고, 그것이 보행 예절로 굳어진 뒤 자동차가 도입되자 운전 규칙으로 이어졌다는 것이다.

다음은 정좌법. 책상다리, 혹은 양반다리가 정좌법인 한국과는 달리 일본에서는 왕족을 뺀 일반인들은 무릎 꿇고 앉는 것을 예법으로 친다. 거기에는 다도(茶道) 유래설과 사무라이 유래설이 있다. 16세기 말 도요토미 히데요시(豊臣秀吉) 치하에서 붐을 이룬 다도는 간소함과 정적(靜寂)을 모토로 삼는다. 아무 치장이 없는 소박하고 수수한 다실에 모여 차를 음미하며 인간 본연의 다소곳한 자세로 돌아간다.

좁은 다실에 많은 사람이 들어가 앉으려니 무릎 꿇고 몸을 움츠려야 했다. 책상다리로는 그만큼 더 공간을 차지하니까. 그것이 다도 예법으로 굳어져 급기야는 일상생활에서의 정좌법이 되었다.

이에 비해 사무라이 유래설의 근거는 이렇다. 언제나 적의 기습을 경계하면서 살아가야 하는 호위 무사들, 그들은 실내에 앉아 대화를 나눌 때에도 방바닥에 털썩 주저앉지 않았다. 반드시 무릎을 꿇은 자세를 취했다.

만약 불시에 적이 공격해왔다고 치자. 책상다리를 하고 앉았다가 일어설 때와, 무릎을 꿇었다가 일어날 때는 간발일망정 벌써 한 템포 차이가 난다. 그것이 정좌법으로 굳어졌다. 어느 쪽이 맞는 말일까?

끼니를 거른 채 물로 배를 채우고도 태연히 이쑤시개로 밥 먹은 시늉을 했다는 사무라이들의 양반 헛기침 같은 허세. 실속보다 명예를 앞자리에 두었다는 비유이리라. 이제는 텔레비전 시대극이나 영화 속으로 사라져간 아득한 설화(說話)를 닮은 존재, 다만 그들이 남긴 정신의 흔적은 일본사회 곳곳에서 여전히 묻어난다.

야스쿠니진자 靖国神社 やすくにじんじゃ

국립묘지가 없는 나라는 드물다. 일본에도 있기는 하다. 1959년 건립한 치도리가후치(千鳥ヶ淵) 전몰자 묘원(墓苑). 그런데 영 딴판이다. 전쟁 중 나라 밖에서 죽은 군인, 군속에다 민간인까지 포함한 신원불명 전몰자들을 합사했기 때문이다.

그러니 역시 다르다. 대신 일본에는 국립묘지에 버금가는 대우를 받는 야스쿠니진자가 있다. 버금간다고 슬쩍 비튼 연유는, 외국의 그것에 견주어 아무래도 다르다는 뉘앙스를 담기 위해서다.

어디가 어떻게 다른가. 우선 그곳은 엄연한 종교시설이다. 그래서 정부 대표가 공식 참배를 하지 못한다. 정교(政敎) 분리를 명시한 헌법 규정 때문이다. 꼭 한번, 대통령급 총리라며 우쭐대던 나카소네 야스히로(中曾根康弘)가 공식 참배를 강행한 것이 1985년이었다.

각료들은 제각각이다. 공인 자격으로 당당히 한다고 으스대는 사람, 개인 자격이라며 몸을 사리는 사람, 숫제 외면하는 사람 등등. 외국 국빈의 공식방문 때만 해도 그렇다. 다른 나라라면 국립묘지부터 들르는 게 순서다. 하지만 외국 국빈이 야스쿠니를 찾아갔다는 뉴스는 여태 들은 바 없다. 그러니 역시 다르다.

1869년 초혼사(招魂社)란 이름으로 세웠다. 10년 뒤 개명하여 지금까지 나라 일로 죽은 250여만 명의 혼백을 '모셔' 놓았다. 그런데 왜? 옥석혼효(玉石混淆) 탓이다. 침략 전쟁의 주모자로 체포되어 처형된 A급 전범(戰犯)이 섞여 있는 것이다. 그러니 참배가 자칫 무고한 생명과 재산을 짓밟은 죄인들까지를 추모하는 꼴이 되고 만다. 이 어찌 언어도단이요, 어불성설이 아닐쏜가?

그런 내력 따위에는 아랑곳없이 제2의 나카소네가 되려고 덤벙댄 총리가 2001년 나타났다. '8월 15일 야스쿠니 참배'를 공약으로 내걸었던 고이즈미 준이치로(小泉純一郞), 하필 왜곡 역사교과서 파동마저 다시 불거져 불난 집에 부채질하는 격이던 그로 인해 한국과 중국에서 당연히 소동이 빚어졌다. 외교적 마찰은 그가 총리 직에서 내려올 때까지 그치지 않았다.

와중에 놀랄만한 뉴스가 일본에서 들려왔다. 태평양전쟁의 핵심 인물이었던 히로히토(裕仁) 천황, 그가 전범 합사에 강한 불만을 품고 1978년 이후로는 야스쿠니에 발길을 딱 끊었음이 뒤늦게 밝혀진 것이다. 지금 천황 역시 선대의 유지(遺志)를 받들고 있다.

그 점, 괴짜로 자처하던 총리보다 한결 낫다.

야스쿠니로 들어가는 입구에는 쇠로 만든 것 중 가장 크다는 높이 25미터의 도리이(鳥居)가 세워져 있다. 도리이는 신사의 상징물이다. 원래 서 있던 도리이를 태평양전쟁 당시 물자 부족으로 녹여 써버려 나중에 성금을 모아 새로 제작했다. 이 도리이가 다시 용광로 속으로 들어가는 불상사가 생기느냐 마느냐는 전적으로 일본인 자신들에게 달렸다.

한 가지 더, 해마다 3월 중순이면 도쿄에서 생활하는 이들은 야스쿠니를 향해 귀를 쫑긋 세운다. 지겨운 참배 이야기가 아니다. 기상청 직원이 날마다 야스쿠니 경내에 심어져 있는 표본 벚나무를 관찰하여, 벚꽃이 5송이 이상 피면 개화(開花) 선언을 하기 때문이다. 서민들은 너도나도 벚꽃놀이 갈 차비를 차리며 가슴 부푼다.

셋푸쿠 切腹 せっぷく

같은 한자 문화권인 한·중·일 세 나라 사이에는 한자로 인한 에피소드가 종종 생겨난다. 쓰임새가 판이한 글자가 더러 있는 탓이다. 선배(先輩)가 중국에서는 고인(故人)을 가리키고, 한국의 공부(工夫)가 일본에서는 벤쿄(勉強), 중국에서는 학습(學習)이라 해야 제대로 뜻이 통하는 것도 그렇다.

여기 또 하나의 단어가 있다. 심중(心中). 한국어로는 '마음속'이라는 뜻밖에 없으나 일본어 신쥬(心中)는 다르다. 백과사전을 겸하는 국어사전 『고지엥(広辞苑)』을 펼쳐 보자.

> 첫째, 남에게 의리를 세우는 일. 둘째, 사랑하는 남녀가 그 진실을 상대에게 보여주는 증거. 셋째, 사랑하는 남녀가 함께 자살하는 것. 넷째, 일반적으로 두 사람 이상이 함께 자

살하는 것.

이 네 가지 중에서도 셋째, 넷째가 일반화된 신쥬의 뜻풀이다. 한국에서처럼 정사(情死)라는 단어도 있으나 한문투라고 해서 대중성을 얻지 못했다. 그래서 만약 억지로 어린 자녀들을 데리고 동반 자살이라도 할라치면 앞에다 무리(無理)를 붙여 '무리신쥬'라고 부른다.

묘한 현상이로되 자살과는 반대로 일본인의 평균 수명은 상승일로다. 일본정부 통계로는 여성이 87.14세, 남성은 80.98세였다(2016년). 근년 들어 한국의 자살률이 더 높다지만 일본에서는 왜 자살이 흔했을까?

종교적인 요인, 즉 일신교(一神教)가 아닌 신도(神道)에서는 생명 신성시의 관념이 없는 탓이라고 지적하는 전문가가 있었다. 하지만 주군(主君)의 명예를 지키느라 서슴없이 하라키리(腹切り) 혹은 셋푸쿠(切腹)라는 이름의 할복자결을 하고, 고통을 덜어준답시고 뒤에서 목을 치는 가이샤쿠(介錯)를 행하던 사무라이처럼 일본 특유의 죽음에 관한 미학이 있을 법도 하다.

뛰어난 재능을 가졌던 소설가 미시마 유키오(三島由紀夫), 그가 자위대의 쿠데타를 선동하다 여의치 않아 할복자결하자 일부 식자층에서 마지막 죽음의 미학이라고 의미 부여한 것도 같은 맥락이리라.

20세기 이래 비인간적인 동반자살, 무리신쥬의 극치는 목표 지점까지의 연료뿐인 전투기를 몰고 미국 군함에 돌진하여 깨끗이 산화해버린 태평양전쟁 말기의 가미카제(神風) 특공대가 시범을 보였다. 아무리 전시(戰時)였고 애국심에 불타는 청춘이었더라도, 돌아올 수 없는 길을 가면서 그들은 어떤 상념에 사로잡혔을까?

감히 짐작할 길 없으나 가장 일본적인 죽음의 방식, 할복을 택하던 지난날 사무라이들이 품었을 고뇌나 다름없지 않았을까 싶다.

센겐다이샤(淺間大社)에 걸린 두툼한 금(禁)줄. 하얀 종이를 접은 시데(紙垂)는 성역을 뜻하는 징표이기도 하여 사무라이의 사생관과 연결시켜 봄직 하다.

역사서로 둔갑한
이야기책

고지키 古事記 こじき

우리에게는 『삼국사기』와 『삼국유사』가 있다. 알다시피 앞쪽은 고려 인종(仁宗)의 명으로 김부식(金富軾)이 1145년에 편찬한 50권 10책이다. 뒤쪽은 고려 충렬왕(忠烈王) 11년(1285년) 승려 일연(一然)이 5권 3책으로 지었다.

일본 최고(最古) 전적(典籍)으로 불리는 『고지키』는 이보다 400여 년 빨랐다. 3권으로 엮어진 이 책자는 정통 역사서가 아니라 이야기책에 가깝다. 상권은 전체가 신화로 꾸며졌고, 중·하권에는 초대 진무(神武)에서 제33대 스이코(推古) 천황까지의 건국 역사를 전설을 바탕으로 정리했기 때문이다.

편찬자 오오노야스마로(太安万侶)는 자신이 쓴 서문에서, 여성이었던 제43대 겐메이(元明) 천황의 명을 받아 712년에 『고지키』를 완성했다고 밝혀 놓았다. 음훈(音訓) 병용의 일본식 한문으로 적었다. 내용 속에 등장하는 100 수 이상의 노래는 이두(吏讀)와 흡사한 온가나(音仮名)로 표기했다.

이처럼 『고지키』가 문학적 색채가 강한 씨족 전승(傳承) 이야기를 연상시키는데 비해, 8년 뒤에 간행된 『니혼쇼키(日本書紀)』는 황실 권력의 존엄성 강조에 공을 들이고 있어 그 성격이 사뭇 다르다. 또한 순수 한문체의 편년식(編年式) 기술법을 택하는 한편, 날짜를 명기하고 중국이나 한반도의 관련 역사를 인용하는 등 객관성을 띠느라 애쓴 흔적이 엿보인다.

일본인들이 『니혼쇼키』를 서슴없이 정사(正史)로 간주하는 까닭도 여기에 있다. 또 『고지키』가 국내용으로 여겨지는데 반해, 이쪽은 책 이름에 처음으로 일본이라는 국호를 쓴 것으로 보아 해외에 알리려는 의도가 있었던 것으로 추측되기도 한다.

그러나 두루마리 30권으로 엮어진 『니혼쇼키』 역시 첫 두 권은 몽땅 신화에 할애했다. 나머지 28권에서 초대로부터 제41대 여성 천황이었던 지토(持統)까지 40명(제35대와 제37대 천황은 동일 인물로 역시 여성이다)을 다루었다. 두루마리는 폭 27센티, 한 권의 길이는 5미터에서 10미터 전후로 제각각 달랐다. 전체적으로는 200미터를 넘는다고 한다.

마지막 글자를 따서 흔히 「키·키(記紀)」로도 불리는 『고지키』와 『니혼쇼키』. 『고지키』 서두에 나오는 에로틱한 천지 창조 신화 이야기는 키워드 「헤아」 항목에서 따로 소개했다.

신이 내린 바람으로
애먼 젊은이들을 잡다?

가미카제 神風 かみかぜ

사어(死語)인듯하면서 엄연히 살아 있는 불사조 같은 은어(隠語) 가미카제. 군말 생략하고 몇몇 사전을 뒤적여 본다. 먼저 일본사전 『고지엥』.

> 첫째, 신(神)의 위덕(威德)에 의해 일어난다는 바람. 일명 가무카제. 둘째, (제2차 세계대전 중 특공대의 이름으로 삼았다는 사실로 해서) 목숨을 아끼지 않고 돌진하는 모습.

다음은 영국 버밍검대학 국제언어연구소가 발간한 유명한 『콜린스 코빌드COLLINS COBUILD』 영어사전.

첫째, 군인이나 테러리스트가 가미카제하게 행동하는 경우. 이 때 kamikaze는 그런 행동으로 말미암아 자신은 죽으리라는 사실을 알면서 적군을 공격하는 행위를 지칭한다. 둘째, 특정한 행위를 함으로써 자신에게 위해가 가해질 수 있는 위험천만한 일이라는 뜻으로도 사용된다.

마지막으로 『엣센스 일한사전』(민중서림)의 풀이.

첫째, 신의 위력으로 일어난다는 바람(특히 1274~1281년 원나라가 일본을 침공했을 때, 원나라 배를 전복시킨 폭풍우를 일컬음). 둘째, (속어로서 명사 앞에 붙어) 결사적으로 행동함. 참고로 제2차 대전 중 특공대에 이 이름을 붙였던 데서 유래.

대충 알만 하다. 가미카제는 징기스칸의 손자 덕에 생겨났다. 몽고제국 5대 황제(大汗) 쿠빌라이, 중국명 홀필렬(忽必烈)은 원나라를 세운 지 3년 만에 한반도를 거쳐 일본을 집적거렸다. 강대국의 공격에 혼비백산한 일본인들을 폭풍우가 구해주었다. 일본측 자료로는 바다에 가라앉은 몽고군의 배가 4천 척이나 되었다고 한다. 설마...?

그것은 태풍이었다. 일설에 의하면 오랜 몽고의 괴롭힘에 시달린 고려 사람들이 뭍에서나 세었지 바다 사정에는 어두웠던 침략자들을 속여, 일부러 태풍의 계절을 택해 물길잡이에 나섰단다.

어쨌거나 일본으로서야 더없이 고마운 바람, 그래서 신이 내린 바람이라며 가미카제라 작명했다. 그것이 태평양전쟁 말기가 되어 패색이 짙어지자 군부가 애먼 젊은이들을 사지(死地)로 내몰면서 사탕발림으로 붙인 섬어(譫語)로 둔갑했다. 오죽했으면 뉴욕 세계무역센터에 대한 자살 테러가 발생하자마자 미국 언론에 가미카제라는 단어가 튀어나왔을까.

한 시절 매스컴을 타던 한국의 총알택시처럼 1960년대 일본에는 가미카제택시가 있었다. 하지만 본시 좋은 의미였던 가미카제의 뿌리를 한국어 '신바람'에서 찾는 이도 없진 않다.

기모노 着物 きもの

양복에 대칭되는 우리 옷은 한복이다. 치마저고리는 한복 중에서 여성의 옷이다. 기모노도 흡사하다. 양복이 아닌 일본옷의 통칭은 와후쿠(和服)다. 기모노는 본디 너른 의미의 일본옷 그 자체이지만, 흔히 여성이 정장으로 차려 입는 와후쿠를 지칭한다.

서양 사람들에게 기모노를 설명할 때 일본인들은 곧잘 '감춤의 미학' '걸어 다니는 미술관'이라며 자화자찬한다. 맨살을 드러내지 않는다는 점과, 옷감의 다채로운 문양을 뽐내느라 그런 비유를 하는 것이다. 한국인의 눈으로는 치마저고리도 그 대목에서야 피차 일반이다.

오히려 기모노의 진짜 특징은 다른 구석에 있다. 허리에 칭칭 감는 오비(帶)가 그것이다. 아무리 보아도 무용지물인 것을 매달고 다니니 우습기조차 하다. 그러나 천만의 말씀, 일본 학자들은 오비야말로 세계 의복사에 유래가 없는 독창의 표징이라 자랑한다.

고고학과 풍속학의 대가 히구치 기요유키(樋口淸之) 영감도 그런 이들 가운데 한 명이다. "오비는 모든 외래문화를 종합하여 일본인의 체형과 풍토, 습속에 맞게 환골탈태, 확대 재생산한 지혜의 산물"이라는 지론 아래 그의 입담은 이렇게 거침이 없다.

> 첫째, 허리띠를 몇 겹씩 감아 뒤쪽으로 매듭을 지은 복식은 일본이 유일하다. 둘째, 오비를 뒤쪽에 감아 배면미(背面美)를 연출한 것은 인간이 인간을 감상할 때 앞쪽보다는 옆이나 뒤를 바라보는 경향이 강하다는 깊은 계산에서 나온 아이디어다.
> 셋째, 오비의 위치를 허리 위로 올림으로써 상반신에 비해 아랫도리가 길게 보여 더욱 미인스러워진다. 넷째, 오비의 넓은 띠로 몸을 감싸니까 위하수(胃下垂)가 줄고 혈압 상승을 막아 안산장명(安産長命)의 효과를 안겨준다.

가히 족탈불급의 찬사다. 한두 마디만 덧붙이자. 오비는 동장단각(胴長短脚)으로 작달막한 일본인의 체구를 둘로 나누어 조금이라도 예쁘게 보이기 위한 눈가림의 미학이다. 게다가 오비는 한복에서 차용해간 부분이 있다. 임진왜란 당시 한국 여인의 저고리 옷고름에 반한 일본인들이 원래는 좁다란 띠였던 오비를 옷고름처럼 넓히기 시작했다.

서로 경쟁적으로 넓히다 보니 자꾸만 커져 나중에는 도저히 앞에다 맬 수 없게 되었다. 거추장스러운 것을 앞쪽에 매고 게타를 신고 걸으니 걸음걸이가 아슬아슬했던 것이다. 그래서 지금처럼 오비의 매듭을 등 뒤로 휙 돌려버렸다니 두뇌 회전 빨라서 좋다.

근자에 목격되는 새로운 풍경 하나. 경복궁, 창덕궁을 치마저고리나 두루마기 한복 차림으로 드나드는 관광객이 부쩍 늘었다. 우후죽순처럼 생겨난 주변 대여점에서 빌려 걸친 것인데, 한복 체험

기모노의 오비는 치마저고리 옷고름의 영향을 받았다.

에다 고궁 입장료까지 면제해주니 일석이조란다.

일본도 마찬가지다. 고도(古都) 교토(京都)는 물론이고, 대도시 사적지에도 빌려 입은 기모노 차림이 넘친다. 평소에는 접하기 어려운 전통 의상을 대하고, 외국인 관광객들 입장에서는 이국 체험의 기회를 맛보는 것이니 권장할 일이다. 단, 전통 흉내만 낸 싸구려 인상은 제발 던지지 말기를….

명절이나 결혼식, 성인식에는 기모노가 물결을 이룬다.

상대를 먼저 생각하는
기특한 심성

오모이야리 思い遣り

1960년대 이후 급격히 늘어나기 시작한 아파트 생활, 이제는 읍면 단위 시골에까지 아파트가 생겨날 만큼 보편화되었다. 그러나 전통 주거와는 판이한 이 같은 공동생활로 인해 빚어지는 층간(層間) 소음 문제를 비롯한 이웃끼리의 다툼도 종종 목격하게 된다. 뭐니 뭐니 해도 오랫동안 몸에 배인 생활문화가 아파트라는 공동 주거와는 괴리가 있기 때문이리라.

그에 비하자면 일본인들은 우리보다 한 걸음 먼저 공동생활을 익히기 시작했다. 단독주택인 잇코다테(一戸建て)가 주류를 이룬 가운데, 한 지붕 아래 여러 가구가 사는 나가야(長屋)도 오래 전부터 있었다. 그것은 기능상 아파트나 별반 다를 바 없었다.

어쩌면 긴조메이와쿠(近所迷惑)라는 단어는 이러한 공동생활에서 저절로 생겨난 것인지 모른다. 한자 뜻 그대로 이웃에 폐를 끼친다는 이 말은 일본에서 생활하다 보면 심심찮게 듣게 된다.

심지어는 술집에서 옆자리 손님들은 아랑곳없이 제 세상 만난 양 홀로 주정을 부리는 고주망태에게도 긴조메이와쿠의 경고는 적용된다.

오모이야리는 바로 이 긴조메이와쿠와 불가분의 관계가 있는 듯싶다. 왜냐하면 우리말로 제대로 옮기기조차 힘든 오모이야리의 의미가 상대를 먼저 배려하는 마음이기 때문이다.

사전적으로는 뉘앙스 차이가 있는 몇몇 어의(語意)를 가진 낱말, 필명이 시바라쿠(志葉樂)인 어느 일본인이 개인 블로그에 올려놓은 「오모이야리 특징 다섯 가지」가 그럴싸하여 한번 인용해보기로 한다.

> 첫째, 상대로부터 대가를 바라지 않는다. 둘째, 상대의 가치관을 고려한다. 셋째, 긴 호흡으로 상대를 생각한다. 넷째, 가만히 지켜보는 것도 하나의 오모이야리다. 다섯째, 상대를 위한 것이기도 하고 자신을 위한 것이기도 하다.

이쯤이면 대충 윤곽이 잡힌다. 그러니 공동생활을 하면서 긴조메이와쿠로 욕먹지 않기 위해서도, 이런 다섯 가지 특징을 떠올리면서 매사 오모이야리의 마음가짐을 지니는 게 속편하리라. 일본 코흘리개들이 유치원에 가서 맨 먼저 배우는 생활 예절도 바로 이

오모이야리라고 했던가.

그래서 떠올려 보는 부질없는 연상(聯想), 만약 저 옛날 일본 위정자들이 이웃나라에 대해 눈곱만큼이나마 오모이야리가 있었더라면 침략전쟁을 일으키지 않았을 텐데 하는 아쉬움이 그것이다. 역사를 만약이라는 가정법으로 뒤돌아보는 것처럼 허무한 일이 없겠으되, 그래도 만약 그랬더라면 한국을 비롯한 아시아 국가들에도 전혀 긴조메이와쿠가 되지 않았을 뿐더러 서로 어깨를 맞대고 다정한 이웃으로 살아갈 수 있지 않았을까 싶다.

'잠깐'이라는 뜻을 새겨 차자(借字)한 블로거 시바라쿠가 제시한 위 오모이야리 특징 1에 반(反)하려나?

잇쇼켄메이 一生懸命 いっしょうけんめい

목숨을 건다는 것은 말이 쉬워 그렇지 결단코 쉬운 일이 아니다. 우리 주변에서도 걸핏하면 목숨을 걸고 공부하고, 일하고, 맹서한다며 장광설(長廣舌)을 늘어놓는 이들을 만나게 되지만 그게 어디 될 법이나 한 수작이던가.

간혹 신문 사회면 구석에서 진짜 목숨을 걸고 사랑하는 연인들 이야기를 듣는 수는 있다. 함부로 생명을 버리는 행위인지라 그다지 상찬할 노릇은 아니지만…. 그러니 우리에게 있어서 목숨을 건다는 과장법은 목숨마저 걸만큼 진지하게, 열심히 무엇인가를 한다는 뜻이리라. 결연한 의지를 드러내는 표현인 것이다.

일본은 좀 달라 보인다. 잇쇼켄메이, 즉 목숨을 건다는 말이 상투어처럼 들려온다. 그만큼 무슨 일인가에 골몰하는 습성이 강하기도 하지만, 워낙 자주 쓰는 통에 이제는 그저 열심히 한다는 강

조용법쯤으로 퇴색한 감마저 든다. 그러나 그 어원을 거슬러 가노라면 진짜로 산목숨이 오락가락하는데….

똑같은 발음의 잇쇼켄메이라도 애초에는 한자 표기가 일장현명(一莊懸命)이었단다. 이때의 장(莊), 일본어 발음으로 '쇼'는 부하 무사를 거느린 영주가 거처하던 장원(莊園)을 뜻한다. 그러므로 자신의 영지를 지키려 목숨을 걸거나, 혹은 하급 사무라이가 영주를 위해 생명을 바치던 언행일치의 잇쇼켄메이였던 셈이다.

그것이 일소현명(一所懸命)으로 어물쩍 바뀌었다. 이때 소(所)로 표기된 '쇼'는 한결 포괄적이다. 부풀려서 확대 해석하자면 자신이 소속된 장소, 그러니까 집안이나 조직, 직장까지도 포함됨직한 것이다.

아마 모시던 상사의 비리를 속속들이 알고 있는 정치가나 기업인의 심복이, 검찰 수사가 본격화되자마자 현대판 사무라이라도 되는 양 죽음으로서 영원히 입을 봉하고 마는 것도 이 경우의 잇쇼켄메이일지 모른다.

마지막이 일생현명(一生懸命)이다. 여기서의 '쇼(生)'야말로 화자(話者) 스스로의 일생일터인즉 다소 인간미가 배어난다. 자신에게 주어진 삶을 위해 바치는 목숨, 아니 목숨을 걸만큼 자기 이익에 충실한 것이 현대인이니까 더욱 그렇다. 그것은 마치 왕년의 회사인간(會社人間)이 이제는 사회인간으로 이성을 되찾는 현상과도 몹시 닮아 보인다.

가장 일본적인
아름다움을 표현하다

와비 사비 わび さび

일본 미의식(美意識) 가운데 하나. 일반적으로 소박하고 조용한 것을 가리킨다. 본시 와비(侘)와 사비(寂)는 별도 개념이었으나 현대에 와서 한 덩어리로 이야기할 때가 많다.

온라인 백과사전 위키피디아(Wikipedia)에 나오는 설명이다. 일본인이 한국인의 한(恨)이라는 독특한 감정을 이해하지 못하는 것과 마찬가지로, 한국인은 일본인의 와비 사비에 관한 감정을 짐작하기 어렵다. 아니, 현대 일본인 중에서 과연 얼마 정도나 와비 사비를 이해하는 이가 있을는지조차도 몹시 의심스럽다.

와비가 가난함이나 부족함 가운데에서 마음의 충족을 끌어내는 개념이라면, 사비는 한적한 가운데에서도 더없이 깊고 풍성한 것을 깨닫는 미의식이란다. 그러니 와비는 한적한 삶에서 아취를 느끼고, 탈속(脫俗)으로 승화하는 모자람의 미(美)다.

이에 비해 사비는 단순한 호젓함이나 낡음이 아니라 깊숙하게 파고든 호젓함과 고요함 속에서 무르익고 넘쳐나서 한없는 깊이와 넓이를 지닌 경지라고 한다. 하여튼 쉽지 않다.

그래서 다시 뒤적여 보다가 이 시대를 살아가는 한 다인(木村宗愼)을 만났다. 알쏭달쏭하기는 마찬가지로되 그는 이런 풀이를 해놓았다.

> 사비는 눈으로 본 아름다움이다. 이 세상의 모든 것은 세월이 흐르면서 낡아지거나 더러워지거나 모자라게 된다. 일반적으로 열등해지는 것으로 간주하는데, 거꾸로 그런 변화가 일구어내는 다양하고 독특한 아름다움을 사비라고 한다. 와비는 낡아지거나 더러워지는 것을 받아들여 즐기자는 능동적인 마음이다. 다시 말해 사비의 아름다움을 끌어내는 것이 와비다.

일본 다도(茶道)는 도요토미 히데요시(豊臣秀吉) 집권기에 크게 갈라진다. 다성(茶聖)으로 불리는 센노리큐(千利休)는 인공미를 가미하지 않은 자연 그대로의 다실에서, 간소간략이 표징하는 스타일의 다도를 일으켰다. 드넓은 공간에서 즐기던 이전의 다도를 서원차(書院茶)의 세계라고 부른 데 비해, 센노리큐가 퍼트린 그것은 와비차의 세계라고 했다.

이래저래 일맥상통하는 바로 그 와비 사비, 그래도 아직 궁금증이 가시지 않으니 이를 어쩌나?

고즈넉한 풍경 속에 슬며시 드러나는 일본적인 미(美).

아버지를 죽이는 게
친절이라니?

신세쓰 親切 しんせつ

1980년대 중반, 프랑스 몽블랑을 구경 간 적이 있다. 케이블카를 타고 눈보라가 몰아치는 정상 언저리를 눈요기한 뒤 내려와 선물 가게로 발걸음을 옮겼다. 서울에서 함께 떠난 일행과 나란히 유리문을 밀고 가게로 들어서는 순간 기겁을 했다. 힐끗 쳐다보던 주인 여자가 요상한 발음의 한국어로 "안녕하세요?"라며 손님을 맞았던 탓이다. 서툰 영어 문답이 오갔다.

"우리가 한국인인줄 어떻게 알았어요?"

"척 보면 알지요."

"일본인, 중국인과 구별이 된다는 말인가요?"

"되고말고요."

그녀의 한·중·일 판별법 가운데 유독 일본인에 대한 설명이 웃음을 자아냈다. 일본인들은 쇼핑하러 온 고객이 흡사 죄 지은 사람인양 되레 굽신거리며 가게로 들어선다고 했다. 다소 과장이 섞였을망정 주인여자의 관찰력에는 공감되는 구석이 있었다. 그것은 일본적인 친절의 또 다른 모습일터이므로….

일본인은 친절이 몸에 배였다고들 한다. 사실이 그렇다. 일부 콧대 높은 관공서의 별종들을 논외로 치자면, 다른 어느 나라에 비해 친절 지수(指數)가 높다. 백화점이나 은행 등 서비스업 종사자의 경우는 아예 간을 녹일 정도로 간드러진다.

언젠가 도쿄 주재 외국특파원들과 취재여행을 간 적이 있었다. 전통 인형마을을 둘러본 뒤 전시관 관장과 문답을 주고받다가 난데없이 일본인의 친절로 이야기가 번졌다. 그 때 파키스탄인 기자가 불쑥 "어째서 일본인들은 하필 아버지를 칼로 베는 걸 친절이라고 하느냐?"고 물어 좌중에 잠시 어리둥절한 침묵이 감돌았다. 그가 친절의 친(親)은 아버지, 절(切)은 자른다는 뜻이 아니냐고 덧붙였을 때에야 비로소 일행들 사이에 폭소가 터졌다.

그래서 그런지 막상 일본에서 오래 산 경험이 있는 외국인들 중에는 일본인의 친절, 신세쓰에 때로는 무섬증이 인다는 이들도 적지 않았다. 아버지를 죽이기까지야 하지 않으나, 더러 간을 녹이는 정도가 아니라 숫제 빼 가는 것 같은 느낌을 받는 순간이 있다는 푸념이었다. 특히 상대를 마주한 채 끝없이 길게 친절한 수다를 떨어놓은 다음, 획 뒤돌아서는 순간에는 얼음장 같은 한기가 느껴진다고들 했다.

어디까지나 내가 세운 하나의 가설(假說)에 지나지 않으나 일본인의 친절을 자연환경적 요인과 인위적 요인으로 풀이할 수 있다. 태풍과 지진, 화산 폭발 등 재해의 빈발이 안겨준 자연 순응법으로서의 친절과, 독특한 봉건제 아래 끊임없이 이어진 전란에서 살아남기 위한 친절이 그것이다.

거기에 플러스알파, 권력이 모든 것을 싹쓸이하던 한국의 수직구조와는 달리, 그래도 저마다의 몫은 챙길 수 있게 해준 분업적, 수평적 사농공상(士農工商)에서 일찌감치 터득한 장삿속이 배태해낸 친절이 있음직하다.

어쩌면 이 플러스알파의 친절이야말로 돌아서면 얼음장으로 변하는 일본적인 친절, 신세쓰의 정체인지 모른다.

군더더기 없이 피었다 지는
찰나(刹那)의 미학

사쿠라 桜 さくら

나라마다 나라꽃이 있다. 영국은 장미, 스위스와 오스트리아는 에델바이스, 스웨덴과 핀란드는 은방울꽃, 네덜란드는 튤립, 독일은 수레국화, 프랑스는 흰 붓꽃, 중국은 매화, 스코틀랜드는 엉겅퀴다.

하고많은 꽃들을 제쳐놓고 스코틀랜드가 엉겅퀴를 나라꽃으로 삼은 이유는 "저 옛날 덴마크 바이킹이 몰래 쳐들어 왔다가 엉겅퀴 가시에 찔려 비명을 지르는 바람에 미리 침략 사실을 알아차려 위기를 모면했다"는 전설에서 유래되었다고 한다.

법으로 정해놓지는 않았으되 나라꽃이 무궁화인줄 모르는 한국인은 없다. 그렇다면 일본의 나라꽃은? 역시 딱 부러진 규정이 없다. 가령 국기(國旗)는 히노마루, 국가(國歌)는 기미가요, 국조(國鳥)는 꿩으로 명시되어 있는 것에 견주자면 나라꽃은 다소 어정쩡하다. 다만 이런 기록은 눈에 띈다.

신사 경내의 흐드러진 수양 벚나무. 그 아래 소원을 적어 매단 '에마(繪馬)'가 눈길을 끈다.

일본에서는 예로부터 벚꽃이 나라를 대표하는 꽃으로 여겨져 왔다. 벚꽃은 일본의 신화에도 나타나며, 벚꽃이 질 때의 산뜻함이 사무라이의 인생관과도 결부 지어졌다. 일본 각지에 벚꽃 명소가 있으며, 활짝 핀 벚꽃 나무 아래에서 술잔을 기울이는 것이 큰 즐거움으로 꼽힌다. 한편 황실의 문장(紋章)이 국화(菊花)여서 이것 역시 일본을 대표하는 꽃으로 치기도 한다. (『일본, 그 모습과 마음』)

그러니까 법으로 정해진 것은 아니로되 온 국민이 좋아하므로 나라꽃이나 다름없다는 뜻이겠다. 극작가 겸 수필가인 다나카 스미에(田中澄江)는 옛 문헌을 뒤져서 일본인들이 얼마나 벚꽃을 사랑했는지 입증하기도 했다.

즉, 예로부터 내려오던 전통 시가(詩歌)를 모아 10세기 초에 엮은 『고킨와카슈(古今和歌集)』라는 책자가 있는데, 거기에 수록된 봄을 노래한 시 가운데 3분의 1 이상이 벚꽃을 소재로 삼았다는 것이다.

한국에서 봄을 알리는 전령사(傳令使)는 개나리이리라. 강산을 노랗게 수놓으며 계절의 서곡을 연주하는 꽃, 그래서 한국의 봄은 노란 색이다. 일본의 봄은 하얗다. 4월1일부터 시작되는 정부와 기업의 새 회계연도, 그리고 신학기 모습부터 그렇다.

신입생들이 입은 교복의 하얀 칼라, 신입 사원들의 하얀 와이셔츠…. 거기에 더하여 은은한 핑크빛 바탕에 세상을 하얗게 물들이는 벚꽃 잔치가 펼쳐지기 때문이다.

벚꽃이 필 무렵이 오면 지역별로 벚꽃 전선(前線)의 도래 현황을 살피는 개화도(開花圖)가 언론에 보도된다. 개화 선언은 기상청이 내린다. 도쿄의 경우 야스쿠니진자 경내에 미리 지정해둔 세 그루의 표본 벚나무를 매일 살핀 뒤 D데이를 판정한단다.

만개(滿開)와 더불어 펼쳐지는 벚꽃놀이 풍경 역시 명물의 하나다. 도쿄의 명소로는 2천 그루가 심어져 있는 신주쿠어원(新宿御苑)과 1천 그루의 우에노(上野)공원이 꼽힌다. 다만 한국의 창덕궁 비원(秘苑)과 같아 개원 시간이 통제되는 신주쿠어원에 비해, 밤새도록 밤 벚꽃놀이, 요자쿠라(夜櫻)를 즐길 수 있는 우에노 공원 쪽에 훨씬 많은 사람들이 몰린다.

이래저래 일본인들은 사쿠라에 취하고, 술에 취한 채 봄날을 만끽한다.

밤하늘에 꽃피었다 사라지는
완전 소모의 예술

하나비 花火 はなび

요미우리(讀賣)신문사가 발간한 『요미우리 연감(年鑑)』 자료편을 뒤적이다 눈길이 멎은 데이터가 있었다. 「전후(戰後)의 큰불」이라는 항목 아래 소실(燒失) 면적으로 따져서 30대 화재사건을 정리한 것이었다.

그만큼 일본에서는 화재가 잦다. 일본인의 4대 무서움을 들먹이면서도 소개했지만, 목조 가옥이 많았던 탓에 예전에는 그야말로 났다 하면 큰불이었던 듯싶다. 그런 일본인들이 기이하게도 한편으로는 불을 굉장히 즐긴다. 하나비(花火)란 이름의 불꽃놀이가 그렇다.

일본에서 살아본 이들은 잘 알지만, 동네 축제날 밤의 여흥은 하나비가 돋군다. 하늘로 쏘아 올리는 본격 하나비가 없으면 하다못해 아이들이 불장난처럼 하는 미니 하나비라도 있어야 직성이

풀린다.

우리는 어린 시절 달집태우기나 쥐불놓이가 아니면 불장난은 엄두도 못 내었고, 어른들에게 들키는 날에는 경을 쳤다. 자상한 할머니마저도 "요 녀석, 자다가 이불에 오줌 싸려고 이러느냐!"면서 알밤을 먹이기 일쑤였다.

그에 비하자면 일본은 불놀이의 천국이다. 하나비 대회라는 명칭으로 행해지는 불꽃놀이 경연도 전국적으로 1천 개가 넘는다. 언젠가는 지방에서 개최된 하나비 대회에 예상보다 훨씬 많은 인파가 쏟아지는 바람에 일본어로 쇼기타오시(將棋倒し), 한국어로 장기튀김, 영어로는 도미노 현상이 벌어져 수백 명의 사상자가 나오기까지 했다.

그러나마나 하나비 전문가에게 하나비시(花火師)라는 칭호를 붙여주는 일본인들, 그들은 한해에 불꽃으로 허공에 사라지는 하나비 값이 얼마나 되는지 알기나 할까?

영국이 아니면 청나라에서 들어갔다는 하나비, 그 찰나의 미(美)에 탐닉하는 일본인들의 모습에 벚꽃이 겹쳐진다. 한꺼번에 피었다가 한꺼번에 져버리는 벚꽃과, 일순간에 밤하늘을 수놓았다가 일순간에 사라져 가는 하나비. 어딘가 닮지 않았는가!

실제로 하나비 대회에서 채점하는 방식은 몇 겹의 아름다운 꽃잎을 만들 수 있는가와, 한 점 흔적도 남기지 않고 순식간에 얼마나 깨끗이 사라지는가가 관건이라고 했다.

자살로 젊은 생애를 마감한 아쿠타가와 류노스케(芥川龍之介)는 어딘가의 글에다 "인생을 둘러보았자 유별나게 갖고 싶은 것은 없으나 불꽃만큼은 목숨과 바꾸어서라도 붙잡고 싶었다"고 썼다. 또 누군가는 이렇게 사뭇 격조 있게 설파했다.

> 하나비는 화려하게 천공(天空)에 꽃 피었다 사라져간다. 이 소모(消耗)의 과정이 미를 구성하는 것이어서, 나중에는 아무 것도 남지 않는 완전 소모의 예술이다. (오가쓰 교스케小勝鄕右『하나비, 불의 예술』에서).

**시집가면 왜 남편 성을
따라야하나?**

후후벳세이 夫婦別姓 ふうふべっせい

오래 전의 시시껄렁한 농지거리에 미국식 저택에서 일본 여성과 살면서 프랑스 요리를 먹고 싶다는 게 있었다. 오죽 했으면 그랬을까. 좁아터진 단칸방, 대 센 마누라, 일식삼찬(一食三饌)의 초라한 밥상.

어쨌거나 이처럼 일본여성에게는 순종형 이미지가 강했다. 죽으라면 죽는 시늉까지 하는 것으로 여겼다. 호랑이 담배 먹던 시절 이야기이지만….

일본 여성상(像)의 변화는 날이 갈수록 두드러진다. 그 하나는, 선대(先代) 후광을 업고 세습으로 국회의원 배지를 달지 않고 혈혈단신 선출직에 도전하여 여봐란 듯이 당선되는 여성이 늘어났다는 점이다.

제2의 대도시 오사카부(大阪府) 지사로 여성이 뽑힌 것이 20

세기 마지막 해였다. 2016년에는 뉴스 캐스터 출신인 고이케 유리꼬(小池百合子)가 도쿄 도지사로 선출되어 화제를 뿌렸다.

여권(女權) 신장의 또 한 가지 조짐은 부부가 각자 따로 성을 갖자는 세칭 후후 벳세이에 대한 가파른 지지율 상승으로 나타난다. 알다시피 일본에서는 결혼과 동시에 여성은 부모로부터 물려받은 성씨를 버리고 시가(媤家)성씨로 바꿔야한다.

데릴사위를 맞는 경우처럼 남편이 처가 성씨를 택하는 수가 없지는 않으나, 대개는 울며 겨자 먹기로 종래의 친숙한 성씨를 버릴 수밖에 없다. 이것은 같은 동양문화권의 한국이나 중국과는 판이한, 웨스턴 스타일의 제도라고 할 만 했다.

2018년에는 특이한 소송이 제기되었다. 어느 소프트웨어 개발회사 대표를 포함한 남녀 4명이 외국인과 결혼할 때는 동성으로 할지 별성으로 할지 고를 수 있음에도, 일본인끼리의 혼인에서는 그런 선택을 못하는 게 법적 평등을 규정한 헌법에 반한다면서 국가를 상대로 제소한 것이다.

잠깐 옛일을 더듬어 보자. 메이지유신 후 새 정부가 내린 명자필칭령(名字必稱令)으로 모든 일본인이 창씨 할 무렵에는 여성이 시집가도 친정 성을 그대로 썼다. 더구나 그것은 내무성령(令)으로 강제된 사항이었다. 그러다가 어떤 연유에서인지 19세기말에 와서 결혼과 동시에 시가 성씨를 따르도록 하여 현재에 이르고 있다.

이 같은 제도가 여성의 권익을 침해한다는 주장 아래 부부별성을 추진하는 움직임은 제법 오래 전부터 있어왔다. 아직은 찬반양론이 비등하나, 점차 찬성표가 늘어나자 일본정부도 본인의 희망에 따른 선택적 부부별성 제도를 놓고 저울질하는 모양이었다.

그런 면에서야 훨씬 개명적인 한국에서는 별성이 아니라 아예 부모의 성을 다 쓰는 이들마저 더러 눈에 띈다. 그런데 만약 남궁길동(南宮吉童)의 어머니 성씨가 선우(鮮于)라면 남궁선우길동이 되어야 할 텐데 이를 어쩌지?

그 따위 부질없는 걱정일랑 접어두고 일본에서 주로 베이비붐 세대인 단카이(団塊) 부부 사이에 새롭게 등장했다는 오싹한 풍조 하나를 소개하자. 백수건달이 되어 간신히 눈칫밥이나 얻어먹는 신세, 아내 입에서 제발 이 선언만은 나오지 않기를 빌고 또 빈단다.

"나가이 아이다 오세와니 나리마시타(永い間お世話になりました(오랫동안 신세 많이 졌어요)."

아이쿠, 헤어지자는 최후통첩이잖아!

집집마다 꾸미는
새해맞이 징표

가도마쓰 門松 かどまつ

일본은 메이지유신으로 새 시대를 열면서 과감히 음력을 버리고 양력을 택했다. 따라서 설날, 일본어로 오쇼가쓰(お正月)는 양력 1월1일이다. 달이 차는 것과는 상관이 없으니 우리처럼 정월 대보름은 있을 리 없다.

다만 양력 1월15일을 고쇼가쓰(小正月)라고 하여 전통행사를 펼치는 곳은 있다. 추리작가 요코야마 히데오(横山秀夫) 원작을 영화화한 「로쿠용(64)」의 마지막 장면에서 이날 달집태우기와 유사한 광경이 나오는 것이 바로 그렇다.

비록 양력으로 바뀌었으되 일본인들은 명절 풍습만큼은 전통을 고스란히 이어간다. 가장 큰 명절인 설날이 코앞에 닥친 선달 그믐께가 되면 가정집은 가정집대로, 가게는 가게대로 일제히 집 안팎을 반질반질하게 물청소한다. 현관이나 출입문 곁에는 가도마

가도마쓰의 소나무에 조상신이 찾아든다는 속설이 있다.

쓰라고 불리는 소나무 장식을 세운다.

가도마쓰에도 다양한 형태가 있으나 짧고 긴 세 토막의 대나무를 가운데 세우고, 그 둘레를 소나무로 엮는 모양이 일반적이다. 예로부터 일본에서는 소나무에 조상신(祖上神)이 찾아든다는 속설이 있어 소나무 장식을 즐기는 것이다.

가도마쓰를 세워두는 기간은 1월7일까지다. 이를 두고 '소나무가 세워져 있는 동안'이라는 의미로 마쓰노우치(松の内)라고 일컫는다.

섣달 그믐날 밤에는 국물이 있는 메밀국수인 가케소바를 먹으면서 장수(長壽)를 기원하고, 설날 아침이면 설음식인 오세치(お節) 요리를 즐긴다. 오세치는 주로 달게 조리고 볶거나 삶은 음식이 많다. 말린 새끼멸치 볶음, 거두절미하여 말린 청어를 다시마에 싼 다시마말이, 강낭콩과 고구마를 삶아 으깬 뒤 밤을 넣은 것, 그리고 우엉과 연뿌리, 토란, 인삼, 쇠귀나물 등이 대표적인 설음식으로 꼽힌다.

설날 아침, 어린이들은 새해인사를 한 뒤 어른들로부터 세뱃돈 오토시타마(お年玉)를 받는다. 세뱃돈을 반드시 매화 그림 등이 그려진 예쁜 봉투에 담아서 주는 것도 색다르다.

게다가 해마다 언론에서는 여론조사를 통해 세뱃돈의 평균 액수가 얼마인지를 밝히곤 한다. 초등학생의 경우 3천 엔 안팎이 시세(時勢)인 모양인데, 고민하는 부모를 위해 나이÷2×1,000엔이라는 세뱃돈 산출 공식을 제시한 웹 사이트도 눈에 띈다.

중국의 춘절(春節) 연휴가 길게는 한 달, 짧게는 일주일가량인데 비해 일본의 설날 휴일은 사흘 동안이다. 그래서 다른 말로 산가니치(三が日)라 표현하기도 한다.

설날 연휴의 첫 나들이는 온 가족이 신사나 절을 찾아가 한 해의 행운을 비는 것으로 시작한다. 예법상으로는 마쓰노우치 기간인 이레(7일) 이내에 하면 된다지만, 대개는 산가니치에 전통의상으로 설빔을 차려입고 첫 참배 하쓰모우데(初詣)를 하는 이들이 훨씬 많다.

최고의 하쓰모우데 명소로는 도쿄 메이지진구(明治神宮)가 꼽힌다. 특히 올해(2018년)는 메이지 천황이 즉위하여 근대국가의 빗장을 연 지 150년에 해당하는지라 그를 제신(祭神)으로 삼은 이곳 참배객이 유난했으리라 여겨진다.

흥미로운 것은 해마다 늘어나는 전국의 하쓰모우데 참배객 숫자를 공표하던 일본 경찰청이 2010년부터 이를 중지했다는 사실이다. 입원 환자처럼 거동을 못하는 사람만 빼고는 다 몰려나오니 경찰로서도 공연한 예산 낭비, 인력 낭비로 판단했지 싶다.

참고로 마지막 발표 당시 9천939만 명이라 했으니, 진작 1억 명을 넘기지 않았을까?

동네방네 뽐내는
어린이날 깃발

고이노보리 鯉幟 こいのぼり

음력 5월5일 단오(端午)가 그저 풍년을 기원하는 명절의 하나인줄 알았더니 유네스코 세계문화유산으로 지정된 강원도 강릉 단오제는 달랐다. 3월30일에 신주(神酒)를 빚는 것에서 시작하여, 단오 다음날 성황당 뒤뜰에서 굿에 사용된 신구(神具)를 불사름으로서 한 달여 만에 모든 행사가 마무리된다니 예사 부락제(部落祭)가 아니었던 것이다.

음력 명절을 모조리 양력으로 바꿔버린 일본에서는 해마다 5월5일이 다가오면 주택가 풍경이 일변한다. 자녀를 둔 가정에서는 거의 어김없이 잉어를 그린 원색 깃발, 고이노보리를 내다 걸기 때문이다. 오래 전 일이지만, 군마현(群馬縣)의 조그만 도시에서는 한꺼번에 고이노보리 5천400개가 매달려 기네스북에 오르기도 했다. 이것은 풍작 기원이 아니라 어린이들 건강과 행운을 비는 일종

잉어를 본뜬 화사한 색깔의 고이노보리.

의 부적(符籍)이다. 왜 하필 잉어인가?
중국에서 유래되었다. 잉어가 황하(黃河)를 거슬러 올라가 상류에 있는 용문(龍門)만 통과하면 용이 된다는 전설에 그 뿌리가 있다. 어쨌거나 그 같은 세시(歲時) 풍습을 받아들여 일본정부는 1948년부터 이 날을 정식으로 어린이날로 정해 달력에 빨간 글씨를 쓰게 했다. 법정 공휴일이 된 것이다. 우리나라에서는 광복 이듬해부터 5월5일을 어린이날로 삼았으나 공휴일 지정은 1975년에야 이루어졌다.

엄밀하게 따지면 일본에는 세 차례의 어린이날이 있다. 양력 단오는 본시 남자 어린이의 날이다. 여자 어린이는 삼짇날(3월3일)에 히나마쓰리(雛祭り)라는 이름으로 따로 잔치를 벌인다. 이날이 오면 사무라이 인형을 장식하고 떡갈나무 잎사귀에 찰떡을 싸먹는 단오와는 달리, 옛 궁중여인의 화사한 옷차림을 한 히나닝교(雛人形)에다 복숭아꽃을 곁들이고 단술인 시로자케(白酒)를 마신다.

세 번째가 시치고산(七五三)으로 11월 15일이다. 먼 옛날에는 상류사회에서만 행해진 축일이었다. 그러다 19세기 이래 일반 민중들에게까지 널리 퍼졌다고 한다.

시치고산에는 세 살과 다섯 살 먹은 사내아이와, 세 살과 일곱 살짜리 계집아이에게 예쁜 옷을 차려 입혀 씨신(氏神)에게 참배를 드리러 간다. 흥미로운 것은 이날 행했다는 예전의 의식(儀式)이다.

세 살짜리 아이는 바둑판 위에 앉혀 머리에다 명주실과 솜으로 만든 가발을 씌움으로써 머리카락이 잘 자라도록 기원했다. 다섯 살짜리는 역시 바둑판 위에 세워 난생 처음 전통바지 하카마를 입혔으며, 일곱 살짜리 여자아이는 기모노의 옷고름 격인 오비(帶)를 매게 했다는 것이다.

잠깐! 혹시 시치고산의 나이가 세 살 버릇 여든까지 간다는 우리 속담의 세 살, 그리고 남녀칠세부동석의 일곱 살과 같은 맥락이 아닐까...?

출생률 저하로 고이노보리 나부끼는 소리도 점차 잦아든다는 일본. 여하튼 어린이날이 단 하루뿐인 한국 어린이들은 일본 어린이들이 무척 부럽겠다.

꿩 먹고 알 먹는
새해 인사

넹가하가키 年賀葉書 ねんがはがき

일본인들처럼 무엇인가를 읽고 쓰는 데 이골 난 민족은 드물다. 좀 엉뚱한 논리지만, 오늘날 일본학의 대가로 자타가 인정하는 도널드 키인(Donald Keene)의 이력이 그걸 증명한다.

태평양전쟁 당시 일본 군인들 지급품 중에는 일기장이 포함되어 있었다. 전쟁터에서 일기를 쓴다는 게 여간 신기한 노릇이 아니로되 사실이 그랬다. 미군 정보기관에서는 이점에 착안했다. 한바탕 전투를 치른 다음 패퇴하여 황급히 달아난 일본군이 남기고 간 일기장을 뒤져 군사정보를 얻고자 했다. 이 작업에 투입된 요원의 한 사람이 키인이었다.

키인은 값이 싸다는 유혹에 이끌려 구입한 영역본 『겐지모노가타리(源氏物語)』를 읽고 감동하여 일본문학의 길로 들어섰다고 한다. 여성작가 무라사키시키부(紫式部)가 11세기 초에 발표한 이

소설은 모두 54권으로 엮어졌다. 왕가(王家) 4대(代), 70여 년에 걸친 궁중 안팎 이야기로, 등장인물만 430명이 넘는 세계 최초 대하소설이다.

키인은 콜롬비아대학을 졸업하자마자 미 해군 일본어학교를 나와 곧장 태평양전선에 배치되었다. 전쟁이 끝나고 모교 교수가 된 그는 본격적으로 일본연구에 매달렸다. 그동안 역사와 문학을 넘나들며 일본어와 영어로 수많은 저술을 펴냈다. 2011년 대지진과 해일이 일본 동북부 지역을 덮쳐 엄청난 피해가 발생하자, 일본인들에 대한 위로의 마음을 담아 일본으로 귀화했다.

이야기가 살짝 빗나갔으나 요즈음처럼 통신이 발달한 시대에도 일본인들이 편지를 즐겨 쓰는 것 역시 군인들의 일기쓰기와 같은 맥락에서 이해된다. 편지의 연장선에 있는 것이 쇼추미마이(暑中見舞)와 넹가죠(年賀狀)다. 설날에 맞춰 보내는 연하장이야 한 시절 한국인에게도 다반사였으나, 서민들에게 쇼추미마이는 생소하다. 한마디로 더운 여름철 건강하게 잘 지내느냐는 문안 인사다. 그래도 오가는 편지의 양에서는 감히 연하장을 넘보지 못한다.

연하장 중에서도 관심을 끄는 것은 해마다 11월 초하루에 우체국이 발매하는 연하엽서, 즉 넹가 하가키다. 마감 시간만 잘 지켜 우체통에 넣으면 설날 아침 정확하게 배달해준다.

일본에서의 우편제도 출발이 메이지유신 직후인 1871년, 그 이태 뒤 우편엽서가 나왔다. 연하엽서를 설날에 맞춰 배달해주는 서

비스는 1900년 일부 대도시에서 선보인지 5년 만에 전국 우체국으로 확대되었다.

대관절 얼마나 주고받을까? 2018년 설날용 발매 수량이 25억 8천600만 장, 인터넷의 발달과 같은 시대 변화를 감당하지 못해 7년 연속 야금야금 줄어든 양이 이랬다. 국민 한 사람이 평균 스무 통 넘는 연하엽서를 부친다는 계산이니 놀랍기만 하다.

여기에 사행심을 자극하듯 복권번호가 찍히기 시작한 게 1949년 판매용부터다. 해마다 경품이 달라지는데, 2018년 1등 당첨자(약 3천 명)는 현금 10만 엔이나 12만 엔짜리 상품권 가운데 고르도록 했다. 경품의 변화는 일본경제의 한 단면을 엿보게도 한다.

첫해 특등 상품은 재봉틀이었다. 그 무렵 일본인들 살림살이에서 재봉틀이 얼마나 귀한 물건이었는지 알게 해준다. 21세기로 넘어오자 위성방송 수신용 와이드 텔레비전이나 전동(電動) 자전거가 경품이었다. 그러던 것이 이제는 현찰 박치기, "내 마음에 드는 물건 내가 고른다!"로 바뀌었다.

결국 일본인들은 52엔(2019년부터는 62엔) 투자하여 새해 인사 나누어 기쁘고, 운만 따르면 덤으로 선물까지 챙기는지라 그렇게도 열심히 연하엽서를 주고받는가 보다.

기후와 생활습관이 잉태한
지혜의 산물

다다미 畳 たたみ

아파트 넓이를 이야기할 때 지금은 제곱미터가 표준이다. 그래도 귀에 익은 것은 여전히 평(坪)이다. 32평 아파트라고 해야 금방 와 닿는 것이다. 일본은 몇 조(疊)라는 표현을 쓴다. 6조, 8조라고 한다. 이 때의 조가 곧 다다미다. 그러니 다다미 크기로 방 넓이를 계산하는 것이다.

다다미 어원은 접는다는 뜻의 다다무(疊む)에서 왔다. 자리에 깔고 앉았다가 접어두는 깔개가 시발이었다. 그게 나중에 와서 아예 방바닥에 붙박이로 깔면서 일본인의 주거 양식을 상징하는 다다미로 발전했다.

다다미 크기는 지방마다 약간씩 달랐다고 한다. 기본은 가로 6척(尺), 세로 3척이었다. 대략 다다미 2장이 1평인 셈이다. 하지만 일본에서도 아파트와 맨션 등 서구 스타일의 주거가 늘어나면서 변화의 바람이 불었다. 특히 대도시 아파트 단지는 땅값 영향으로 방 크기가 작아지면서 덩달아 단지(團地) 사이즈라는 명칭 아래 규격을 도외시한 소형 사이즈의 다다미가 만들어지기 시작했다.

부엌 아궁이에서 땐 불이 구들을 타고 열기가 전해지면서 따뜻해지는 온돌과 같은 난방을 일본에서는 상상할 수 없다. 여름이 덥고 겨울이 추운 기후 조건은 양쪽이 크게 다르지 않다. 결정적인 차이는 강수량이 많은 일본의 경우 습도가 높아 민가(民家) 구조에서 통풍을 중요시했다는 점이다. 한국 가옥에 비해 창문이 큰 편이었고, 습기에 강한 다다미가 한결 실용적이었다. 물론 잦은 지진 역시 영향을 끼쳤으리라.

다도(茶道) 인기가 다다미 보급을 부채질했다는 견해도 있다. 일본 다도의 중흥조(中興祖)로 불리는 센노리큐(千利休 1522~1591년)가 지은 다실은 자연 그대로의 소박함이 강조되었다. 들어가는 문은 너비 66센티미터, 높이 69센티미터에 불과하여 흡사 개구멍이나 마찬가지였다. 넓이는 다다미 4장반이 채 되지 않았다.

그런 좁은 공간에 여러 명이 앉으려니 무릎을 꿇어야 했고, 방석을 깔더라도 방바닥은 쿠션이 있는 다다미가 제격이었다. 그렇게 가는 곳마다 다실이 세워지면서 다다미도 일상화되어 갔다는 것이다.

이것은 일본식 정좌법(正坐法)과도 이어진다. 우리처럼 양반

다리는 왕실과 상류 계급에서나 볼 수 있다. 서민들에게는 무릎을 꿇는 것이 예절로 보편화되었다. 다다미의 효용이 커질 수밖에 없었다.

일본 전통 가옥의 또 다른 특징은 도코노마(床の間)와 오시이레(押し入)다. 도코노마는 그림이나 꽃꽂이를 감상하느라 다다미 방 벽면에 만들어둔 공간을 가리킨다. 오시이레는 좁은 방을 최대한 활용하여 잡동사니를 갈무리하는데 그저 그만인 벽장이다.

요즈음은 상황이 사뭇 달라졌다. 일본 주택에서는 성가신 도코노마가 점점 천덕꾸러기가 되어 가고, 한국 주거에서는 붙박이장이 흔해졌다. 시대의 변화는 말릴 재간이 없나보다.

전통 주거의 상징인 다다미.

고집스레 지켜가는
전통의 표상

게타 下駄 げた

김치와 다쿠앙(단무지), 마늘과 다마네기(양파), 비빔밥과 돈부리(덮밥), 불고기와 사시미(생선회).... 모든 것이 국제화되어 가는 마당에 음식 문화라서 유별나게 내 것, 네 것 편 가림이 수월치 않은 일이로되, 한국과 일본을 나누는 먹을거리의 대명사는 이 정도가 아니었을까.

내친걸음에 생활 주변도 둘러본다. 온돌과 다다미, 수저와 와리바시(割箸), 두루마기와 하오리(羽織), 그리고 짚신과 게타(下駄). 그런데 유독 짚신만은 자취를 감추었다. 일제 치하 일본인에 의해서.... 사연은 조정래(趙廷來) 대하소설 『아리랑』(제5권)에 그려져 있다.

경복궁 동쪽 빈터에 마련된 물산공진회는 역시 일본의 온갖 신식 물건들이 조선의 농공수산물들을 압도하고 있었다. 가지가지 일본 물건들 중에서도 특히 조선 사람들의 눈길을 사로잡는 것이 있었다. 그건 바로 검정고무신이었다. '자아, 짚신 열 속, 백 켤레보다 더 질기고 질긴 고무신.... 비가 와도 눈이 와도 물이 못 들어와 고무신, 발이 안 젖어 고무신.... 개명한 고무신...' 조선 사람들을 상대로 고무신을 만들어낸 일본사람들의 그 예리한 관찰력과 적확한 상술에....

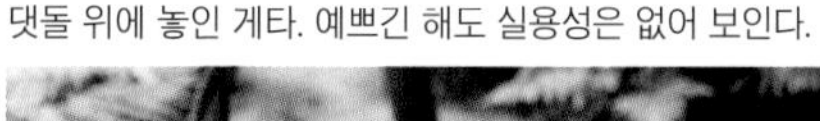

댓돌 위에 놓인 게타. 예쁘긴 해도 실용성은 없어 보인다.

실용성에 밀려 짚신은 그렇게 사라져 갔다. 떵떵거리던 대갓집에서야 더러 가죽신으로 호사를 했을망정, 고무신은 남녀를 불문코 서민들의 생활 속으로 스며들었다.

개화와 더불어 양복이 밀려들자 이번에는 구두가 고무신을 밀어내기 시작했다. 여성의 양장에서도 하이힐이 눈길을 끌었음은 두말 할 나위가 없다. 구두의 범람으로 다소 우스꽝스러운 광경도 연출되었다. 이제는 눈에 익어 누구도 개의치 않지만, 두루마기 한복이나 치마저고리 차림에 신발은 버젓이 양화(洋靴)가 주류인 것이다.

옷차림에서 나타난 그 같은 한국인들의 재빠른 신구(新舊) 융합에 일본인들은 두 눈을 휘둥그레 뜬다. 외래문화를 잽싸게 받아들여 일본화 시키는데 이골이 난 그네들임에도, 21세기를 넘어선 여태 전통 일본옷 와후쿠(和服) 차림에만큼은 신발 또한 거의 반드시 전통을 따른다. 게타, 그도 아니면 약간 신식 분위기를 풍기는 조리(草履)를 신고 다니니까 말이다.

분명 모양새는 한복 두루마기에 서양 구두보다 그럴싸하다. 하지만 뒤뚱뒤뚱 오리를 연상시키는 게타의 걸음걸이가 외국인들 눈에는 어째 불안하기도 한데…. 괜찮은가?

첨언(添言), 요즈음은 입에 올리는 사람이 드물어 다행이나 한 시절 일본인을 손가락질하며 쪽발이(쪽바리)라고들 했다. 이 비하어(卑下語)의 근원이 게타와 일본 버선 지카다비(地下足袋)에서 나왔다. 엄지발가락과 나머지 발가락을 쪽 지어 신는대서 쪽발, 거기에 사람을 뜻하는 어미(語尾)를 붙여 쪽발이라고 이죽거렸던 것이다.

멸시받으며 명맥을 유지해온
이민족(異民族)

아이누 アイヌ

1998년 여름, 한 일본 국회의원이 이런 선언과 더불어 정계를 은퇴했다.

"수렵민족은 땅거미가 지기 전에 마을로 돌아가야 한다. 내 나이도 나이니 만치 여편네의 얼굴조차 알아보지 못하기 전에 그만 두어야겠다."

가야노 시게루(萱野茂). 홋카이도에서 태어난 아이누 민속학자 겸 언어학자. 참의원 의원에 당선되어 도쿄의 국회의사당에 발을 디딘 첫 아이누족(族). 국회 상임위원회에 참석하여 일본에도 야마토(大和) 민족 이외의 민족이 산다는 사실을 알아주기 바라는 취지에서 아이누어(語)로 대정부 질문을 던진 사람.

아이누란 인간이란 뜻이란다. 신(神)을 가리키는 '가무이'와 대칭되는 아이누 낱말이다. 홋카이도와 사할린 지역의 선주민인 이

아이누의 전통 공연.

들을 일본인들은 에조(蝦夷)라고 불렀다. '에'는 새우 하(蝦), '조'는 오랑캐 이(夷)….

아무리 오래 전부터 그렇게 불려왔다기로서니 좀 심했다. 그리 미웠나? 하기야 심보 사나운 자가 아이누를 '아'와 '이누'(일본어로 개犬라는 뜻)로 살짝 떼어서 "아, 이누가 오셨군!"하고 비아냥거렸다는 이야기에 견주면 그나마 나은 편인지 모르겠다.

사냥과 고기잡이로 삶을 영위해온 소수 민족 아이누는 에도시대(1603~1867년)부터 야금야금 일본의 영향 아래 먹혀들었다. 그러다가 메이지유신을 이룬 일본정부가 그 동안 에조의 땅으로 부르던 곳을 홋카이도로 개칭하면서 숫제 식민지로 삼아버렸다. 이로부터 아이누에 대한 이른바 동화(同化)정책이 본격화되었다.

아이누의 독자적인 풍습은 금지되고, 아이누 언어 대신 일본어

교육을 강요했다. 심지어는 남자들의 귀걸이, 여자들의 문신(文身) 습관도 엄금했다. 연표(年表)를 훑다보니 흥미로운 대목도 있었다. 독화살로 덫을 놓아 사슴을 잡던 아이누의 전통적 사냥법을 못하게 말리면서 엽총을 빌려주었다는 내용이 그것이다.

홋카이도 도청이 2006년에 조사한 수치로는 2만3천782명, 공익사단법인 홋카이도 아이누협회가 2013년에 실시한 「아이누 생활실태 조사」로는 1만6천786명을 헤아리는 아이누. 그들은 여전히 홋카이도를 중심으로 한 조상 대대의 고향땅을 지키며 살아간다.

일부 아이누들이 신분을 드러내지 않고 도쿄 인근에서 산다는 설도 있다. 그러나 일본정부가 법적으로 일본인으로 규정하는 만큼 딱히 확인할 방법조차 없는 모양이었다.

그에 비해 홋카이도 아이누들은 이제 다르다. 1930년에 설립하여 한때 우타리협회(우타리는 아이누어로 동포라는 뜻)라고 고쳤다가, 다시 원래의 명칭을 되찾은 사단법인 홋카이도 아이누협회를 통하여 당당히 아이누 고유의 맥을 이어가고 있다. 협회 인터넷 홈페이지에 실린 다음과 같은 설립 목적에서도 민족의 아이덴티티를 상실하지 않으려는 안간힘이 절절히 묻어난다.

"아이누 민족의 존엄을 확립하기 위해 사회적 지위 향상과 문화의 보존, 전승 및 발전을 꾀하고자 한다."

변경(邊境)의 땅,
서러움의 이방(異邦)

하이사이 ハイサイ

오키나와현(沖縄縣) 홈페이지에 들어가면 「하이사이! 오나가(翁長) 야이빙」이란 코너가 눈에 띈다. 일본어가 아닌 현지어, 즉 류큐어(琉球語)다. 오나가는 현직 지사(知事) 이름이니까 풀이하자면 「안녕! 오나가입니다」가 된다.

그렇다. 제주도가 탐라(耽羅)였듯이 오키나와 역시 예전에는 류큐로 불린 왕국이었다. 탐라는 고려 숙종 때인 12세기 초에 고려로 편입되었고, 류큐는 그보다 5세기 쯤 늦게 사쓰마번(薩摩藩)이 침공해오면서 중·일 양쪽으로부터 간섭을 받았다.

당연히 특유 토속어가 따로 있다. 돼지를 도새기라 하고 개구리를 골개비라고 하는 제주도 사투리를 '육지' 사람들은 도통 알아듣지 못한다. 오키나와 사람들이 '나이차(內地人)'라고 부르는 본토 일본인들에게는 어머니를 안마, 할아버지를 탄메라고 하는 이곳

사투리가 외국어에 가깝다.

그러니 현 공식 홈페이지에 지사 인사말이 현지어로 적히는 게 하등 이상할 바 없다. 오히려 정겹다. 그런데, 그런데…. 단순히 그리 가볍게 넘기지 못할 곡절이 있지나 않을까?

오키나와는 태평양전쟁 말기에 혹독한 시련을 겪었다. 일본이 빨리 항복하지 않아 미군과의 마지막 격전이 오키나와에서 치열하게 벌어졌던 탓이다. 군인들이야 그렇다 치더라도 무고한 오키나와 주민 15만여 명이 희생되었다. 4명 중 한 명꼴이라고 했다. 게다가 그곳으로 징용 갔던 죄 없는 한국인 노무자들마저 망향의 한을 품은 채 불귀의 객이 되어야했다.

간호병으로 징발된 200여 여고생들은 미처 청춘의 꽃을 피워 보지 못한 채 절반 이상이 아까운 목숨을 던졌다. 하필 부대 이름이 예쁜 나리꽃(姬百合 ひめゆり)이어서 어린 학생들의 죽음은 안타까움을 더해주었다.

일본이 항복한 뒤에도 불행은 이어졌다. 샌프란시스코조약으로 본토의 주권은 회복되었건만 오키나와는 계속 미국 통치를 받아야 했다. 그 바람에 이런 일화가 있었다.

때는 1958년 여름. 오키나와 고등학교 대표팀에게 사상 처음 전국 고교야구대회 고시엔(甲子園) 출전이 허용되었다. 그들이 여권과 닮은 신분증명서를 지참하고 본토에 닿자 입국심사관이 '일본국으로의 귀국을 증명함'이라는 스탬프를 찍어 주었다.

오키나와 히메유리 평화 기념 자료관의 히메유리 추모비.

아쉽게 1회전에서 탈락하여 돌아갈 때에는 '출국을 증명함'이라는 스탬프가 찍혔단다. 그나마 '입국'이 아니라 '귀국'이라고 해준 게 고마웠다고나 할까.

문제는 선수단을 태운 배가 나하(那覇) 항구로 되돌아갈 때 빚어졌다. 선수들이 평생의 기념으로 담아간 고시엔구장 흙이 세관 검역에 걸려 몰수되었기 때문이다. 선수들은 뜻하지 않은 외국인 취급에 눈시울을 붉혀야했다.

오키나와는 1972년에야 일본으로 넘겨졌다. 그렇게 반환이 이루어졌건만 그래도 오키나와는 여전히 이방지대다. 면적이야 일본 전체의 1%가 채 되지 않는다. 그럼에도 주일 미군기지의 75%가 몰려 있다.

거기에 생활을 의탁하는 주민이 적지 않건만 연간 완전 실업률은 전국 평균이 3.1%인데 오키나와는 4.4%로 1위를 기록한다(2016년도). 그래서인지 그곳 사람들은 어딘가 한이 맺힌 듯이 비친다. 요즈음도 오키나와 발(發) 뉴스는 '하이사이!'라는 밝은 인사보다 미군기지 이전을 둘러싼 옥신각신이 넘쳐난다.

39개 유인도를 가진 오키나와. 중심지 나하를 기점으로 따지면 도쿄에서 1천500여 킬로미터로 엄청 멀다. 800킬로미터 떨어진 제주도가 도리어 가깝다. 해류(海流)도 제주도에서 오키나와로 곧장 이어진다. 그래서 옛날에는 제주의 고기잡이배가 풍랑에 떠밀려 오키나와에 닿은 적이 가끔 있었다. 『성종실록』에도 그런 사실이 적혀 있다.

오키나와에서도 신세대들은 우치나(ウチナー)라던 조상들의 땅이나 우치나구치(ウチナーグチ)라던 선조 대대의 언어를 잘 모른다. 유일한 국립대학이 류큐대학이고, 현지 신문과 방송이 〈류큐신포(新報)〉〈류큐호소(放送)〉라는 명칭에서 옛 자취를 더듬을 따름이다.

기왕 토속어로 운을 뗀 글, 한 마디 더 덧붙여 아퀴를 짓자.

"니후에데비루!(ニフエデビル 감사합니다!)"

가장 일본적인 것,
그래서 더 무섭다?

와 和 わ

메이지유신으로 대대적인 개복(開腹) 수술을 시작한 일본의 키워드는 화혼양재(和魂洋才)였다. 일본 고유의 정신에 서양의 학문과 지식을 담자는 슬로건이었다. 원래는 아니었다. 중국대륙과 한반도로부터의 문물을 숭상하던 사람들이 어느 결에 시선을 멀리 서양으로 돌려 새로운 문명에 홀려버린 것이었다. 이때 이미 일본의 탈아입구론(脫亞入歐論)이 준비되었다고나 할까.

일본어 발음으로 와는 일본 그 자체, 또는 가장 일본적인 것을 가리킨다. 한국에서는 재패니즈 레스토랑을 일식집(한자로는 日食 아니면 日式?)이라지만, 본고장에서는 통하지 않는다. 화식, 와쇼쿠(和食)라고 해야 알아듣는다. 토종 소는 와규(和牛), 전통 옷은 와후쿠(和服)다.

와란 무엇인가? 방송기자 출신 역사 다큐멘터리 작가인 이자와

모토히코(井澤元彦)는 저서 『역설(逆說)의 일본사』에서 “와는 고대로부터 현대에 이르기까지 일본인을 구속한 원리다”고 주장하면서, 일본인은 와의 신자(信者)라고 단언했다.

그의 해설에 따르자면 와는 본디 일본어로 동음이자(同音異字)인 환(環)이었다고 한다. 영어로는 서클(circle)이며, 사람들의 집단을 뜻하는 것임과 동시에 그 집단에서의 협조정신 혹은 아이덴티티를 상징했다. 사전에 나오는 뜻풀이도 별반 다르지 않다.

> 첫째, 대립이나 소외가 없이 집단이 한 덩어리가 된 상태. 사이좋게 서로 협력하는 마음. 둘째, 다툼을 그치는 것. 화해. 셋째, 잘 조화가 이루어진 것. 균형이 잡혀 있는 것.(『다이지린(大辭林)』 제3판)

고대 중국이나 한국에서는 일본을 왜(倭)라고 불렀다. 흥미롭게도 왜의 일본 발음도 와이다. 결국 와라는 같은 뿌리에서 왜(倭)로 적었다가 화(和)로 바뀐 것인데, 자의(字意)로 따질 때 화 쪽이 더 본래의 와에 가까웠기 때문으로 여겨진다.

바로 그 같은 와가 일본인의 규범으로 정의된 예를 이 역사 다큐멘터리 작가는 쇼토쿠 태자(聖德太子)가 제정한 17조 헌법에서 찾는다. 17조 헌법의 제1조는 「와를 귀하게 여긴다」고 명시해놓은 것이다.

화합을 중시하며 일본 정신의 근원이자 총체를 이룬다는 와, 그 독특한 사상이 일본열도를 벗어나서까지 통용된다는 보장은 없다. 이자와는 앞 저서에 다시 이렇게 썼다.

> 와가 반드시 평화 그 자체인가 하면 그렇지는 않다. 어디까지나 좁은 섬나라에 살고 있는 일본인 사이에서만 통하는 원리이다. 따라서 국내의 와를 무너뜨리지 않으려고 외국을 침략하는 것도 충분히 있을 수 있다. 아니 이미 있었다.

이러니 감춤보다 드러냄이 한결 돋보인다는 칭찬이 나올 수밖에 없다.

둘째 마당

정치 · 경제 · 사회

헌법 뜯어고쳐
당당하게 군대를 갖자!

가이켄 改憲, かいけん

현행 일본 헌법은 1946년 11월 3일에 공포되고 이듬해 5월 3일부터 시행되었다. 그래서 시행일이 우리 제헌절처럼 '헌법기념일'로 국경일이다. 전문(前文)과 11장 103조로 이뤄진 이 헌법에는 더글러스 맥아더(Douglas MacArthur)의 입김이 강하게 작용했다.

패전국 일본을 점령 통치하던 연합국군총사령부(GHQ) 사령관이던 그가 일본이 다시는 전쟁을 일으키지 못하도록 법으로 단단히 못질하여 만든 초안(草案)을 일본 측에 넘겼던 것이다. 그 핵심이 헌법 제9조의 2개 항목이다.

> 〔1항〕 일본 국민은 정의와 질서를 기조로 하는 국제평화를 성실하게 희구하고, 국권의 발동이라 할 전쟁과 무력에 의한 위협 또는 무력의 행사는 국제분쟁을 해결하는 수단으

로서는 영구히 이를 포기한다.(원문에는 위협이 威嚇, 포기가 放棄로 표기되어 있음)

〔2항〕 전항(前項)의 목적을 달성하기 위해 육해공군 그 밖의 전력(戰力)은 이를 보유하지 않는다. 국가의 교전권(交戰權)은 인정하지 않는다.

이 같은 규정에 의해 세칭 평화헌법이라고도 불렸다. 다만 기밀문서로 지정되었다가 나중에 공개된 헌법 제정 관련 회의록에 의해 9조 1항의 '국제평화를 성실하게 희구하고'라는 문구가 초안에는 없었고, 일본 측에 의해 덧붙여졌음이 확인되었다.

그럭저럭 세월이 흐르는 동안 일본의 때깔이 확 바뀌었다. 예전 모습이 아닌 것이다. 움쩍달싹 못하고 숨죽여 지내던 처지에서 세계를 향해 당당하게 할 말 다하는 힘 있는 나라로의 변신! 이처럼 신수(身手)가 훤해지자 헌법 9조를 목에 가시처럼 여기는 정치가가 나타나고, 땅 고르기나 가지치기가 펼쳐지는 건 당연한 수순이었다.

2007년 정월에는 자위대(自衛隊)를 관장하는 정부 부서 방위청(廳)을 방위성(省)으로 격상시켰다. 영어 표기도 Japan Defense Agency에서 Ministry of Defense로 버젓이 고쳤다. 방위청 장관으로 부르던 직책 역시 덩달아 한 급수 위인 방위 대신(大臣)으로 올렸다. 무엇보다 중요한 것은 자위대 국제평화 협력활동이 지금까지의 부수적 임무에서 본래 임무로 업그레이드되었다는 사실이다.

다음 순서가 아예 헌법 자체를 고치자는 가이켄. 총대를 멘 사람은 정치 명문가 출신 세습 정객 아베 신조(安倍晋三) 총리다. 그의 말은 똑 부러졌다.

"총리 재임 중 개헌을 목표로 하겠다. 참의원 선거에서 쟁점으로 삼고자 한다."

2007년 연두 기자회견의 이 발언부터가 시작이었다. 2018년 작금(昨今), 북한 핵미사일 위협과 한국 정치권의 무작정 반일이 그를 도왔다. 일본사회에 반한이 번지면서 도리어 인기가 치솟아 한때는 역대 최장, 최강 총리가 될지 모른다는 말까지 나돌았다. 그 후 드러난 사학(私學) 스캔들로 스타일을 구겼지만, 그래도 그의 일거수일투족을 허투루 여겨서는 안 된다.

"시대에 대응하는 국가의 모습, 이상적인 형태를 다부지게 궁리하겠다. 9조 3항에 자위대를 명기하고 싶다."

야당과 일반 국민들 반발을 의식하여 살그머니 눙치고 나선 모양새였다. 문제의 9조 1항과 2항을 손질하지 않고 그대로 두는 대신, 새롭게 3항을 신설하여 자위대를 정식 국군으로 삼겠다는 의표를 찌른 복안(腹案)이었으니까. 시한마저 딱 분질러 "도쿄올림픽이 열리는 2020년에는 반드시 새 헌법을!"이라는 그의 선언이 귓전을 후비고 지나갔다.

숲속에서 들리던 가랑비 소리에서 양철 지붕을 두드리는 장대비 소리로 돌변한 개헌을 둘러싼 소음, 어두운 과거를 기억하는 이웃사람 심경이 어떨지도 이따금 가늠해주면 좋으련만….

"우리 모두 왕을 모시는
신하로소이다."

다이징 大臣 だいじん

21세기 첫 해 정월, 일본은 대대적인 정부조직 개편을 단행했다. 종래 1부(府) 22성청(省廳)을 1부 12성청으로 바꾸었다. 메이지 유신과 제2차 세계대전 후의 개편에 이은 제3의 개혁으로 일컬어졌다.

이전까지 행정부는 총리 아래 각 부 장·차관이 상층부를 이루고 있었다. 차관은 현직 국회의원이 맡는 정무차관과, 관료 출신인 사무차관 등 2명이었다. 개편의 핵심은 부서 통폐합과, 정무차관이라는 호칭을 없애고 부대신(副大臣)과 정무관(政務官)이라는 새 직책을 둔 것이었다.

2018년 4월 1일 현재 26명의 부대신과 27명의 정무관이 있다. 모조리 중·참의원 현역 의원이며, 사무차관보다 서열이 높다. 관료 우위를 벗어난 정치 우위를 노린 것으로, 내각책임제에서나 가능한 일이리라.

그러고 보면 글자는 같지만 한국과 일본의 장관은 뉘앙스에서 차이가 난다. 일본에서는 장관을 '쇼(相)' 혹은 '다이징(大臣)'이라 부른다. 내각부(內閣府)에 속하는 관방장관만은 예외다. 이쪽은 어디까지나 장관이다. 원래는 방위청도 장관이라 불렀으나 2007년 방위성으로 명칭이 바뀌면서 대신으로 격상되었다.

어디가 어떻게 다른가? 하부 조직이면서도 장관 칭호를 붙이는 국세청이나 경찰청 우두머리 등을 빼자면 그저 어감의 차이, 그러니까 기분상의 차이다. 권한이야 있건 없건 왕실이 존재하는 일본에서 대신은 말 그대로 왕의 신하다. 이에 비해 장관은 총리의 부하에 불과하다. 총리의 정식 명칭 또한 내각총리대신이니 장관은 그야말로 '대신의 대신'인 셈이다.

실제로 총선거를 통해 새 총리가 정해지고 내각이 구성되면, 다들 연미복 차림(여성의 경우는 정장)으로 황궁으로 달려간다. 인증식은 궁궐 정전(正殿)인 마쓰노마(松の間)에서 거행된다. 천황은 옥새가 찍힌 증표(官記라고 한다)를 신임 각료 한 사람 한 사람에게 직접 건네주면서 "중임(重任)을 맡아 노고가 많겠다"는 의미의 칙어(勅語)를 내린다. 이때 증표를 받는 각료는 천황에게 묵례만 하는 게 관례라고 한다.

그렇다면 막강한 권한을 지녔으면서도 왜 유독 관방장관은 대신으로 불리지 못하는가? 이유는 간단해 보인다. 우선 관방장관은 직책 자체가 총리 비서실장 격이니 왕을 모시는 신하에서 한 걸음 비껴나 있다. 또 역대 천황은 친위군과 같은 직할 군대를 직접 거느린 적이 없고, 더구나 현행 헌법은 자위를 위한 무력 외에는 보유하지 못하도록 하는 바람에 방위성으로 바뀌기 이전의 방위청 장관도 언감생심 천황의 신하가 되지 못했다.

토픽 하나, 꿍꿍이속이 많은 일본 정치가들인지라 영어 명칭을 통해 은근히 위세를 과시한다. 관료가 맡는 사무차관은 바이스 미니스터(Vice Minister), 자신들이 맡는 부대신은 시니어(Senior) 바이스 미니스터라고 정한 것이다. 그런 말장난에 눈꼴이 시었던지 〈마이니치신문(每日新聞)〉 칼럼이 이런 투로 점잖게 타일렀다.

"대신(大臣)이 무엇인가? 『논어』에는 도의(道義)로 군주를 섬기고, 그게 통하지 않으면 미련 없이 그만두어야 대신이라고 했다. 그럴 각오가 없는 위인은 구신(具臣)이라 부른단다."

구신은 숫자만 채우는 신하다. 분명 명심함직한 지적이로되 툭하면 마이동풍, 딴청 부리는 꼬락서니는 어디서 종종 목격한 듯 눈에 익다.

경찰예비대에서 출발,
막강 전투력을 갖추다

지에이타이 自衛隊 じえいたい

1946년 11월에 공포된 새 일본 헌법 9조는 무력 보유 포기를 선언했다. 승전국 미국이 주도하여 만든 새 헌법의 이 조항으로 인해 평화헌법이라는 별칭이 생겼음은 앞서 이야기한 그대로다.

반세기 세월이 흘러 유엔 깃발 아래 캄보디아에 자위대가 파견된 이래 모잠비크, 르완다, 동티모르, 아프가니스탄에 이어 이라크에도 자위대 병력이 나갔다. 이들은 모두 난민구조와 민생지원이 목적이지만, 천둥소리가 잦다보면 비가 쏟아지는 법이라 은근히 걱정이 앞선다.

일본에서는 새 헌법 공표의 방망이 소리가 채 가시기도 전인 1950년 경찰예비대가 창설되었다. 6·25전쟁이 계기를 마련해주었다. 이를 바탕으로 1954년 7월1일에는 자위대, 지에이타이가 정식으로 발족했다. 하지만 헌법 규정에 어긋나는 것을 둘 수는 없는지라 말장난을 벌였다.

군(軍)은 영어로 밀리터리(military)다. 자위대는 군대가 아님을 강조하느라 포스(force)라고 했다. 자위대 공식 영어 명칭은 Japan Defence Force이다. 13개 사단으로 구성된 육상자위대에 보병부대가 엄연히 있건만 보병부대라 하지 않고 보통과(普通科)라는 요상한 명칭을 달았다. 포병은 특과(特科)이고, 공병은 시설과(施設科)라고 한다.

또 해상자위대에서는 구축함을 호위함, 항공자위대에서는 전투기 앞에다 지원(支援)이라는 수식어를 살짝 얹어 지원전투기라 부른다. 군악대마저 음악대라고 고상하게 돌려놓았다. 하기야 태평양전쟁 당시 일본군은 후퇴라는 말 대신 덴신(轉進)이라며 국민을 속였다.

오로지 지키기만 한다는 뜻을 강조하느라 만들어낸 일본식 용어들. 그걸 염두에 둔 듯 요시다 시게루(吉田茂) 총리는 국회에서 자위대가 전력(戰力) 없는 군대라는 기상천외한 표현까지 썼다(1953년 11월3일 중의원 예산위원회). 군대가 전투력이 없다니 동네 조무래기들 전쟁놀이에서도 통하지 않을 말장난이다.

그 같은 전력 없는 군대가 오늘날 얼마나 막강한 전력을 갖추었는지는 구구한 설명이 따로 필요치 않다. 한두 가지만 적어 두자. 1986년도부터 5년 단위로 시작한 중기(中期) 방위력 정비계획이라는 프로그램이 있다. 여기서의 정비계획이란 표현도 실은 증강

계획을 눈가림한 것이다. 현재 시행 중인 제7차 정비계획(2014년~2019년) 시행 예산이 자그마치 24조6천700억 엔이다.

기간 중 도입 무기 가운데 눈길을 끄는 것만 골라보자. 해상자위대는 이지스 시스템(Aegis System) 탑재 호위함 2척을 추가한다. 항공자위대는 신(新)조기경보기 E2D 4기(機)에다 F-35A 전투기 28기를 보충한다.

북한 핵 위협에 대처한다는 명목으로 미 공군 최신예 스텔스 전투기 F-22 랩터(Raptor)를 구입하려 안간힘을 쓰다가 미국 의회가 승인하지 않아 뜻을 이루지 못했다. 그러자 독자적으로 F-22에 필적하는 전투기를 개발하자는 구체적인 움직임도 나오는 모양이었다. 하기야 이미 차기 지원전투기 FS-X(Fighter Support Experimental)를 개발하여 항공자위대 미사와(三沢)기지에 배치하기 시작한 지 20년이 되어 가니 못할 것도 없겠다. 1천 명이 넘는 인원이 배치된 방위성 기술연구본부의 슬로건이 그것을 암시한다.

「무기는 완성되는 순간 구식이 되고 만다.」

콧대 높고 도도하던
관료들 세상

가스미가세키 霞ケ關 かすみがせき

손타쿠(忖度). 2017년 한 해 동안 일본인들의 입에 가장 자주 오르내린 낱말이다. 그 덕에 「신어(新語)·유행어 대상(大賞)」이 주어졌다. 이 상은 『현대용어의 기초 지식』이라는 두툼한 책을 해마다 펴내는 출판사가 1984년부터 시행하여 늘 화제를 불렀다.

거의 사람들 눈에 띄는 법 없이 국어사전 한 구석에 웅크리고 있던 단어를 세상으로 불러낸 것은 하필 아베 신조(安倍晋三) 총리를 둘러싼 스캔들이었다. 친분 있는 사학(私學) 설립자에게 국유지 매각 과정에서 특혜를 주었다는 것인데, 총리가 직접 나서지 않았음에도 담당 재무성(財務省) 관리가 '손타쿠'하여 이뤄진 일로 소문이 났다.

그러자 생소한 이 낱말의 뜻을 놓고 정치권과 방송을 위시한 언론에서 시끌벅적, 설왕설래가 벌어졌다. 중국 고서(古書)에서 유래했는지라 우리말 사전에도 '촌탁=남의 마음을 미루어 헤아림. 요탁(料度)'(민중서림 『엣센스 국어사전』)으로 나온다.

시쳇말로 '알아서 기다'이다. 도도하고 콧대 높기로 유명하던 일본 관리들. 특히 '큰 창고'를 뜻하는 대장성(大藏省)이란 명칭 아래 으뜸 관청으로 꼽히던 재무성 엘리트 공무원이 이리 추락했단 말인가. 쉬 믿을 수 없으나 일본 관료의 위상도 옛만 같지는 않아 보인다. 그래서 되짚게 되는 상징어 가스미가세키(霞ケ關).

지명이 무엇을 상징하는 경우는 일본도 다르지 않다. 도쿄 나가타초(永田町)는 정계를 상징한다. 총리관저를 비롯, 국회의사당과 주요 정당 본부 건물이 몰려 있기 때문이다. 가부토초(兜町)는 월스트리트처럼 증권가를 뜻한다. 이에 비해 가스미가세키는 관료사회를 지칭하는 은어로 굳어져 있다.

손타쿠로 톡톡히 곤욕을 치른 재무성을 위시한 행정부 주요 부서에다 도쿄지방법원과 고법, 도쿄지검과 고검, 대검 등 사법기관, 그리고 경시청이 이곳에 있다. 가히 공직의 메카로 손색이 없다.

가스미가세키는 단순한 공무원의 상징이 아니었다. 다른 나라 관료들, 특히 한국 공무원들은 꿈도 못 꿀 힘과 긍지로 뭉쳐진 집단이었기 때문이다. 매사 관료 주도로 나라를 이끌었다. 그로 인해 비판적인 시각을 가진 이들은 '가스미가세키 망국론'까지 들먹였으나, 그것은 거꾸로 무소불위(無所不爲)에 가까운 관료들의 위력을 반증하는 셈이었다.

가스미가세키의 인간들이 지닌 자만이나 다름없는 프라이드를 사무라이로부터의 내림으로 해석하는 시각도 있었다. 메이지(明治)시대의 서막이 열리고 국가 기틀을 잡을 때, 막부(幕府) 말기 무사 계급이 대거 사족(士族)으로 등용되었다. 이들은 무사도 정신도 정신이려니와, 나라의 중추가 된다는 보람에 살았다. 그러니 뒤가 켕기는 짓을 할 리 만무했다.

그러나 금전만능의 혼탁한 세상, 독야청청이 생각만큼 쉬운 노릇은 아니었으리라. 게다가 공직을 떠날 무렵이면 산하 기관에 자리를 마련해 주는 일본판 낙하산, 아마쿠다리(天下り)의 오랜 병폐도 가스미가세키에 곱지 않은 시선을 던지는 빌미를 제공했다.

더구나 2014년 총리 직속인 내각 인사국이 창설되면서 고위 관료에 대한 인사권을 총리관저에서 틀어쥐었다. 그로 인해 '관료 주도' 대신 '관저 주도'라는 소곤거림이 솔솔 새어나오는 마당이니 이를 어쩌랴!

코미디 같은 이야기 한 토막. 손타쿠가 화제를 뿌리며 일파만파로 번져가던 가운데, 어느 제과회사가 만두 9개를 선물용으로 포장해 팔면서 이름에다 손타쿠를 붙였다. 고작 만두 몇 개에 알아서 길 공직자가 있으랴마는, 이래저래 난공불락의 가스미가세키성(城)에도 낙조(落照)가 드리우는가.

일간신문으로 발행하는
색다른 정당 기관지

아카하타 赤旗 あかはた

しんぶん赤旗

2018年 2・3月特別号外

日本共産党中央委員会

「しんぶん赤旗」は創刊90周年を迎えました

真実を伝える国民共同の新聞です

1面から最後まで全部読む

報道の視点明確 90年の軌跡

メディア無視の事実を丁寧に

真実に迫る紙面 使命大きい

目離せない 権力のチェック役

창간 90주년을 맞이한 공산당 기관지.

미국에는 말뿐인 공산당이 있다고 한다. 일본에도 공산당은 있다. 미국의 그것이 속 빈 강정인 데 비해 일본공산당은 꽤나 오랜 역사와, 한 때 적지 않은 국회의원을 거느렸었다는 점이 판이하다.

그러나 세상의 변화는 일본이라고 해서 비껴갈 리 없는 법, 일본공산당도 집권의 꿈은커녕 아무래도 석양길로 접어들었다는 인상은 떨치지 못한다.

"레닌의 사회주의 정신에서 현저하게 일탈하여 대국주의적이고 관료주의적인 스탈린 및 브레즈네프 유의 정치구조가 파탄한 것이지, 결코 사회주의 그 자체의 파탄은 아니다."

동유럽에서 도미노 현상인양 공산주의가 몰락할 즈음, 일본공산당 의장은 이렇게 큰소리쳤다. 하지만 그가 아무리 안간힘을 써도 1922년 7월 15일 창당 이래의 인기 급락을 추스를 비방은 없었다. 그것은 동유럽의 여파가 밀어닥쳤던 1990년 총선거에서 보유의석 절반가량을 잃은 것만 보아도 짐작할 수 있는 일이었다.

당원이 모래밭 패이듯 야금야금 줄어들어 대략 30만 명. 국회의원은 중의원 12명과 참의원 14명(2018년 4월)으로 겨우 체면치레한다. 그동안 여러 가지 변화도 일어났다. 우리와 관련하여 가장 두드러진 것은 북한과의 관계를 1984년 일본어선 나포사건을 계기로 완전히 단절했다는 사실이다.

이후 한국을 향한 러브콜이 시작되었다. 1990년대에 와서는 남조선이라고 부르던 호칭마저 한국으로 바꾸며 접근을 시도했다. 마침내 2006년 초가을, 시이 가즈오(志位和夫) 당수의 사상 첫 방한(訪韓)이 이뤄졌다. 그는 한국 정계 지도자들을 두루 만나고, 일제하 한국인 박해 현장인 옛 서대문형무소 역사관을 찾아가기도 했다.

흡사 이데올로기의 미아 같은 일본공산당, 와중에도 오랜 세월 효자 노릇을 톡톡히 해온 것이 있으니 바로 당 기관지 〈신분(新聞) 아카하타(赤旗)〉(약칭 아카하타)이다. 왜 효자인가?

정당 기관지를 매일 발행하여 시판하는 것 자체가 유일무이하다. 집권 자민당(自民黨) 기관지 〈지유민슈(自由民主)〉는 타블로이드판 주간지다. 1928년 창간된 〈아카하타〉는 전성기 발행부수가 자그마치 300만 부를 넘었다. 웬만한 시사 일간지를 넘어서는 수준이었다.

그런지라 세계 주요 도시에 상주 특파원이 나가 있다. 워싱턴, 런던, 카이로, 뉴델리, 하노이, 베이징, 멕시코 등 7개 지역. 사이가 나빠진 평양 특파원을 철수시켰고, 파리와 베를린, 모스크바에서도 짐을 쌌다(2018년 현재).

2018년 7월부터 젊은 독자층 확보를 위해 인터넷판도 개설한 〈아카하타〉. 일간지와는 별도로 일요판, 시각 장애인을 위한 점자판, 청각 장애인용인 '소리 나는 아카하타', 영어판(Japan Press Weekly)을 각각 주간(週刊)으로 발행한다. 이 중에서 일요판이 단연 돋보이는 것은 메인인 일간지 부수가 20만 부 선으로 형편없이 쪼그라든데 비해, 일요판은 100만 부를 유지하여 일본 주간지 시장에서 톱클래스에 올라 있기 때문이다.

이렇게 효자 노릇하는 〈아카하타〉에 의지하는 다소 딱한 처지의 일본공산당. 그래도 정치 집단치고 기특한 구석이 여럿 있다. 우선 다른 정당들과는 달리 국고(國庫) 보조와 기업 및 단체로부터의 헌금을 딱 거절한다. 나랏돈이나 영리와 맞물린 돈을 받으면 권력, 금력 감시라는 본연의 예봉(銳鋒)이 무뎌질까 염려해서다. 야무진 원천봉쇄다.

당 운영은 전적으로 자체 조달. 신문과 서적 판매 수익으로 전체의 80% 이상을 충당한다. 나머지는 당원이 내는 당비와 일반인의 기부금에 기댄다.

다음은 여론을 의식한 포퓰리즘 정책에서 한걸음 빗겨나 있다는 점이다. 예컨대 한국 관련 사안에서는 위안부 문제와 독도가 대표적이다. 앞의 경우 최근호 〈아카하타〉 일요판이 특집으로 다루면서 일본의 직접 사죄 없었다, 명예 회복이 불충분했다고 한국쪽 지적에 맞장구 친 것이 그렇다.

독도 역시 마찬가지다. 기본 인식까지 달리 하지는 않았으나 "한국은 1905년의 일본 영유 절차 자체가 무효이고, 다케시마가 엄연한 한국 영토라고 주장하고 있습니다. 이 시기는 일본의 천황제 정부가 조선의 식민지화를 추진하던 시기이기도 했으므로 이와 같은 주장에는 검토해야만 할 문제도 있으리라 봅니다"면서 은근슬쩍 거들어 주었던 것이다.

홈페이지에서 전국 지방의회 의원 2천700명이 당원이라는 자랑과 함께, 그 중 여성당원이 1천 의석을 넘어 정당들 가운데 1위라고 페미니즘 색채를 과시하는 이색 정당. 저절로 미소를 머금다가 형해화(形骸化)한 내 머릿속 공산당 이미지와는 한참 동떨어진 동화 같은 슬로건 하나에 그만 웃음이 터져 나왔다.

「자유와 개성이 꽃피는 사회를 향하여!」

도쿠소부 特捜部 とくそうぶ

「춘향전」의 하이라이트는 역시 변 사또 생일날 풍경이다. 꾀죄죄한 행색의 이몽룡이 축하한답시며 한시(漢詩) 한 수를 지어 올린다. 읽어본 사또 얼굴이 사색으로 변하며 울려 퍼지는 외침, "암행어사 출두요!"

조선시대 지방 탐관오리들이 가장 두려워한 관직이 암행어사다. 요즈음 한국 정치가나 관리는 무서워하는 대상이 있기나 할까. 일본은 있다. 특별수사부의 줄임말 도쿠소부. 그 중에서도 도쿄지검(東京地檢) 특수부는 가히 저승사자나 진배없다.

먼저 일본 검찰 조직을 일별해보자. 한국의 대검찰청에 해당하는 최고검찰청, 그 아래 8개 지역 고등검찰청에다 각 지방검찰청이 있다. 전체 검찰관(檢事) 숫자는 2018년 현재 2천800명가량, 인구 비례로 따져 한국(약 2천 명)보다 훨씬 적다.

특수부는 도쿄, 오사카(大阪), 나고야(名古屋)의 세 지검에만 설치되어 있다. 검찰의 다른 부서가 경찰과 연계 플레이를 하는데 비해, 특수부는 정치가나 대형 경제사범 등 '큰 건'을 골라 독자 수사한다. 역대 어느 총리보다 고공행진하는 지지율에 흠뻑 취한 아베 신조 총리, 그의 발목을 걸고넘어진 사학 특혜 수사도 관할인 오사카지검 특수부가 맡았다.

특수부의 시발은 패전 직후로 거슬러 올라간다. 태평양전쟁에서 패색이 짙어진 일본에서 민간인들로부터 '접수'(사실은 몰수?) 했다는 다이아몬드를 비롯한 귀금속이 감쪽같이 사라졌다. 누군가 빼돌린 것이다. 일본을 통치한 연합국군총사령부(GHQ)는 1947년 명칭마저 알쏭달쏭한 '은닉 퇴장(退藏)물자 사건 수사부'를 설치, 행방을 추적하도록 했다. 이것이 2년 뒤 특별수사부로 간판을 바꿔 달았다.

도쿄지검 특수부가 항간에 이름을 날린 것은 1976년, 두 차례 총리를 지낸 집권당 최고 실세 다나카 가쿠에이(田中角榮)를 뇌물수수 혐의로 전격 체포하면서다. 이른바 록히드 스캔들. 판결에서는 징역 4년, 추징금 5억 엔이 선고되었다.

다나카가 불복하여 최고재판소(한국의 대법원)에서 상고심이 진행되던 도중, 그가 세상을 떠남으로써 공소 기각으로 어정쩡하게 끝났다. 워낙 세상을 떠들썩하게 만든 사건이었던지라 엉뚱한 유행어도 여럿 시중에 떠돌았다. 국회 청문회에 불려나온 중요 참고인이 앵무새처럼 되풀이한 증언 "기억이 나지 않습니다"도 서민들 술상의 씹는 맛 일품인 안줏거리였다.

검찰청 중앙합동청사 6호관 A동에 자리한 도쿄지검 특수부. 검사 40명, 부(副)검사 2명, 사무관 90명의 진용이다(2018년 3월 현재). 특히 록히드사건 이래 법원 판결에서 단 한 차례도 무죄가 선고된 적이 없는 불패 신화를 뽐낸다. 일본에서 『도쿄지검 특수부』라는 똑같은 타이틀로 출판된 여러 책에 '귀신 검사들의 추상열일(秋霜烈日)' '일본 최강 수사기관, 그 빛과 그림자' 등의 선전문구가 붙는 이유다.

물론 드센 비난에 직면한 적도 있었다. 강압 수사라는 꼬리표가 늘 따라다녔고, 2010년에는 기어코 오사카지검 특수부가 뒤집어졌다. 재판에서 드물게 무죄 판결이 내려진 뒤, 담당 주임검사가 증거물이던 플로피디스크 내용을 조작하여 증거인멸 혐의로 체포되었던 것이다. 특수부 명예에 먹칠을 한 이 사건은 두고두고 세인의 입방아에 오르내렸다.

이제 우리가 기억해둠직한 특기(特記) 사항 한 가지. 일본에는 검찰 출신 정치가를 눈을 씻고도 찾을 길이 없다. 아니, 2018년 현재 딱 한 명의 여성 중의원 의원이 있다. 이른바 전략 공천을 받은 그녀의 검사 경력은 일천했다.

또 한 사람, 판사 출신 정치가도 있긴 했다. 다만 그는 정치인이던 아버지의 급서(急逝)로 마지못해 정치판에 떠밀려 나온 케이스였다. 그래도 참의원 의장까지 지냈다니 나름 애를 쓰긴 쓴 모양이다.

이처럼 일본에서 정객(政客)으로 둔갑하는 판·검사가 가뭄에 나는 콩보다 드문 까닭이 무얼까? 모르긴 해도 현직 시절 정치인 눈치를 살피거나 정치판을 기웃거리는 법이 없었다는 반증이리라.

견주기조차 민망하나 우리나라 '서초동', 특히 검찰의 정권 입 맞추기는 신(神)의 경지에 이르렀다. 그러니 김수영(金洙暎) 시 「풀」의 한 구절 '바람보다 더 빨리 눕는다'를 패러디하여 풀보다 더 빨리 (권력 앞에) 눕는 검찰이라 욕먹어도 싸다. 이래저래 괜히 속만 상하니 이몽룡이 사또 잔칫상에 올린 시나 한 구절 조아리면서 울화를 다스려보나.

> 燭淚落時 民淚落(촉루락시 민루락)
> 歌聲高處 怨聲高(가성고처 원성고)
> 촛불 녹아서 떨어질 때 백성 눈물 떨어지고
> 노랫가락 높은 곳에 원망 소리 높기만 하네

불교 신도 모임,
정당까지 떠받치다

소카각가이 創価学会 そうかがっかい

어느 일본인이 장난스럽게 한국인들이 부럽다고 했다. 연유를 물은즉 "한국에서는 부처님 오신 날도 공휴일이고 예수님 탄생일도 공휴일이니까..."라며 능청을 떨었다. 그렇다. 세계 양대 종교 축일을 다 챙기는 나라는 그리 흔치 않으리라. 그 만큼 한국은 종교의 자유가 완벽하게 보장되어 있고, 그 바람에 사이비 종교까지 판을 치곤 한다.

대신 일본에는 한국에 없는 것이 있다. 종교를 기반으로 한 정치집단, 즉 정당이 그것이다. 만약 한국에 차라리 불교 정당이나 기독교 정당이 있었더라면, 대선 주자들이 자신이 믿는 종교와는 무관하게 발바닥이 아프도록 산사(山寺)나 교회를 돌아다니면서 굽실거리지 않아도 될 텐데 말이다.

공명당(公明党). 소속 국회의원 중의원 29명, 참의원 25명(2018

년 4월 자료). 공명 정치연맹으로 출발하여 1964년 정식으로 창당했으며 창가학회, 소카각가이가 지지 기반이다.

창가학회는 대승불교 일련정종(日蓮正宗) 신도들 모임으로 1930년에 창립되었다. 창조가치(創造價值)에서 이름을 따왔으며, 핵심 사상은 생명 존중이란다. 이를 토대로 만인의 행복과 세계 평화 실현을 목표로 한다고 외친다.

이 단체가 운용하는 사이트를 들여다보니 회원 수가 일본 국내에만 827만 가구, 해외 192개 지역과 나라에 신도들이 있다고 했다(2018년 4월). 10여 년 전이나 수치상 별 차이가 없으나 그래도 대단하다. 공명당이 자민당과 더불어 연립 여당의 한 축으로 행세할 만 하겠다.

공명당 기본이념은 「대중과 더불어 이야기하고, 대중과 더불어 싸우며, 대중 속에서 죽어간다」는 것이라 명시했다. 바탕을 모르고 들었더라면 그 어떤 혁신 정당 슬로건보다 더 과격하게 여겨졌으리라. 그래서인지 일본인들 사이에서 지지단체와의 연계를 의아스럽게 생각하는 이들이 더러 있는가 보다.

창가학회 홈페이지에서는 이와 관련한 일체의 언급을 찾지 못했다. 공명당 홈페이지 「자주 하는 질문」 코너에는 10여 년 전부터 2018년 4월인 지금까지 「공명당과 소카각가이의 관계는?」이라는 항목이 줄곧 얼굴을 내민다. 대답은 이랬다.

> 정당과 지지단체의 관계일 뿐이다. 공명당과 창가학회는 부정기적으로 연락협의회를 개최하며, 협의 내용을 언론에 공개한다. 일부 주간지 등에서 정교(政教) 일치다, 헌법 20조에 위배되는 관계다는 등의 기사가 게재되기도 하지만, 전혀 빗나간 비판에 지나지 않는다.

법으로 정해둔 정교분리와 공명당의 정치활동과는 아무 상관이 없다는 주장이다. 그것은 일본정부 공식 견해이기도 했다. 한마디로 종교단체가 정치활동을 펼치는 것은 막을 수 없단다.

이즈음해서 창가학회가 발간하는 기관지 〈세이쿄(聖教)신문〉을 잠깐 언급해야겠다. 1951년 고작 2페이지짜리, 그것도 한 번에 5천부, 열흘마다 펴내는 미니 소식지로 출발했다. 그러다 1965년 일간지로 발전했고, 12페이지로 내는 요즈음 발행부수는 자칭 550만부. 어찌된 영문인지 모르나 1990년대 이래 한결 같다.

진기록이 하나 있다. 창가학회의 실질적 오너 이케다 다이사쿠(池田大作) 명예회장이 집필하는 연재소설 「신(新) 인간혁명」이 세운 기록이다. 창가학회를 소재로 삼았는데, 2011년 11월 일본 최장 신문연재 기록을 깼다. 그전까지는 『대망(大望)』이라는 제목으로 한국에서도 번역 출판되었다가 나중에는 원제(原題)대로 바로잡은 대하 역사소설 『도쿠가와 이에야스(德川家康)』의 4천725회가 가장 길었다. 문학적 성과야 차치하고, 「신 인간혁명」은 여태 이어지고 있다.

창가학회의 해외 진출 교두보는 SGI(Soka Gakkai International)이고, 한국에도 진출해 있다. 2005년 한국SGI가 발행하는 기관지에 게재한 칼럼에는 이케다 다이사쿠 SGI 회장의 한국관(觀)이 그대로 드러난다.

> 한국이 일본문화의 대은(大恩)임은 두말 할 나위가 없다. 불교를 포함하여 모든 면에서 은혜를 입었다고 해도 지나치지 않다. 어째서 그런 나라를 일본이 배신했는가? (5월 20일자).

그보다 한 달여 전에는 더 치고 나갔다.

> 귀국(한국)은 일본으로서는 진정한 문화의 스승인 나라이고, 교육에서도 형님 나라입니다. 나는 마음 깊숙이 존경하고 있습니다. 그럼에도 불구하고 귀국을 침략한 일본은 얼마나 어리석었던지 모릅니다. (4월 8일자)

창가학회와 공명당. 만약 이 땅에 종교 정당이 생긴다면 어떤 일이 벌어질까? 그렇지 않아도 흙탕물 범벅인 한국 정치, 상상만으로도 소름이 돋는다.

홋포료도 北方領土 ほっぽうりょうど

2007년 늦은 봄, 인공 양식된 여섯 그루의 산호초가 고향 바다로 돌아갔다. 지름이 4~7밀리인 이 어린 산호초는 일본 수산청의 의뢰를 받은 한 임해(臨海)연구소에서 시행착오를 거듭하다 1년 만에 생육에 성공했다. 이들 산호초의 고향이 어딜까?

도쿄 남남서쪽 약 1천700킬로미터의 까마득한 태평양, 산호로 둘러싸인 넓이 고작 10평방미터 남짓한 섬 아닌 섬, 오키노토리(沖の鳥). 차라리 산호 암초라고 불러야 마땅할 곳을 일본이 자국령으로 편입시킨 것은 1931년이었다.

어느 나라인들 영토에 대한 애착이 없을까만, 일본정부는 오키노토리에 지극정성을 다했다. 대형 해양조사 선박이 정박 가능하도록 길이 160미터 암벽 건설이 이뤄졌고, 2017년도에만 약 100억엔을 투입 '활동 거점 정비사업'이라는 걸 벌였다.

이렇게 현장에서 채취한 산호 알로 양식을 시도하기까지 한 눈물겨운(!) 안간힘을 뉴스로 전해 들으면서 저절로 떠오른 단어가 '홋포료도', 즉 북방영토였다. 태평양전쟁 말기, 느닷없이 선전포고한 뒤 밀고 내려온 옛 소련군에 의해 기습 점거된 홋카이도(北海道) 건너편 4개 섬을 가리킨다.

그동안 끈질기게 반환을 요구했으나 소련의 바통을 이은 러시아마저도 우이독경, 호락호락 넘겨줄 낌새가 아니었다. 애간장이 탄 아베 총리는 2016년 5월 푸틴 대통령과 가진 정상회담에서 '새로운 어프로치'라면서 이들 섬에 대한 8개항의 경제협력 제안을 했으나 아직 이렇다 할 후속 뉴스는 들려오지 않는다.

동(東)중국해에 있는 센카쿠제도(尖閣諸島)도 마찬가지다. 중국에서는 댜오위다오(釣魚臺)라고 부르는 섬들을 일본은 청일전쟁으로 차지했다. 훗날 우익 행동대원들이 앞장서서 섬에 등대를 설치하는 등 침 바르기에 나섰다.

그런 와중에 중국 선박이 수시로 섬 가까이 접근하고, 지리적으로 더 가까운 타이완 또한 틈만 나면 자기네 땅이라고 목청을 돋우었다. 신경이 곤두선 소설가 출신 우익 정치인 이시하라 신타로(石原伸太郞) 도쿄 도지사가 2012년 섬을 구입하겠다고 선언했다. 사들인 다음 여러 공공 시설물을 세움으로써 실효(實效) 지배를 강화하겠다는 심산이었다. 그때야 알았지만 센카쿠제도에서 가장 큰 둘레 11킬로미터의 우오쓰리시마(魚釣島) 등 3개 섬은 사유지였다.

대번에 중국정부가 반발하고 반일 데모가 드세게 번져갔다. 이시하라의 똥배짱을 모를 리 없는 일본정부는 부랴부랴 20억5천만 엔으로 그해 9월 이들 섬을 구입, 국유화했다. 섬에 신축 건물들이 세워져 중국을 자극하는 사태만은 피하겠다는 계산이었다.

그러나마나 별 약발은 없어 보였다. 꼼꼼하기로 정평이 난 일본측 기록을 살피니 2018년 3월 한 달만 해도 민간 선박이 아닌 중국 공선(公船)의 접속 수역 침범이 52척, 영해 침범이 7척으로 나와 있다. 국유화하건 말건 알 바 아니라는 투의 느긋함 혹은 만만디(慢慢的)인가?

이 자리에서 들먹이기는 썩 내키지 않으나, 일본이 우기는 곳이 한 군데 더 있다. 독도다. 하지만 솔직히 적어도 10년 전까지만 해도 일본인 대다수는 별 관심이 없었다. "다케시마(竹島)가 대관절 어디야?"하고 고개를 갸웃거리는 이가 훨씬 많았다. 오죽 했으면 각 부처 정무관 회의(한국의 차관회의에 해당)에서 "북방영토 관련 예산은 10억7천만 엔인데 다케시마 예산은 1천160만 엔에 불과하다. 정부 홍보와 국민 계도에 더욱 힘을 쏟아야한다"(〈요미우리신문〉, 2006년 5월23일)는 지적이 나왔을까?

그것이 드넓은 북방영토이건 콧구멍만한 오키노토리이건, 배타적 경제수역(EEZ) 설정까지 노리는 영토 분쟁에는 정답이 나올 리 없다. 그러니 독도를 두고 꼭지 덜 떨어진 치들이 '또 하나의 홋포료도'라면서 치건대건 말건, 우리는 묵묵히 국제사회에서의 굳히기 작업에나 공들이는 게 낫다.

선생님도 선생님
나름이다

센세이 先生 せんせい

대통령 중심제의 미국 의회는 상·하원으로 나뉜다. 내각책임제의 일본 국회에는 중·참의원이 따로 있다. 1890년 첫 국회 개원 때 명칭은 귀족원과 중의원이었다.

태평양전쟁 패전 후의 현행 헌법에서는 귀족원이란 명칭이 어색했다. 어차피 예전처럼 왕족과 귀족만으로 멤버를 채울 수도 없었다. 논의 끝에 중의원은 그냥 두고 귀족원만 참의원이라고 고쳤다.

참의원과 중의원은 몇 가지 차이가 난다. 양쪽 다 선거권은 20세 이상 남녀에게 주어졌다(법 개정으로 2016년부터 18세로 낮추어짐). 피선거권은 참의원이 30세, 중의원은 25세 이상이다. 또 참의원은 6년 임기에 3년마다 절반의 의원을 물갈이하지만, 중의원 임기는 4년이다.

게다가 중의원은 임기 중 해산이 가능하나, 참의원은 애당초 불가능하다. 의원 정수도 중의원이 480명이고 참의원은 242명이다.

권한은 중의원 쪽이 우위에 있다. 법안 채택이나 총리 선출에서도 양쪽 의견이 갈리면 중의원 쪽을 우선한다. 중의원의 경우 지역구를 가지고 있기 때문이다. 그로 인해 일본에서 국회의원을 지칭하는 또 다른 단어 다이기시(代議士)는 중의원 의원에게만 붙인다.

호칭 이야기가 나온 김에 한국과는 다른 선생님, 일본어로 센세이의 용례를 짚어보자. 당연히 교육현장의 스승, 병원 의사는 한일 양쪽 다 선생님이다.

한국에서는 경칭이 마땅찮은 상대에게 일쑤 아무개 선생하고 대접한다. 일본에서는 그래보았자 별무소용이다. 오히려 놀리는 것으로 받아들이는 예민한 이마저 있다.

이미 눈치 챘겠지만, 일본에서는 국회의원도 센세이다. 지역구 지지자는 물론이거니와, 국회의사당 경비들까지 그쪽이 입에 붙었다. 왜, 언제부터 그랬는지는 확실치 않다.

필시 존경의 마음을 담아 그리 부르기 시작했을 텐데, 아무래도 이제는 호랑이 담배 먹던 시절의 이야기가 되었지 싶다. 한국이나 일본이나 정치가를 바라보는 시선이 곱지 않은 것은 피차일반이니까.

그야 어쨌든 11개 국화잎이 새겨진 배지를 달고 거드름을 피우는 수백 명의 센세이들이 오가는 일본 국회의사당. 그런데 중의원 본회의장 출입문 곁에 수상쩍은 게 있다. 전화박스를 개조한 낡은 설비인데, 의원 전용 산소(酸素) 박스란다. 웬 산소?

〈아사히신문〉 기사를 읽으니 본회의가 심야에까지 이어지면 머리가 띵해지고 졸음이 쏟아지는 바람에 센세이들의 건강을 위해 1966년도에 설치했단다. 그 무렵에는 한일협정 비준 등으로 의사당에서 밤늦도록 야단법석이 벌어지는 날이 잦았다.

하지만 지금은 이용객이 없어 머지않아 철거할지 모른다는 산소 박스. 여봐요, 거기 센세이들! 기왕이면 한 모금씩 맑은 공기 마신 뒤 쓸데없는 개헌 타령일랑 접고, 예전처럼 진짜 선생님 체면이나 되찾으시구려.

우요쿠 右翼 うよく

「일본 우익재단, 한·미 전문가 불러 한반도 전쟁 시뮬레이션」

국내 중앙 일간지 기사 제목이다(《중앙일보》 2018년 4월 5일자). 기사에 나오는 우익재단은 예전에도 한 차례 한국 언론을 장식한 전례가 있다. 내용은 이랬다.

연세대학이 일본의 어느 단체로부터 자금 10억 엔을 지원 받아 학내에 한일협력기금이라는 기구를 설립키로 했다. 1995년이었다. 그러자 연세대 교수평의회가 나서서 기구 설립에 반대하는 결정을 내렸다. 이유는 자금 출처 때문이었다.

일본선박진흥회. 1962년 사사가와 료이치(笹川良一)가 설립했으며, 그가 죽자 셋째 아들이 물려받으려다 세습이라는 여론의 비판에 직면했다. 도리 없이 2011년 명칭을 닛폰(日本)재단으로 고치고, 새 회장으로는 한국에도 꽤 알려진 여류 소설가 소노 아야꼬

(曾野綾子)가 취임했다. 그렇게 한 템포 늦춘 다음인 2005년에 아들이 결국 3대 회장에 올라 지금에 이른다.

닛폰재단은 해마다 일본 전국 24개 지역에서 행해지는 모터보트 경주(競艇)에서 올리는 수익금 일부로 각종 사업을 펼친다. 연세대에 지원하려던 10억 엔이 여기서 나왔음은 물론이다.

무엇이 문제인가? 설립자 사사가와가 일본 패전 직후 A급 전범(戰犯)으로 붙잡혀 3년여 옥살이까지 한 대표적인 우익, 우요쿠였던 탓이다. 그는 1931년 국수대중당(國粹大衆黨)을 결성하여 총재로 취임했다. 그 뒤 방공 비행장을 건설하여 육군에 자진 헌납하는가 하면, 1939년에는 일본산 비행기 야마토(大和)호를 직접 몰고 동맹국 독일과 이탈리아로 가서 무솔리니와 회견하기도 했다.

일본 우익의 시발은 메이지유신을 앞두고 일어난 왕정복고와 배외(排外)주의의 존황양이(尊皇洋夷) 운동에서 비롯되었다. 그 후 수많은 단체가 명멸했으며, 일본회의, 전(全)일본 애국자 단체회의, 대(大)일본 애국단체연합 등 여러 갈래로 나뉜다. 그들 중에는 폭력단 야쿠자와 선이 닿은 이른바 임협계(任俠系) 우익이 주류를 이루었다.

이들이 지고의 선(善)으로 삼는 슬로건은 예나 지금이나 한결같다. 황실을 존경하고 본국(日本)을 애중한다는 것이다. 그 같은 모토 아래 학교에서의 국기 게양과 국가 제창 의무화, 헌법 개정,

반공, 반 노동조합, 그리고 영토 반환을 외친다.

일본 여행길에 이따금 우익 선전 차량을 마주치게 된다. 가선(街宣, 가두선전의 준말) 우익이라고 불리는 이들은 대형 일장기를 달고 성능 좋은 스피커를 통해 요란한 군가를 틀며 돌아다닌다. 짬짬이 외쳐대는 단골 구호는 북방영토 돌려다오, 다케시마(竹島) 내놔라. 북방영토는 패전으로 소련에 점령당한 홋카이도 북쪽 섬들이며, 다케시마는 우리 독도를 가리킨다.

글머리에 언급한 닛폰재단은 1962년 설립되었다. 총 자산이 3천억 엔 가량으로 일본에서 가장 규모가 큰 재단법인이다. 산하에 사사카와 평화재단, 도쿄재단 같은 가지도 쳤다. 재단 돈줄인 경정(競艇)은 경마(競馬)와 똑같은 도박이다. 말(馬) 대신 모터보트이고, 마권(馬券) 대신 주권(舟券)이라 생각하면 이해하기 쉽다.

얼마나 벌까? 2018년에 발표한 전년도 주권 판매액이 1조2천엔대였다. 어마어마하다. 그 중 75%가 당첨자 배당금이고, 3% 가까이를 닛폰재단에 기부한다. 그게 우리 돈으로 얼마나 될지는 재미삼아 각자 계산해보면 답이 나오리라.

그렇게 지갑이 두둑하니 여러 사업에 손을 뻗친다. 한반도 전쟁 시뮬레이션처럼 우익다운 이벤트가 대부분이다. 2016년 대지진으로 국가 중요문화재 구마모토성(熊本城)이 큰 피해를 입자 선뜻 30억 엔을 내놓은 것도 맥락은 마찬가지다.

우리가 눈여겨 볼 일은 이 우익재단이 미국에서 벌이는 애국

프로젝트다. 중심은 1980년에 설립한 미·일재단이다. 100억 엔을 투입했고, 일본인과 미국인의 상호 이익에 특화한 유일한 민간재단임을 내세웠다.

한마디로 미국 내에서 일본에 유리한 여론을 불러일으키는 로비스트 육성이 첫 번째 목적이다. 21세기 들어 스타트한 「미·일 리더십 프로그램」은 28세에서 42세 사이의 두 나라 젊은 유망주 20명씩을 뽑아 2년 간 집중 트레이닝을 펼친다. 그렇게 만들어진 소위 친미파, 친일파가 2018년 현재 410명이라고 한다.

일본 우익 중에는 행동하는 보수를 자처하면서 저질스러운 사건이나 일으키는 망나니들도 있다. '재일(在日) 특권을 용납하지 않는 시민의 모임'이라는 이름으로 재일동포를 배척하고, 걸핏하면 반한 시위나 벌이는 혐한파(嫌韓派)가 꼭 그 꼬락서니다.

내가 보기에 이들은 오합지졸, 맞상대거리가 아니다. 지성(知性)으로 포장된 우익이 더 심각한 것이다. 닛폰재단이 홈페이지에 게양한 슬로건은 「아픔도, 희망도, 미래도, 다 함께」이다. 이쯤이면 넘어가지 않을 장사가 없다.

이국(異國)과 모국(母國)의
틈바구니에서

자이니치 在日 ざいにち

이방인(異邦人)의 반대말은 무엇일까? 간단하다. 방인(邦人)이다. 앞 글자 이(異)만 떼면 된다. 민중서림 『엣센스 국어사전』에는 방인의 뜻풀이가 '자기나라 사람'이라고 간단히 나와 있다. 이에 비해 똑같은 단어인 '호진(邦人)'을 일본사전들은 '자기나라 사람. 특히 외국에 있는 일본인'이라며 한 줄 덧붙여 놓았다.

사실 한국 신문에서는 방인이라는 단어가 거의 눈에 띄지 않는다. 일본 신문은 다르다. 외국에서 비행기 추락이나 천재지변 등 대형사건 사고가 일어날라치면 어김없이 얼굴을 내민다. '호진 피해자는?'하는 식으로…. 우리는 역시 '한국인 피해자는?'이 제격이다.

이처럼 외국에 있는 자국민을 구분하여 용어를 달리하는 사람들. 그렇다면 일본에서 사는 외국인은 무어라고 부를까? 한 때 가

강상중 전 도쿄대학 교수의 저서 『자이니치』.

이징(外人)이라고도 했다. 그런데 발음이 같은 가이징(害人)의 나쁜 이미지가 있고, 또 국내외 외국인 전체에 대한 통칭일 수 있어 그다지 적절한 표현이 아니었다.

정답은 자이니치(在日)다. 정식으로는 재일외국인, 자이니치 가이코쿠진이 맞겠다. 당연히 일본 땅에 있는 모든 외국인을 지칭할 터인데, 현실적으로는 남북한을 합친 재일 한국인에 포커스가 맞춰진다. 수적으로 가장 많고, 역사 또한 오래되었기 때문이리라.

그런 만큼 자이니치라는 말에는 60만 재일동포 개개인의 한과 아픔이 담겨 있다고 해도 지나치지 않다. 자신이 쓴 책 제목조차 『자이니치』라고 붙인 전(前) 국립 도쿄대학 강상중(姜尚中) 교수. 그가 출간에 즈음하여 한 재일 한국인 2세의 탄생과 성장, 망설임과 번민의 역사라고 밝힌 고백에서도 자이니치의 남다른 의미가 다가온다.

아직 어두운 그림자가 곳곳에 드리우고 있지만, 이제 자이니치는 일본 내의 당당한 한 구성원으로 뿌리 내리고 있다. 문학에서부터 두각을 드러내기 시작한 재능은 여러 문화 분야와 학계, 스포츠계로 착실하게 울타리를 넓혀 나간다. 이 모두가 모국의 무관심 속에 그들 스스로 일구어낸 피와 땀의 열매임을 기억해야 한다.

오히려 이제 우리의 시선은 내부로 돌려져야 마땅하다. 경제적 번영과 민주화와 더불어 모국의 품을 찾아 달려오는 재일동포들은 날로 그 수가 늘었다. 나이 든 이들의 귀향은 그런대로 반가운 해후로 이어졌다.

문제는 한국어를 제대로 구사하지 못하는 세대에게서 생겨났다. 개중에는 말부터 배우자며 어려운 걸음을 한 2세, 3세, 4세가 많았건만, 되레 타박하고 눈 흘긴 본토박이(?)들이 적지 않았다. 그래서야 남의 나라 땅에서 이방인으로 멸시당하고 차별 당하는 것이나 무엇이 다르랴.

아니, 믿는 도끼에 발등 찍힌다면 그보다 더 서러운 일이 없다.

히바쿠샤 被爆者 ひばくしゃ

쇼와(昭和) 20년의 그 날, 나는 불타오르는 히로시마(廣島) 거리에서 간신히 탈출할 수 있었습니다. 하지만 언제까지나 나를 뒤쫓아 온 것은 거대한 불길이었습니다. 뒤돌아보며 뒤돌아보며, 갈팡질팡 도망치는 내 눈에 비친 것은, 하늘을 태우는 거대한 불길 가운데 뒹굴며 몸부림치는 단말마(斷末魔) 같은 히로시마 거리 모습이었습니다. 업화(業火), 정말이지 그것은 지옥에서 타올라 번진 불길에 틀림없었습니다.

원로 화가 히라야마 이쿠오(平山郁夫)는 중학 3학년 때 겪은 히로시마 원폭 투하의 처절한 광경을 「히로시마의 뜨거웠던 날」이라는 글 가운데 이렇게 적었다. 인류 최초의 원폭 투하지 히로시

히로시마 원폭 돔.

마, 그 뒤를 이은 나가사키(長崎). 반세기가 훨씬 지난 오늘까지 깊은 상처를 안고 살아가는 피폭자, 히바쿠샤라는 말은 바로 그 히로시마와 나가사키의 화염 속에서 잉태되었다.

1945년 8월6일 오전 8시15분, 아인슈타인을 위시한 최고급 두뇌들이 암호명 맨해튼 계획(Manhattan Project)에 의해 제조한 원자폭탄은 히로시마 상공에서 섬광을 뿜었다. 개발 당사자들까지 놀란 이 가공할 무기의 위력은 대단했다. 히로시마 시가지의 90%가 파괴되었으며, 즉사자를 포함 피폭자 중 14만 명가량이 그 해 연말까지 목숨을 잃었다.

무고한 양민들의 어이없는 떼죽음을 보면서도 일본 군부가 우물쭈물하는 사이, 이번에는 두 번째 폭탄이 8월9일 오전 11시2분 나가사키 상공에서 작열했다. 역시 7만의 아까운 생명이 사라졌다. 그 두 참화의 틈바구니에 끼어, 조국이 식민지가 되어 전쟁에 내몰렸던 4만을 헤아리는 죄 없는 한국인들마저 피폭자의 운명이 되고 말았다.

한마디로 원자폭탄이라고 해도 종류는 서로 달랐다. 히로시마의 것은 우라늄 235를 이용한 것이고, 나가사키의 그것은 플루토늄에서 추출했다고 한다. 아무렴 어떠하리, 그것이 인류가 만든 최악의 발명품임에는 토를 달 여지가 없다.

온갖 후유증으로 시달리며 살아가는 피폭자들, 증오는 전쟁을 일으킨 자와, 과학이라는 가면을 쓰고 자꾸 신무기를 생산해내는 자들에게로 돌려져야 마땅하다.

버젓이 간판 걸고 활보하는
일본판 마피아

야쿠자 ヤクザ

화투나 골패와 비슷한 카르타(carta)라는 노름이 있나보다. 어원이 포르투갈어라니까 그쪽에서 전해진 모양인데, 1에서 10까지 숫자가 적힌 카드로 여러 게임을 한단다. 그 가운데 삼마이(三枚) 카르타는 카드 석 장을 뽑아 합이 9가 되면 최고로 친다. 운 나쁘게 8, 9, 3 석 장을 쥐면 최악의 케이스.

8과 9와 3. 일본어 발음으로 각기 야, 쿠, 사로 시작되는 탓에 야쿠자로 뭉뚱그렸다. 아무 짝에 쓸모가 없다는 뜻이었다. 그것이 폭력배를 지칭하는 은어로 변한 뒤 지금은 보통명사로 굳어졌다.

야쿠자의 근원은 에도시대로 거슬러 올라간다. 당시에는 서양 마피아들 패밀리처럼 누구누구 일가(一家)라는 명칭 아래 뒷골목을 누볐다고 한다. 그것이 후대로 내려오면서 무슨 무슨 구미(組)나, 어떤 어떤 카이(會)로 바뀌었다. 오늘날 일본의 폭력세계를 지배하고 있는 야마구치구미(山口組), 이나카와카이(稲川會), 스미요시카이(住吉會)에서 보듯이.

3대 폭력단의 으뜸인 야마구치구미에 변고가 생긴 것은 2015년 여름이었다. 직계 중간 보스인 구미초(組長) 13명이 이탈하여 새롭게 고베(神戶)야마구치구미라는 별도 조직을 세웠던 것이다. 내부 파벌 다툼이 원인으로 꼽혔다.

야마구치구미는 1915년이 원년(元年)이다. 어부 출신으로 고베 항구에서 항만 노무자로 일하던 야마구치 하루키치(山口春吉)가 마흔 가까운 나이에 결성하여 두목 자리를 차고앉았다. 그 후 시기가 분명치 않으나 조직을 상징하는 마크(標章)를 만들어 여봐란 듯이 과시하고, 「야마구치구미는 협도(俠道) 정신에 의거하여 국가사회의 흥륭에 공헌한다」는 그럴싸한 강령(綱領)도 내걸었다.

전국 43개 광역 자치단체에 계열 조직을 거느린 야마구치구미. 일본 경찰청이 2018년 4월에 발표한 전체 조직 폭력단 숫자에 따르면 1958년 이래 가장 적은 3만4천500명으로 집계되었다. 한 때 4만 명이 넘는 조직원을 거느렸던 야마구치구미는 그 중 그래도 가장 많은 1만300명을 헤아렸다. 이탈한 고베야마구치구미가 5천100명으로 스미요시카이에 이어 3위였다.

흥미로운 점은 산하 조직을 포함하여 3천여 그룹이 종횡으로 엮인 이들 야쿠자가 버젓이 간판을 걸고 영업(?)을 한다는 사실이다. 아마 헌법에 명시된 집회 결사의 자유를 십분 활용하는 듯싶다. 야마구치구미 본부가 자리 잡은 고베에서 대규모 지진이 발생하자 조직원들이 재해지역으로 출동하여 구호활동을 벌였다는 뉴스가 전해진 것도 그 같은 공개성의 일환이었으리라.

문제는 야쿠자들이 뒷구멍으로 벌이는 비공개 사업이다. 베일에 가려진 사업 규모는 연간 1조 엔이 넘는다는 짐작뿐이다. 구체적인 수치는 미국 경제전문 잡지 〈포춘(Fortune)〉이 추산한 것으로, 러시아 마피아에 이어 세계 2위인 야마구치구미 총수익이 연간 66억 달러라고 했다(2014년).

사업 내용은 공안당국이 공포해둔 단속 지침을 살피는 편이 빠르다. 약점을 이용한 금품 요구, 기부 강요, 하청 및 납품 강요, 부당한 융자 요구, 고리대금 강요, 명절 인사 강요…. 마약이나 밀수에 손을 댄다는 설도 이젠 공공연하다. 2018년 5월에는 가상화폐를 통해 거액의 돈세탁을 한다는 기사가 일본신문에 실리기도 했다.

그나마 우리 주변에서 목격되는 잔챙이 폭력배들과는 견주지 못할 신통한 구석이 있긴 하다. 2018년 현재 제6대 야마구치구미 우두머리가 70대 중반이듯, 윗선 간부급은 대개 60대, 70대 지긋한 나이인 것이 그렇다. 또 내분이나 구역 다툼으로 발생하는 똘마니들끼리의 총질에 휘말려 간혹 날벼락을 맞는 불운한 경우야 있으나, 여간해서 서민들을 직접 건드리지는 않는다.

한 시절, 차별의 서러움을 견디다 못한 재일동포 젊은이들과 일본인이면서도 천시(賤視)당한 부라쿠(部落) 청년들이 적잖이 발을 담궜다는 소문이 나돌기도 한 야쿠자 세계. 앞서 나온 야마구치구미 5개조 강령의 다섯 번째 「선인(先人)의 경험을 듣고 인격 향상을 꾀한다」를 곧이곧대로 믿어야 하나 말아야 하나?

껍데기만 남은 한 시절의
노사(勞使) 힘겨루기

슌토 春闘 しゅんとう

그것은 봄이면 어김없이 부는 계절풍이다. 그러나 꽃샘추위, 일본어 하나비에(花冷え)처럼 차갑지가 않다. 아니, 예전에는 봄바람이로되 삭풍 같았으나 지금은 훈풍이나 진배없다. 그것이 슌토, 정식 명칭 춘계투쟁(春季闘争)이다.

패전 탓에 초근목피(草根木皮)로 연명하듯 어렵던 시절, 내남없이 허리띠 졸라매고 나서야했다. 잘 되는 집 며느리는 가지 밭에 넘어져도 아이를 밴다고 했던가, 때마침 터진 이웃의 불행 6·25전쟁 특수(特需)로 경기가 되살아났다. 그 무렵, 1955년이 춘투의 출발점이다.

노사 교섭이 원래 그러하듯, 노(勞)쪽에서는 뼈 빠지게 일한 만큼 급료를 올려 달라고 외친다. 사(使)쪽은 당연히 몇 푼 벌지 못했노라고 꽁무니를 뺀다. 밀고 당기는 줄다리기, 춘투 역시 그랬다.

이따금 일본 TV가 방영하던 기록 필름을 보아하니 애초에는 분위기도 험악했다. 각목이 난무하는 거친 곳이 얼마든지 있었다.

일본이 최고의 경제성장을 구가하던 1970년대, 정확하게는 1974년부터 춘투의 명칭이 '국민 춘투'로 바뀌었다. 성장에 걸맞은 최고 수준의 임금을 바라는 국민적 요청을 담았기 때문이라고 했다. 실제로 32.9%라는 경이적인 임금 인상 기록이 이때 세워졌다.

그 후 저(低) 성장기로 접어들자 임금 인상률이 5% 전후로 뚝 떨어짐과 더불어 1987년에는 춘계생활투쟁으로 이름이 또 바뀌었다. 생활이란 단어가 삽입된 것은 노조 측이 투쟁 목표에 노동시간 단축을 포함시켜 서양 선진국과 같은 생활수준을 요구했기 때문이다. 월급은 웬만큼 받으니 이제 노동시간을 줄여 인간답게 살자는 의미였으리라. 그 같은 시간 투쟁은 새로운 용어 '지단(時短)'을 낳으며 오래 지속되었다.

춘투를 들먹이다보면 잊지 못할 광경이 있다. 민간 기업이 운영하는 지하철을 포함한 철도 총파업의 아수라장이 그것이다. 가장 기본적인 대중교통 시스템 마비로 인해 관공서와 기업 가릴 것 없이 모조리 출퇴근길 발이 묶일 게 뻔했다. 직장마다 사원들이 임시로 눈 붙일 공간과 이부자리 준비하랴, 여관방 확보하랴, 노사가 합심하여 법석을 떨었다.

그러니 이제야 호랑이 담배 먹던 옛 이야기가 되고만 듯하지만, 한 시절 철도 파업이야말로 춘투의 꽃이자 하이라이트였다. 자칫

거칠고 살벌했을 투쟁을 화기애애한 축제로 마무리 짓게 해준 장본인이었다.

우리 주변에서는 춘투뿐 아니라 하투(夏鬪)에다 동투(冬鬪)까지 전천후 투쟁이 빈번하게 벌어진다. 그럴수록 더욱 바다 건너 춘투의 본고장에서 들려오던 '무분규 반세기' 따위의 돼먹지 않은(?) 뉴스에 도리어 어안이 벙벙해질 따름이었다.

노사 양쪽이 더불어 잘 살자고 벌이던 슌토, 대한해협을 건너와 춘투라고 직역(直譯)하더니 자칫 치킨게임처럼 변질되어 가는 자가당착(自家撞着). 그래, 그렇고말고 "얄궂은 그 노래에 봄날은 간다."

안전 신화 지켜가는
초특급열차

신칸센 新幹線 しんかんせん

신작로(新作路)라는 말이 생겨난 것은 한반도가 일제 치하에 들어간 후였다. 농로를 넓혀 새로운 길을 닦아 온갖 물자들을 항구로 쉬 실어내기 위한 방편이었다. 이처럼 신작로가 수탈의 표징이란다면, 신칸센은 전후 일본 번영의 상징이었다.

신칸센이 개통된 것은 도쿄올림픽이 개막되기 열흘 전인 1964년 10월 1일이었다. 패전국 일본의 어두운 이미지를 씻어내는 스포츠 제전, 올림픽에 발맞추느라 도쿄와 제2의 도시 오사카를 잇는 1차 구간이 먼저 개통되었다.

한국의 경부고속도로가 그랬듯이 신칸센은 일본인들을 매료시키기에 충분했다. 히카리(光, 빛)니 고다마(木靈, 메아리)니 하는 열차 이름 그대로 그야말로 쏜살같았던 빠르기가 그랬다. 지금은 쓰바메(제비)도 있고 노조미(소망)도 있다. 또한 산뜻하고 멋진 외모도 여간 신기한 게 아니었다. 오죽했으면 당시 막 결혼식을 올렸던 왕족이 히카리를 타고 신혼여행을 떠나는 모습이 매스컴을 장식했을까.

도쿄~오사카 구간에 이어 서쪽 끄트머리인 하카다(博多)까지 1천400킬로미터의 도카이도(東海道) 신칸센이 완공된 것은 1975년이었다. 그 다음은 동북쪽으로 시선을 돌려 오오미야(大宮), 아오모리(青森)로 올라간 도호쿠(東北) 신칸센, 그리고 동해 바다 쪽의 니이가타(新潟)로 뻗어난 죠에츠(上越) 신칸센이 잇달아 연결됨으로서 일본열도를 관통하는 대동맥으로서의 면모는 갖추어졌다.

상업성이 의문시되어 한동안 숙제로 미뤄두었던 신칸센의 마지막 코스인 홋카이도 노선도 일부 구간이 2016년 개통했다. 본토 북단 아오모리에서 세이칸(青函) 해저터널을 통과하여 홋카이도 하코다테(函館)까지 완성되었다. 종착역 삿포로에는 2030년 개통을 목표로 하며, 여기에 맞춰 현재 최고 속도 시속 320킬로미터를 360킬로미터로 끌어올릴 계획이라고 한다.

1987년 민영화 이래 6개 회사가 7개 노선, 약 3천 킬로미터를 달리면서 신칸센은 몇몇 이채로운 기록을 세웠다. 도쿄와 오사카 구간을 연간 12만 회 운행하는 도카이도 신칸센의 경우, 평균 연착(延着) 시간이 36초(2011년도)였다. 도무지 믿기지 않는 수치다. 당연히 지진이나 태풍으로 인한 지연은 제외했겠지만 말이다.

또, 한해 3억6천만 명 이상(2015년도)이 이용하는데도 자체 과실에 의한 사망 사고가 단 한 번도 없었단다. 유일한 사고는 1995년 발생했다. 3분간 정거한 신칸센에서 플랫폼으로 내려 공중전화를 걸던 고교생이 발차 벨소리에 놀라 허급지급 뛰어오르다 닫히는 도어에 손이 끼었다.

그런 사실을 역무원이 눈치 채지 못하는 바람에 속도를 올리는 열차에 끌려가던 학생이 사망하고 말았다. 어떻게 해서든 '신칸센의 안전 신화'를 지켜주고 싶었기 때문일까, 이를 두고 승객 부주의에 의한 인명 사고로 치며 고개를 돌리는 분위기였다. 국외자(局

홋카이도 노선에 투입된 신칸센.

外者)인 우리로서야 유구불언(有口不言), 남의 눈 티보다 제 눈의 들보부터 들추는 게 순서이리라.

일본경제 발전의 심벌처럼 달려온 초고속열차 신칸센의 반세기 역사, 그 안전성과 정확성에 눈이 부시다.

'베끼기'에서 출발하여
'넘어서기' 이루다

도요타 TOYOTA トヨタ

한국에서의 자동차 역사를 커닝해보니 1903년 고종(高宗) 황제 어차(御車)였던 포드를 처음으로 쳤다. 이어서 순종(純宗) 때 다임러와 캐딜락이 들어온 것으로 나온다.

일본 천황 부부가 타는 전용 자동차는 무엇일까? 처음에는 다이쇼(大正) 천황이 즉위하던 1912년 영국에서 들여온 다임러 리무진이었다. 이후 롤스로이스와 메르세데스 벤츠로 교체하다가 태평양전쟁 패전 후인 1951년에야 캐딜락이 등장했다. 같은 패전국 독일 대신 승전국 미국 자동차를 선택할 수밖에 없었으리.

외제차를 밀어낸 것은 1967년 닛산(日産) 프린스로열 특제품이었다. 그러구러 40년, 도요타 대형 리무진 센추리로열이 새롭게 간택되었다. 국가의 어려운 재정 형편을 감안하여 침대차 1대를 포함, 4대만 구입한다고 했다. 대당 가격은 방탄 설비 차이에 따라 각각 5천만~9천만 엔 선.

기사를 읽으면서 "아, 역시 도요타!"라는 생각이 얼핏 들었다. 명실상부 일본을 대표하는 세계적인 기업이 드디어 일본인의 상징으로 통하는 천황 어마(御馬) 역할까지 맡았으니까. 물론 행정부 수반인 총리 전용차도 도요타 센추리다. 단, 감히 '로열'을 붙이지는 못했다(!).

시민들은 국회 개원식과 같은 공식 행사 때면 왕실을 상징하는 국화(菊花) 문양을 단 도요타 센추리로열이 도쿄 중심가를 달리는 광경을 눈요기한다. 붉은 바탕에다 금색 왕실 문양을 새긴 깃발이 나부끼기도 한다. 다만 왕궁을 보좌하는 궁내청(宮內廳)의 부연설명으로는 개인적 외출에서는 일반인들처럼 관할 시나가와(品川) 번호판이 붙은 다른 차량으로 대체한다니 어지간히 가탈지긴 하다.

천황 전용차 말이 나왔으니 여기서 잠깐. 2018년 5월1일 〈아사히신문〉에 「4천만 엔짜리 궁내청 오픈카 주행 곤란, 사용은 2회뿐」이라는 기사가 실렸다. 1990년 11월에 즉위한 아키히토 천황 부부가 번쩍거리는 검정색 오픈카를 타고 즉위 카퍼레이드를 펼쳤다. 그 세 해 뒤 황태자가 결혼 퍼레이드를 할 때도 이 롤스로이스 오픈카를 탔다.

그뿐이었다고 한다. 그 후 궁내청 차마과(車馬課) 차고에 들어앉은 채 두 번 다시 시동을 걸지 못했고, 이제는 정비용 부품마저

도요타가 첫선을 보였던 승용차.

없어져 무용지물로 변했다는 뉴스였다. 허 참! 아깝군, 아까워….

그야 어쨌든 도요타 8인승 특제품이 왕궁을 차지한 이듬해인 2007년 여름, 귀를 의심케 하는 뉴스가 방송에서 흘러나왔다. 도요타가 자동차 생산을 사흘 간 전면 중단한다고 했다. 아니, 왜?

도요타가 영업 실적에서 미국 GM을 누르고 세계 1위에 올랐다는 소식을 들은 게 바로 그 두어 달 전이었다. 노사분쟁이라는 단어가 먼저 떠오른 까닭은 아무래도 바람 잘 날 없던 한국 자동차업계로 인한 선입견 탓이었으리라.

사정은 달랐다. 태풍이 휩쓸고 간 데 이어 발생한 대지진이 문제였다. 엔진에 들어가는 부품을 조달하는 하청업체의 가동이 지진으로 중단되었기 때문이라는 것이었다. 인재(人災) 아닌 천재(天災)였다.

도요타 본사는 중부 아이치현(愛知縣) 도요타시(豊田市) 도요타쵸(町) 1번지에 있다. 지명에서 짐작할 수 있듯이 이 도시는 도요타 자동차로 인해 생겨났다. 아니, 정확하게 밝히자면 도요타를 유치한 뒤 자동차 산업에 서광이 비치면서, 주민들 결의로 고로모(擧母)라는 동네 이름을 숫제 도요타로 바꿔버렸다. 1959년이었다.

도요타는 원래 방직회사였다. 목수의 아들로 태어난 창업자 도요다 사키치(한자로는 똑같은 豊田이나 社名은 TOYOTA로, 人名은 TOYODA로 표기한다)가 성능 좋은 직기(織機)를 발명했다. 제1차 세계대전 발발로 섬유 수요가 폭발적으로 늘어난 덕에 사업은 반석에 올랐다. 아버지의 뒤를 이은 2대 사장 기이치로는 미국과 유럽을 여행하며 자동차에 매료되어 '자동차 대국 일본'이라는 부푼 꿈을 간직하기에 이르렀다.

도쿄제국대학 공학부를 졸업한 그는 미국에서 갓 나온 GM 최신형 시보레 한 대를 사들여 하나하나 뜯어 구조를 살핀 다음, 꿈을 향한 기지개를 켰다. 1937년의 일이다. 본고장 미국인들까지 고개를 끄덕이는 TOYOTA의 역사는 이렇게 스타트되었다.

오랜 세월 일본은 제조업 분야에서 타의 추종을 불허했다. 메이드 인 재팬의 수많은 제품들이 세계 시장을 석권했음은 주지의 사실이다. 단일 품종으로 많이 판 물건으로는 1억 대의 닌텐도 게임보이, 2억 대를 넘긴 소니(SONY)의 워크맨을 꼽을 수 있다.

여기에 가세한 것이 도요타였다. 1999년 자동차 누적 생산 1억 대의 대기록을 세웠다. 그 후 대량 리콜 사태와 동(東)일본 대지진으로 인한 생산 차질 등 여러 난관을 겪으면서도 「자동차를 통해 풍족한 사회를 만든다」는 창업 슬로건을 지켜왔다.

2017년에는 1천만 대를 가뿐히 넘어서는 연간 생산 대수를 기록했다. 계열 기업으로 트럭과 버스를 만드는 히노(日野), 경자동차를 생산하는 다이하쓰를 뺀 순수 도요타 생산량만 900만대를 훌쩍 넘었다. 그러니 조만간 2억이라는 누적 생산 수치가 발표되지 않을까 싶다.

베끼기에서 출발하여 넘어서기를 이루고, 상징적인 국가원수와 실질적인 권력자의 발이 되어 탄탄대로를 질주하는 도요타. 온갖 신기술의 종합 세트장이 된 오늘날 자동차 산업에서 어디쯤이 그들의 골인 지점일지 궁금해진다.

세슈 世襲 せしゅう

마치코바(町工場)라는 게 있다. 직역하면 동네 공장이다. 가령 도시 변두리에 가면 눈에 띄는 철공소 같은 곳을 떠올리면 된다. 일하는 사람의 숫자도 10명 안쪽이다. 일본을 여행하는 사람들은 동네방네 없는 데가 없는 마치코바 풍경에 놀라곤 한다.

정부 관료 출신인 한 일본인 대학교수가 마치코바를 뒤지고 다니며 조사했다. "마치코바가 망하면 일본이 망한다"는 그 힘의 원천을 알아내기 위해서였다. 19년 동안 그가 찾아간 마치코바만 근 3천 곳에 달했다. 그래서 터득한 마치코바의 저력은 주인의 인덕과 겸양이더란다.

세계적인 기업 SONY도 출발은 마치코바였다. 또 창업 1세기를 넘긴 1만5천여 일본기업 중에도 마치코바나 마치코바에 뿌리를 둔 곳이 허다하다. 하지만 이 자리의 주제는 다르다. 다 그럴 리야 없으나 마치코바가 혹독한 불황의 시련을 견디고 꿋꿋하게 명맥을 이어가는 비결이 세습, 일본어 세슈가 한몫 단단히 하지 않았을까 하는 점이다.

보잘것없는 가내(家內) 수공업을 대물림하면서 특정 분야에서 독보적인 기술을 닦아나가는 끈기, 거기에서 경제대국 일본의 파워가 나올 테니까.

일본에는 정말 세습이 많다. 좀 부풀리자면 차라리 세습하지 않는 직종을 고르는 편이 빠르다. 정치인들 세습마저 수두룩하다는 사실은 이제 어지간한 한국인도 다 안다.

언젠가 니이가타(新潟)의 어느 절에서 이색적인 구인(求人)광고를 냈다. 주쇼쿠(住職)라 불리는 주지 스님을 찾는다는 내용인데, 이런 조건을 붙였다.

> 나이 25세에서 30세, 대졸(大卒), 취업 유경험자, 불교를 배우려는 의욕이 넘치고 남의 이야기를 성실하게 들어줄 줄 아는 분. 수행 기간에는 월 12만 엔 지급함.

일본에는 8만여 사찰이 있다. 깊은 산 속에 있는 절은 모르지만 나머지 대부분 말사(末寺)는 대처승(帶妻僧)이 주지다. 그러니까 절이 수행 공간이자 가족과 더불어 사는 생활공간이기도 하다. 예로부터 그랬으므로 하등 이상할 건 없다. 가령 거대 종파인 정토

진종(淨土眞宗)을 연 신란(親鸞)이나, 15세기 와서 이를 크게 중흥시킨 렌뇨(蓮如)도 대처승이었다.

게다가 신사의 주지 격인 신쇼쿠(神職)와 달리, 절의 주쇼쿠는 세습을 한다. 문제의 절에서는 주쇼쿠가 딸만 넷을 두어 도리 없이 구인광고를 낸 경우다.

참고로 전국적으로 7만9천여 개를 헤아리는 신사의 경우에는 주로 대학에서 신도(神道)를 전공한 사람을 받아들인다. 특히 태평양전쟁 이후로는 여성에게도 길을 터 현재 2만 명이 약간 넘는 신쇼쿠 가운데 10% 가량을 차지한다.

세슈가 미덕으로 여겨지는 일본사회. 하지만 법으로까지 명시한 대상은 딱 하나이지 싶다. 헌법 제1장 제2조의 '황위(皇位)는 세습하는 것이며…'가 바로 그렇다.

신하쓰바이 新発売 しんはつばい

전부가 다 그럴 리야 없겠으나, 부모를 따라 서울에 와서 사는 일본 어린이들이 처음으로 배워 쓰는 한국말이 신통하게 '아이고'였다. 기쁠 때나 슬플 때나, 반가울 때나 놀랄 때나 한국인들은 툭하면 '아이고!'로 운을 뗀다. 그런 입버릇을 무심결에 외국에서 온 아이들까지 흉내 내는 것이리라.

거꾸로 일본으로 건너간 한국 어린이들이 맨 먼저 익히는 일본말은 무엇일까? 내가 직접 목격한 바를 기준으로, 하이(はい)니 이이에(いいえ)니 하는 완전 초보 일본어를 제외하고 말하자면, 그것은 놀랍게도 신발매를 뜻하는 신하쓰바이였다. 사연은 이렇다.

난생 처음 외국생활을 시작한 꼬마들이라서인지 집 바깥에 나가 보았자 함께 놀아줄 친구가 없다. 심심하니까 텔레비전 앞에 쪼그리고 앉아 열심히 화면을 들여다본다. 귀가 뚫리지 않아 도통 알아먹을 길이 없으나 애니메이션 같은 프로그램은 그런 대로 볼 만하다. A라는 방송에서 프로그램이 끝나면 B방송으로, 또 C방송으로 자꾸 채널을 돌린다. 민방(民放)이 여럿이니까 그때마다 CM이 흘러나온다.

신발매는 CM의 단골 문구였다. 선전하는 상품마다 어김없이 신발매, 신발매였다. 그러니 서울의 일본 어린이들이 의미조차 파악되지 않는 '아이고'를 입에 올리듯, 도쿄의 한국 꼬마들 역시 부지불식간에 신발매를 복창하고 있었던 것이다.

아무리 그것이 대수롭지 않은 상술에서 나온, 더구나 단순 소비재 선전까지 포함된 상투어이더라도 신발매가 상징하는 그 무엇은 있었다. 꾸준한 연구개발에 의한 신제품의 개발, 바로 그것이리라. 그렇게 정성을 쏟은 결실이 경제대국, 기술대국으로 나타났음은 삼척동자라도 쉬 짐작할 수 있는 일이겠다.

그래도 미심쩍으면 일본정부가 1958년도부터 발간해온 『과학기술백서』를 비교해보면 금방 드러난다. 예전에는 머리말에 이렇게 적었다.

> 천연자원이 부족한 우리나라는 전후(戰後)의 황폐함에서 기술혁신 등을 통해 경이적인 부흥과 고도경제성장을 이루었고, 국민들도 물질적인 풍족함을 얻었다(…). 세계 제2의 경제대국으로 선두 주자의 대열에 든 우리나라는 창

> 조성을 발휘하여 미래를 개척해 나가야할 시기를 맞았다. (2005년 판)

그래서 과학기술 기본계획이란 것을 세웠고, 그 지향하는 세 가지 목표가 이랬다. 첫째, 지(知)의 창조와 활용에 의해 세계에 공헌할 수 있는 나라. 둘째, 국제경쟁력이 있고 지속적인 발전을 할 수 있는 나라. 셋째, 안심·안전하고 질 높은 생활을 할 수 있는 나라.

그러던 것이 10년이 흐르면서 대번에 달라졌다. 백서를 내는 담당 부서(문부과학성) 우두머리 이름으로 된 이런 투의 「발간사」가 당당하다 못해 기세등등하게 들린다.

> 21세기 들어 일본인의 자연과학계 노벨상 수상자 숫자는 세계 2위다. 이는 우리나라의 독창적인 발상이 진리를 탐구하고 인류 사회 발전에 크게 공헌하고 있는데 대해 세계가 높은 평가를 내린다는 증거이다. (2017년 판)

어깨가 으쓱해져 텔레비전 앞에 앉은 시청자들, 신발매 구호가 제아무리 요란해도 눈살 찌푸릴 사람이 없겠다.

지진 정보까지 알려주는
똑똑한 자판기

지한키 自販機 じはんき

자동판매기가 천재지변 정보를 알려준다? 일본이면 가능한 일이다. 가령 지진이 발생하면 자판기, 일본어로 지한키 전광판에 속보와 함께 가까운 피난 장소를 알려주는 정보가 뜨는 것이다. 피해가 막대할 경우에는 자판기 음료를 무료로 제공하는 시스템이 가동되기도 한다. 평시에는 생활정보나 간단한 뉴스가 흘러나온다니 하찮은 자판기라고 업신여길 일이 아니다.

일본은 가히 자판기 천국이다. 21세기의 첫 해 꼭지를 찍은 다음 내리막길이지만, 그래도 보급률 세계 1위를 고수한다. 전국청량음료연합회라는 단체가 밝힌 자료를 보니 음료 자판기만 약 250만 대, 연간 매출 약 2조 엔으로 나온다(2018년 5월). 전체 자판기 숫자는 그 두 배, 매출은 5조 엔 가량이다.

물론 재난 정보 제공 시스템을 갖춘 자판기는 아직 일부에 지나지 않는다. 일본코카콜라(주)가 2011년 전국적으로 6천 대를 설치한 게 두드러진다. 이후 업체마다 본받아 점점 늘어나는 추세에 있다니 머지않아 일본에서는 골목마다 첨단 시대에 어울리는 똑똑한 자판기들이 넘쳐날 것 같다.

이밖에도 이용객 감소를 막으려는 업계의 안간힘은 기발한 서비스로 나타난다. 전국에 28만대 자판기를 가진 음료회사 다이도(DyDo)는 2015년부터 자판기 측면에 우산꽂이를 설치, 아무나 우산을 뽑아 쓸 수 있도록 했다. 무료 우산 대여 서비스다. 전철을 위시한 교통기관에서의 습득물 1위로 처치곤란인 우산을 양도받아 손질하여 재활용하는 것이어서 그야말로 '누이 좋고 매부 좋은 일'이다. 아직 걸음마 단계로되 '회수율 70%'라니 머지않아 자판기 공짜 우산 빌리기가 비가 잦은 일본에서의 예사로운 풍경이 될 모양새다.

색다른 일본의 자판기 풍경은 또 있다. 남의 나라에 입국하면서 여권을 제시하고 신분확인을 받듯이, 자판기에서 상품을 뽑는데 그런 성가신 절차를 거치야 하는 경우가 있는 것이다. 이유는 미성년자 보호에 있다. 술과 담배를 파는 자판기 때문이다.

과거에도 술, 담배 자판기는 밤 11시부터 새벽 5시까지는 자동으로 전원이 꺼져 판매가 차단되었다. 하지만 그 외의 시간에는 무방비였으니 눈 가리고 아웅 하는 꼴이었다. 이래서야 곤란하다며 일본정부와 자동판매기협회, 담배 및 주류업계가 성인 식별 시스템을 갖춘 자판기 개발에 나섰다.

담배 자판기는 일본담배협회가 성인에게만 발급하는 IC 카드로 미성년자를 가려낸다. 일부 지역에서의 시험 가동을 거쳐 2008년부터 본격 가동되었다. 술은 이보다 약간 빨리 시동이 걸렸다. 국세청과 주류업계가 앞장서서 도입한 개량형 주류 자판기는 운전면허증, 또는 주점에서 발행한 성인용 ID 카드가 없으면 움쭉달싹하지 않는다.

자동판매기의 등장은 기원전 250년으로 거슬러 올라간다. 이집트의 사원(寺院)에서 동전 무게를 측정하여 성수(聖水)를 판매했던 것이 시초로 전해진다. 정해진 액수를 투입하면 상품이 나오는 신식(!) 자판기는 산업혁명 후인 19세기 후반 영국에서 처음 등장했다. 편지지와 엽서를 팔았다고 한다.

일본에서는 1888년에 한 발명가가 고안한 담배 자동판매기가 선구였다. 그러나 붐을 일으킨 첫 계기는 일본정부가 1967년에 100엔짜리와 50엔짜리 동전을 대량으로 찍어내고, 그 이듬해 철도 당국이 승차권 발매용 자판기를 주요 역에 설치함으로서 마련되었다. 1972년에는 세계 최초로 냉온(冷溫) 캔 커피를 구분하여 큰 인기를 끌었다.

일본에서 자판기 문화가 뿌리내린 이유는 극명하다. 높은 인건비와 땅값으로 인해 되도록 적은 면적의 무인 판매라야 살아남는다. 그걸 거드는 요인으로는 완벽에 가까운 치안상태, 뛰어난 물류

시스템, 게다가 젊은 층의 대인(對人) 기피증도 얼마간 작용했으리라 추측된다.

귀엣말 한 마디, 한 시절 자판기 센서가 한국의 500원짜리 동전을 500엔 동전으로 착각하는 바람에 업자들을 골탕 먹였다. 당시 환율로는 근 10배나 손해를 보았으니 일본정부가 눈물을 머금고 새 동전을 만들 지 않을 수 없었다.

100년 넘게 화투를 파는
이색 기업

닌텐도 任天堂 にんてんどう

2016년 8월 브라질 리우데자네이루 올림픽 스타디움. 열전의 막을 내리는 폐회식 마무리, 다음 개최 도시로 올림픽 깃발을 넘기는 순서였다. 관례를 따르자면 도쿄 도지사가 나와야했다. 하지만 취임한지 보름여 밖에 안 된 새내기 여성 지사는 도정(都政) 파악에 여념이 없어 도쿄를 떠나지 못했다.

그럼 누가…? 도쿄를 소개하는 영상 쇼가 한바탕 펼쳐지고 나자 슈퍼마리오로 분장한 현직 총리 아베 신조가 깜짝 출연했다. 누구도 예상치 못한 허를 찌른 연출, 스타디움에 탄성이 올랐다.

슈퍼마리오. 기네스북에도 오른 세계에서 가장 잘 알려진 게임 캐릭터. 바로 그 슈퍼마리오를 탄생시킨 닌텐도는 참 묘한 기업이다. 1889년 옛 도읍지 교토에서 창업하면서 지은 회사 이름이 닌텐도 골패(骨牌), 생산품 역시 노름 도구인 화투였다. 1902년에는 일본에서 처음으로 트럼프도 만들어 팔기 시작했다. 그러니 이름만 '하늘의 뜻에 맡긴다'고 거창했지, 실제는 놀이기구 제조회사에 불과했다.

닌텐도 수퍼마리오.

회사가 도산 위기에 빠진 것은 1960년대 후반이었다. 3대째 경영을 맡은 창업자의 손자가 호텔업과 택시업으로 사업 영역을 넓히다가 호되게 곤욕을 치른 탓이다. 정신이 번쩍 든 그는 누에는 뽕잎, 송충이는 솔잎의 초심으로 돌아갔다. 1979년에 내놓은 세계 첫 휴대용 게임기 「게임&워치」가 먹혀들면서 성장의 반석이 놓였다.

1983년의 대히트 상품인 가정용 게임기 「파미콘」(family computer에서 따온 조어)에 이어, 무려 1억2천만 대 가까이 팔리면서 세계 휴대용 게임기 시장을 석권한 「게임보이」에 이르자 닌텐도의 명성은 개구쟁이들 영역을 넘어섰다. 걸프전에 나간 미군 병사들의 필수 휴대품이 「게임보이」였다는 이야기도 그래서 나왔다.

그러고 보면 걸프전을 달리 부른 명칭이 닌텐도 워(Nintendo

War)였다. 텔레비전으로 중계된 야간 미사일 발사장면이 영판 닌텐도 게임 같았기 때문이다. 걸프전이 「게임보이」의 성가(聲價)를 높여준 에피소드까지 생겨났다. 폭격으로 엉망이 된 미군 막사에서 외양이 다 망가진 게임기가 발견되었다.

혹시 해서 스위치를 켰더니 멀쩡하게 작동하더란다. 어린이들이 함부로 다루어도 괜찮을 제품을 추구하여 시제품을 본사 옥상으로 들고 올라가 지상으로 떨어뜨리는 실험을 몇 차례나 했다는 소문이 입증되는 순간이었다. 문제의 걸프전 「게임보이」는 뉴욕에 문을 연 닌텐도 전시장으로 옮겨져 구경꾼들 눈길을 끌기도 했다.

닌텐도 창업자 손자는 왕년의 악몽을 잊었는지 또 한 번 외도(外道)를 한다. 거금 1억 달러를 주고 프로야구 메이저리그 시애틀 매리너스(Seattle Mariners) 새 구단주가 되었던 것이다. 1992년이었다. 이때는 경영 다각화 전략과는 거리가 멀었다. 어려움에 처한 매리너스 구단을 살리기 위한 결단이었다. 시애틀에 미국 현지법인을 둔 닌텐도인지라 그곳 시민들에 대한 일종의 보은이었다고 한다.

이 구단에서는 동갑내기 친구인 한국 출신 거포(巨砲) 추신수(秋信守)와 이대호(李大浩)가 뛴 시기가 있었다. 일본 야구를 상징하는 존재나 다름없는 이치로(본명 스즈키 이치로)는 예전에 몸담았던 매리너스로 2018년 되돌아갔다. 나이 마흔넷으로 메이저리그 최고령 현역인 이치로, 창업 130년인 여태 화투 만들기를 그치지 않는 닌텐도…. 그 정신이 어딘가 통한다.

오랜 기업 역사 속에 위기를 맞은 적도 있었다. 2012년 사상 첫 영업적자를 냈다가 3년 지나 간신히 회복했다. 무슨 이유에서인지 20여년 만에 시애틀 매리너스 지분을 10%만 남기고 매각, 구단주 자리에서도 내려왔다.

듣자하니 닌텐도에는 없는 게 많단다. 사훈(社訓), 사가(社歌), 사장(社章)처럼 여느 기업이라면 반드시 있는 것이 없다. 정년퇴직이 없을 뿐더러 노동조합도 없다. 시류(時流)를 거스르지 못해 21세기로 넘어와 얼마지 않아 고집을 꺾고 '65세 정년'은 도입했다.

그런 일터라면 필경 창의력이 흘러넘치리라. 흔하디흔한 로고마저 없어 영문자 Nintendo가 곧 심벌인 닌텐도, 그런 사실을 알리 없는 일본 어린이들은 리우 올림픽 스타디움에서 다시금 세계를 들썩이게 한 슈퍼마리오에 신바람이 났다.

일본에서 자리 잡은
한국음식의 대명사

야키니쿠 燒肉 やきにく

2018년 5월 막을 올린 제19회 전주국제영화제 개막작은 「야키니쿠 드래곤」이었다. 재일동포 3세인 정의신(鄭義信) 감독 작품이다. 나는 유튜브에 올라 있는 맛보기로 살짝 감상했다. 그러면서 일본 속의 한국음식 야키니쿠로 시선이 던져졌는데….

일본 국어사전에 외래어로 실려 있는 우리말이 더러 있다. 민속과 연관된 대표적인 것으로는 아리랑이나 치마저고리를 꼽을 수 있다. 저고리에는 어원이 몽골어라는 설명과 함께 적고리(赤古里)라는 한자를 붙여두어 슬그머니 웃음을 머금게 한다. 또 아리랑은 이렇게 소개해 놓았다.

> 조선의 민요 아리랑은 전설상의 고개 이름이라고 함. 쇼와(昭和) 초기 이래 우리나라에서도 유행. (쇼와 초기는 1930

년 전후임).

음식 중에서는 김치와 나물이 기무치(キムチ), 나무루(ナムル)로 올라 있다. 『고지엥』과 함께 일본 국어사전의 쌍벽을 이루는 『다이지링(大辭林)』에 '소, 돼지 등의 살코기를 구운 것'이라고 뜻풀이된 야키니쿠(燒肉)도 한국음식을 상징한다.

서울올림픽을 전후한 10년 남짓한 사이에 부쩍 인기가 솟구친 야키니쿠 전문점에서의 일본식 한국어 난무는 더 이상 신기한 일도 아니다. 외식을 즐기는 일본인 가족들이 부루고기(불고기)나 가루비(갈비)에다 기무치나 가쿠테기(깍두기), 나무루를 유창하게 읊고, 고무탕(곰탕)으로 끝내기하는 모습이 예사로우니까.

한국음식이 일본 속에 뿌리내린 역사는 그리 오래지 않다. 재일동포들이 집단 거주하는 오사카 이쿠노(生野) 지역 명물 호루몬야키가 어쩐 셈인지 원조 한국음식처럼 인식되기도 한다. 이 동네가 한때 백제(百濟)에서 건너온 사람들이 많이 살았다고 해서 구다라노고오리(百濟郡)로 불렸다는 사실, 또 지금도 들려오는 이 지역 별칭 이카이노(猪飼野)가 돼지를 키우는 사람(한반도 도래인)이 살던 들판을 의미했다고 한다.

서두에 이야기한 영화 「야키니쿠 드래곤」은 2008년 연극으로 한국과 일본에서 공연할 당시 '용길(龍吉) 씨의 곱창구이 가게'라는 부제(副題)가 달려 있었다. 오사카에 사는 주인공 김용길이 곱창구이, 곧 호르몬야키를 팔았다는 뜻이었다.

속설(俗說)로 호루몬야키는 버리는 물건이란 뜻의 오사카 사투리 '호루몬'에다 구이를 가리키는 '야키'를 붙여 작명한 음식이다. 일본인들이 먹지 않고 내다버리는 것을 가난한 살림의 재일동포들이 먹을거리로 삼았기에 한국음식의 상징으로 여겨졌는지 모를 일이다.

다른 견해도 있다. 한국음식에 관한 책을 여럿 펴낸 사사키 미치오(佐々木道雄)라는 이의 두툼한 저서 『야키니쿠 문화사』에는 호르몬야키 유래를 1920년대 정력 증강 요리에서 찾는다. 그러니 이 학설에서 호루몬은 영어 호르몬(hormone)인 셈이다.

이처럼 출신성분(?)에서 명암(明暗)이 갈리는 호루몬야키에 견주자면 야키니쿠 붐은 그야말로 상전벽해의 감탄을 억누를 길 없다. 마치 예전에 우리가 일주일에 한번쯤 중국집 가는 걸 호사로 쳤듯이, 일본인들에게는 야키니쿠가 외식 단골 메뉴로 둔갑했다. 그 바람에 재일동포들의 전유물과 같았던 야키니쿠 경영에 군침을 흘리고 나선 일본 대형 음식점 체인들이 나타났다.

가령 오사카에 본사를 둔 완 다이닝(One Dining)이라는 업체가 그렇다. 야키니쿠에 들어가는 식재료를 파는 소매상에서 출발하여 식당업으로 진출했다고 한다. 1993년에 와서 시가지 중심부로 진출한 도심형(都心型) 야키니쿠 레스토랑 1호점을 열었고, 지금은 야키니쿠에다 가루비, 샤부샤부 등으로 다양화한 122개 체인점(2018년 4월 1일)으로 뻗어났다.

일본에서 야키니쿠 인기가 올라가던 1980년대 말, 잘못된 호칭 하나에 자꾸 신경이 쓰였다. 야키니쿠 가게나 가야 맛볼 수 있던 한국 소주 진로(眞露). 일본인 애주가들은 '친로, 친로'라며 그게 한국어로 소주인줄 착각했다. 하기야 우리는 오랜 세월 정종(正宗)이 일본어로 청주(淸酒)를 뜻하는 줄 알았다. 그게 마사무네라는 사케 브랜드라는 사실을 모르는 한국인이 아직 있다. 그래서 피장파장?

야키니쿠 상차림.

애지중지 자라나
미운 오리새끼로 전락

단카이 団塊 だんかい

한국어로 단괴, 일본어로 단카이는 지질학 용어로 지층 속에 있는 여러 모양의 덩어리를 가리킨다. 여기에 세대라는 말이 붙어 단카이 세대라고 하면 의미가 판연히 달라진다. 우리의 한글 세대나 4.19 세대처럼 어느 특정 시기 사람들을 지칭하는 것이다.

정확하게는 제2차 세계대전 직후인 1947년부터 1949년 사이에 태어났다. 남정네들이 전쟁터에서 돌아와 이뤄진 베이비붐, 그래서 베이비붐 세대라고도 불린다. 그 수효가 자그마치 800만을 넘어서 전체 인구 구성에서 차지하는 비율이 두드러진다.

용어의 유래는 동명(同名)의 소설이다. 작가이자 평론가인 사카이야 다이치(堺屋太一)가 1976년 월간지 〈겐다이(現代)〉에 연재한 근·미래(近未來) 소설 제목이었다. 연재 후 단행본으로 출간되어 화제를 불러일으키면서 제목 자체가 사회 현상의 하나로 떠올랐다.

경제부처 관료 출신이고, 내각제의 일본에서 드물게 민간인으로 경제기획청 장관까지 지낸 사카이야. 그는 단카이 세대를 통해 일본사회의 변모를 정확하게 짚어냈다. 4개 연작(連作)으로 엮어진 소설 『단카이 세대』는 베이비붐 시절에 태어나 대학을 나온 화이트칼라를 주인공으로 내세웠다.

시대적 배경은 1980년대 전반에서 1999년까지. 일본사회가 나중에 실제로 겪게 되는 고령화에 따른 연금이나 의료문제 등 사회보장제도의 위기를 족집게처럼 집어냄으로써 밀리언셀러에 올랐다.

사카이야와 같은 경제 전문가들 사이에서 단카이 세대는 이전부터 주목의 대상이었다. 그들의 성장사가 곧 전후 일본사회 변천사이기도 했기 때문이다. 이들 세대가 자라나 취학기가 되자 교실 부족에 허덕였다. 오랜 전쟁 통에 저하되었던 출생률이 급격히 늘어났으므로 당연한 일이었다.

단카이 세대 제1진이 중학을 졸업할 무렵에는 집단 취직 열차라는 임시 열차가 운행되었다. 취업을 원하는 젊은이를 지방에서 대도시로 수송하기 위해서였다. 단카이 제1진 가운데에도 이 열차를 탄 사람이 숱했다. 단카이 세대의 40% 이상이 도쿄, 오사카, 나고야 등 3대 도시를 중심으로 생활 터전을 마련한 이유도 여기에 기인한다.

이들이 대학에 입학할 무렵이 되자 입시지옥 현상이 나타나 수험전쟁 세대라는 새로운 닉네임이 붙여졌다. 그렇게 해서 어렵게 들어간 대학, 데모 열풍이 캠퍼스를 휩쓸었다. 도쿄대학이 과격 데모의 소용돌이 속에서 전(全) 학년 유급이라는 전대미문의 불상사를 빚었을 때 그 주역도 단카이 세대였다. 그들이 속한 운동권 조직이 전학공투회의(全學共鬪會議)여서 약칭 전공투 세대라고도 했다.

단카이 세대가 사회에 첫발을 디딜 즈음 일본경제는 눈부시게 뻗어나고 있었다. 기업 내에서 종래의 연공서열보다 능력주의, 전문직 중심주의의 싹이 튼 것 역시 이들이 기업전사가 되고 나서부터였다.

단카이 세대가 결혼하여 가정을 이루자 더욱 뚜렷해진 핵가족화로 인해 뉴 패밀리 세대라는 또 하나의 별칭이 주어졌다. 2세들이 태어나 학생복을 입으면서 신(新) 단카이 세대로 불렸다. 학내 폭력을 비롯한 이지메도 극성스러웠다.

자신은 단카이 윗세대(1935년생)인 사카이야가 『단카이의 가을』이라는 타이틀로 소설 제2탄을 출간한 게 2013년 11월. 이번에는 단카이 세대가 65세가 된 2015년부터 10여 년이 시대 배경이다. 인터넷에 올라온 독후감에서 "공학박사 학위를 딴 아들이 한국기업의 하청을 받아 베트남으로 원자력발전소 건설을 위한 지질조사를 하러 간다"는 소설 내용이 눈에 띄어 절로 웃음이 나왔다.

사카이야가 2탄에서 그린 일본의 미래는 어떤 모습일까? 소설 속 가공 신문(每朝新聞)에 실린 기사는 이랬다(2020년 4월 15일 수요일).

> 도쿄올림픽 · 패럴림픽 개회까지 앞으로 100일, 경기장 건설과 주변 지역 정비는 진행되고 있으나 스포츠 열기는 피어오르지 않는다. 인구의 고령화가 이뤄져 스포츠를 하는 인구나 보는 사람 숫자가 감소 일변도다. 프로야구는 작년부터 8개 팀 리그가 되었다.

2017년 봄에 펴낸 제3탄 『단카이의 다음』에서는 도쿄올림픽이 끝난 5년 뒤부터 스토리가 시작된다. 역시 단카이 세대가 75세를 넘겨 완전히 세상 뒷전으로 물러난 다음의 일본을 그렸다.

이 무렵이면 일본 인구 넷 중 한 명이 75세 이상, 셋 중 한 명은 65세 이상인 초·초(超超)고령사회가 도래할 것이라고 한다. 10명 가운데 한 명꼴로 치매를 앓을 것이라는 불길한 예상도 있고….

우리는 강 건너 불구경 하듯 팔짱 끼고 있어도 되려나?

슈덴 終電 しゅうでん

한국에는 통금(通禁)이 있었다. 정식 명칭은 야간 통행금지, 비상 계엄령이 내려지지 않는 평시에는 자정부터 새벽 4시까지였다. 해안선을 끼지 않은 충청북도가 대상에서 제외되었던 사실로 미뤄 볼 때, 필경 북한으로부터의 간첩 침투를 막자는 것이 첫째 목적이었으리라.

통금은 서민생활의 애환을 더욱 역동적으로 부추기기도 했다. 대도시에 울려 퍼지던 통금 사이렌은 흡사 공습경보와 같았다. 왁자하던 길거리에서 인적이 사라지고, 사방이 쥐 죽은 듯 고요해졌으니까. 직장에서 쌓인 스트레스를 푸느라 대폿집에서 신세타령을 늘어놓던 샐러리맨들은 허겁지겁 여관으로 뛰어들었다. 집 가까이에서 통금에 걸린 학생들은 야경 도는 방범대원과 숨바꼭질을 벌여야했다.

일본에는 몬겐(門限)이 있다. 문을 닫는 시간이라는 뜻인데, 가게의 경우 영업 마감시간을 가리킨다. 일반 가정에서는 특히 자녀들이 꼭 귀가해야할 시간, 데드라인을 뜻했다. 그러니 법률용어가 아니라 자율적인 규칙인 셈이다.

일본 샐러리맨들로서는 슈덴이란 단어가 차라리 한국의 통금에 버금가는 의미를 지닌다. 마지막 전차, 즉 사이슈덴샤(最終電車)를 줄인 표현이다. 속어로는 아카덴(赤電)이라고도 불렀다. 그날 마지막 전철임을 밝히느라 붉은색 전등을 켜고 운행했대서 붙여진 별명이다.

누구의 아이디어였는지 알 수 없으나 아오덴(靑電)이 달리던 시기가 있었다. 아카덴 바로 앞 전차에 파란색 전등을 켰기 때문인데, '다음이 마지막'이라는 경고였다. 허급지급 플랫폼에 뛰어든 샐러리맨들이 아오덴을 보고 가슴을 쓸어내리면서 안도의 한숨을 내쉬기나 했을까?

슈덴을 놓치면 고달파진다. 선택의 여지는 두 가지밖에 없다. 울며 겨자 먹기로 택시를 타든가, 여관방 신세를 져야 하는 것이다. 그런데 둘 다 께름칙하다. 택시를 타자니 슈덴이 끊어진 후의 택시 잡기가 예삿일이 아니려니와, 주머니 사정에도 신경이 쓰인다. 일본 직장인들 치고 전철로 1시간 이내에 출퇴근하는 사람은 극소수 행복한 계층이다.

그러니 한번 셈해보라. 요금이 얼마나 나올지를…. 더구나 당연

구마모토 시내를 달리는 전차.

히 할증료마저 얹히니 고주망태가 되어 감각이 마비되었거나, 여간한 강심장이 아니고서는 미터기 올라가는 소리-- 디지털화하기 전에는 진짜로 찰칵 찰칵 소리가 났다--에 까무러치고 말리라.

도리 없이 여관을 찾기로 하자. 이럴 땐 비교적 값싼 캡슐 호텔 정도가 제격이다. 이튿날 만원 전차 속에서 시달리지 않고 출근하는 이점까지 있다. 무엇이 문제인가? 아내와 정해둔 몬겐이 자꾸 어긋나면 외도의 의심을 사기 십상이다. 번개가 잦으면 비가 내리듯이, 말다툼이 잦다보면 파경도 남의 일이 아니다. 별 수 없다. 가련한 월급쟁이들은 이 밤도 슈덴을 향해 질주한다.

오늘날 대중의 발 노릇을 톡톡히 하는 전철의 역사는 1883년 독일 베를린에서 개통한 노면(路面)전차가 처음이라고 한다. 일본에서는 1890년 도쿄 우에노(上野)공원 내에 궤도 450미터를 깔고 2량짜리 노면전차가 달린 게 시초였다. 출퇴근하는 이들을 대상으로 처음 영업을 한 것은 1895년 교토(京都)에서였다.

이에 비해 지하철은 1905년 런던이 최초였다. 그보다 반세기 전 개통한 지하철이 있긴 했으나 전기가 아닌 증기 기관차였단다. 일본에서 승객 수송용 지하철이 선보인 것은 1927년, 도쿄 아사쿠사(淺草)와 우에노(上野) 사이로 나와 있다.

우리로서야 전철만 끊어지는 슈덴이 그래도 나아 보인다. 통금은 모든 것이 올 스톱하여 순식간에 정지화면(停止畵面)으로 바뀌었으니까. 1980년대 초 통금이 사라지고 반세기 가까운 세월이 흐른 지금, 서민들을 웃고 울리던 아련한 기억은 이제 화석이 되어간다.

에키벤 駅弁 えきべん

일본의 철도는 북쪽 홋카이도 왓카나이(稚内)역에서 남쪽 가고시마 야마카와(山川)역까지 최단 코스가 2천600여 킬로미터에 달한다. 그리고 대개 정거하는 역마다 그 고장의 향기가 스민 색다른 도시락을 판다.

대합이 많이 잡히는 곳에서는 대합구이, 연어로 유명한 동네에서는 연어초밥, 명물 토종닭이 있는 고장에선 닭찜이라는 식이다.

에키벤. 역에서 파는 도시락이다. 역의 일본어 '에키'와 도시락의 일본어 '벤토'에서 합성한 단어다. 효시에 관해서는 몇 가지 설이 엇갈린다. 가장 오래된 것으로는 1877년에 오사카역에서 팔았다는 것과, 오사카 근처인 고베역에서 팔았다는 주장이 있다. 인터넷의 관련 사이트에서는 여러 설을 두루 들먹인다.

비교적 믿음이 가는 통설에 의하면 1885년 7월 도쿄 우에노

(上野)와 우쓰노미야(宇都宮) 사이에 철도가 개통되었을 때, 검은 콩고물 묻힌 주먹밥과 죽순에 싼 다쿠앙(단무지), 그리고 우메보시(매실장아찌)가 든 도시락을 5전(錢)에 판 것이 처음이라고 한다.

대체 가짓수는 얼마나 될까? 일본철도구내영업중앙회가 운영하는 포털 사이트 「에키벤」은 역 플랫폼에서 고유 마크를 붙인 에키벤을 판매하는 회원사들만의 홍보 광장이다. 여기에는 65개 회원사(대개 주식회사 형태)의 700여 품목이 올라있다.

내친 김에 2018년 봄의 신제품 2개만 옮겨보자. 하나는 마침 에키벤 발상지 우쓰노미야역에서 파는 「신쇼가(新生薑)도리메시」. 닭고기덮밥과 갓 수확한 생강이 메인인 도시락이다. 또 하나

향토의 맛과 멋을 담은 에키벤.

는 센다이(仙臺)역에서 파는 「규탄벤토」. 규는 소 우(牛)의 일본어 규, 탄은 영어 tongue에서 따왔다. 그러니까 두텁게 썬 센다이 명물 우설(牛舌)과 소고기가 어우러졌다. 둘 다 값은 녹록치 않은 850엔.

번영을 구가하던 시절에는 에키벤 제조·판매 회사가 500여 개, 도시락 숫자도 2천에서 3천 가지 사이라고 했다. 정확한 통계를 내지 못하는 이유는 보통 도시락과 에키벤의 구분이 모호해지고, 또 소리 소문 없이 묵은 것은 사라지고 새 것이 등장하여 일일이 체크하기 힘든 탓이라고 했다.

에키벤 수요가 줄어든 데에도 그럴 만한 까닭이 있었다. 신칸센을 위시한 고속열차의 속력은 점점 빨라져 어지간한 역은 본 체 만 체 휙 지나쳐버린다. 도시락을 먹고 자시고 할 시간적 여유가 사라진 것이다. 항공로가 거미줄처럼 늘어나 여차하면 비행기 쪽으로 승객을 빼앗기는 것도 이유가 됨직했다.

어린이나 청소년들은 또 어떤가? 밀물처럼 밀려든 서양문화에 입맛이 길들여진 그들은 햄버거니 뭐니 하며 패스트푸드를 더 즐긴다. 그 바람에 향수(鄕愁)에 젖은 애호가들은 백화점이나 대형 슈퍼마켓 에키벤 코너에 가서 입맛에 맞는 것을 골라와 집에서 즐길 수밖에 없다.

각 지방마다의 역사를 배경으로, 그 고장만의 특산품과 식재료를 써서 만들어온 에키벤(Ekiben)은 일본의 식문화(食文化)가 그득 담긴 음식입니다.

앞서 소개한 포털 사이트 「에키벤」에 나오는 자랑이다. "에키벤의 한자(漢字)에서 유래한 에키벤 기념일은 4월 10일이다"는 소개와 함께 이 글을 읽으면서 에키벤 발전에 큰 몫을 했다는 군벤(軍弁)이 떠올랐다.

태평양전쟁이 확전을 거듭하며 부대 이동도 잦아졌다. 군용열차로 긴 시간 주둔지나 전투 지역을 옮길 때, 병사들에게 종종 에키벤 업자에게 주문한 도시락을 나눠주어 끼니를 때우도록 했다고 한다. 그것이 군용 에키벤, 즉 군벤이라 불렸다.

다들 잘 아는 사실이지만 우리나라에서 기차여행을 해보시라. 어디를 가나 도시락은 천편일률이고, '천안 명물 호두과자'는 아무데서나 판다. 왜 우리는 호남선에서는 영광굴비 도시락, 전라선에서는 재첩 도시락, 영동선에서는 황태구이 도시락을 맛볼 수 없는 것일까?

우리 역시 이제 3시간 남짓이면 고속열차 KTX나 SRT가 주파하지 못하는 곳이 없으니 그건 그렇다 치자. 그래도 아직 경승지(景勝地)를 도는 낭만 넘치는 노선이 숱하지 않은가. 구경하는 즐거움을 배가(倍加)시켜주는 먹는 즐거움, 갑자기 입맛이 쓰다.

한 시절 온 국민의
오락으로 꼽히던 도박

파친코 パチンコ

소문으로는 1920년경 미국에서 건너간 코린트 게임(corinth game)이 변용되었다고 한다. 일본 중부지방 나고야(名古屋)가 붐의 근원지라고 했다. 그곳에서 1930년에 맨 처음 시작되었기 때문이다. 애초에는 어린이들의 놀이였다고도 했다. 서민의 오락, 좀 더 솔직하게 털어놓자면 서민의 도박 파친코를 두고 하는 이야기다.

파친코라는 이름의 유래는 알쏭달쏭하다. 『파친코와 일본인』이란 책을 쓴 가토 히데토시(加藤秀俊)는 그것을 도쿄를 중심으로 한 간토(關東)지방과, 오사카를 중심으로 한 간사이(關西)지방이라는 양대 문화 산맥의 접목으로 풀이했다. 간사이의 '파치파치'와 간토의 '가찬코'가 섞인 타협적 합성어 파친코라는 것이다.

도시건 시골이건 없는 곳이 없다. 전성기에 견주어 줄어들었으나 점포 숫자가 전국적으로 1만 곳을 오르내린다. 파친코를 즐기는 인구 역시 2천900만 명(1995년)을 피크로 들쑥날쑥하더니 2016년도에는 940만 명으로 오그라들었다(일본생산성본부 발간 『레저백서 2017』). 컴퓨터 게임을 필두로 한 다양한 오락이 넘쳐나고, 거꾸로 당국의 규제는 더 심해진 것이 인기 하락의 주 요인으로 꼽혔다. 그 바람에 30조 엔을 넘던 매출액도 이제는 21조 엔 선을 간신히 유지하는 실정이다.

일본인들은 천성적으로 도박이나 내기를 좋아하는 듯하다. 경마, 경륜(競輪), 경정(競艇), 마작, 그리고 파친코. 법적으로는 엄연히 도박이 금지되어 선진국 중 카지노가 없는 나라는 일본뿐이다(이 또한 곧 문이 열릴 모양이다).

그러니 필경 '경' 자 돌림의 도박은 도박으로 치지 않는 게 틀림없다. 하물며 장바구니를 옆구리에 낀 주부들까지 태연히 즐기는 파친코에 있어서야…. 얼마나 재미가 있었으면 병적(病的) 도박 (pathological gambling) 으로 치는 파친코 의존증이 사회문제로 들먹여질까?

일본이 미국과 대판으로 붙어 젖 먹던 힘까지 다 짜내면서 용을 쓰던 1942년에는 전면 금지령이 내려졌다가, 패전 이듬해에야 부활했다. 당시로서는 성인용의 오락다운 오락이 없었고, 생필품 구입이 힘들던 시절임에도 파친코에서는 잘만 하면 경품을 딸 수 있어 대번에 큰 인기를 끌었다.

물 좋은 장사라는 수군거림 탓에 대기업의 손길이 뻗치고, 탈세의 온상이라면서 세무당국이 의심의 눈초리를 던지는 이른바 풍속영업(風俗營業). 급기야 탈세를 막느라 공중전화 카드와 같은 선불제 카드가 도입되었다. 1990년대 초에 CR(Card Reader)기계가 도입됨으로써 좋은 시절 다 지났다는 푸념도 들려왔다.

한자로는 자동구유기(自動球遊器)라고 적는다는 파친코. 그 경영자들이 거의 재일동포라는 사실은 일본사회에서 공공연한 비밀이었다. 가장 최근 자료로는 한국 국적 50%, 일본 국적 30%, 북한 국적과 화교(華僑)가 각각 10%였다(《아사히신문》 2011년 6월7일자).

단지 그것이 일본 기업의 부당한 취업차별로 인해 어차피 손쉬운 자영업 밖에 할 수 없었던 딱한 현실에서 비롯되었다는 과거의 역사만은 꼭 기억해두기로 하자.

이 눈치 저 눈치 살피던
몰(沒)개성의 은유

가이샤닌겡 会社人間 かいしゃにんげん

2017년 미국에서 시작된 'Me Too' 운동이 순식간에 세계를 휩쓸었다. 채 반년이 지나기 전 한국으로도 번져 문화예술계와 정계 거물들까지 쥐구멍을 찾느라 허둥댔다. 와중에 일본은 너무 조용했다. 물색없는 이들은 "그 나라는 원래 성(性)이 헤프다니까…"라며 신묘한 표정을 지었다. 정말 그럴까?

가만히 지켜보고 있노라니 드디어 나왔다. 2018년 3월초, 도쿄에서 「#WetooJapan」 발대식이 열렸다는 뉴스가 들려온 것이다. 나(Me) 대신 우리(We)였다. 대번에 오래 전 들었던 하나의 조크가 떠올랐다. 그냥 웃어 넘기려다가도 멈칫거리게 되는 그 유머는 이렇게 엮어진다.

항해 중인 배가 파선하여 사람들이 구명보트에 올랐다. 너무 많은 사람이 타는 바람에 구명보트마저 침몰할 위기, 몇 사람은 바다로 뛰어내려야 나머지를 구할 수 있다. 이럴 때 살신성인(殺身成仁)의 지원자를 고르는 방법이 나라 별로 다르다.

독일인이라면 "이건 선장의 명령이요!", 영국인에게는 "당신은 신사이지요?"하면 그뿐이다. 미국인이야 "거액의 생명보험이 걸려 있다"고 일러주기만 하면 통한다. 그럼 일본인은…?

답은 간단하다. 슬그머니 다가가 "다들 함께 뛰어내리기로 했다고요"라고 넌지시 속삭이면 만사 오케이다. 일본인 스스로가 지어낸 이 조크는 은근히 민족성을 드러낸다. 남들이 하면 덩달아 좇아가고, 혼자서는 아무런 결정도 내리지 못하는 타성을 꼬집은 신랄한 자아비판인 것이다. 다른 나라의 'Me Too'가 일본에서 'We Too'로 둔갑하는 이치가 여기에 있다.

비슷한 이야기는 또 있다. 법조인 아오야기 후미오(青柳文雄)가 일본인의 범죄의식을 다루면서 쓴 글에 이런 언급이 나온다.

> 일본인들이란 남이 하는 걸 따라 하지 않으면 안절부절못하고, 그래서 명절이나 휴가철이면 온 국민이 대이동을 한다. 심지어는 범죄조차 집단화되어 폭력단이니 폭주족이 판을 친다. 왕년의 일본 군대에서도 포병이 가장 우수했다. 개개인의 적응 능력이 중시되는 보병에 비해 포병은 여러 명이 합작품을 만드니까….

왕년의 포병이 지금은 회사인간, 일본어로 가이샤닌겡이다. 기업이라는 조직 속에 몸을 담는 순간 몰개성(沒個性)이 되어 개인으로서의 존재감을 잃고, 오로지 기업을 위해 모든 희생을 감내하는 존재로 바뀌고 마니까.

그러나 세월의 흐름과 더불어 만고불변의 진리 같았던 일본식 회사인간에도 변화의 바람은 안팎에서 불어 닥쳤다. 기업은 기업대로 기나긴 불황의 터널에서 허우적거리느라 종신고용이니 연공서열이니 하는 종래의 미덕(!)을 팽개치는 곳이 허다했다.

상대가 장군을 부르니 멍군으로 답할 수밖에…. 여기저기서 회사인간이 아닌 사회인간, 즉 샤카이닌겡(社會人間)이 되어 인간답게 살자는 외침이 들려오기 시작했다. 그 점, '열심히'라는 뜻을 가진 일본어 잇쇼켄메이(一生懸命)의 숨은 의미가 조직에 대한 충성에서 자기 자신에 대한 행복 추구로 둔갑한 것과 흡사하다.

그건 그렇고, 왜 #WetooJapan의 후속 뉴스가 은근히 기다려지는지 영문을 모르겠네.

개인의 경험과 지식을
상호 충전한다

벤쿄카이 勉強会 べんきょうかい

언제부터인지 우리 주변에서도 무슨 무슨 심포지엄이니 세미나니 하는 모임이 흔해졌다. 그럴만한 인사들이 모여 그럴듯한 주제를 놓고 갑론을박하는 것이리라. 그런데 어느 저명한 지일 학자가 그 같은 모임에 관한 한일 두 나라의 차이를 신문 칼럼에 기고한 걸 읽으며 "아뿔싸, 그렇구나!"하고 무릎을 쳤던 기억이 난다. 일본인들은 대개 주말을 이용하여 모임을 갖는데 비해, 한국인들은 거의가 평일에 행사를 치른다는 것이었다.

짚이는 구석이 있었다. 아무리 공적인 일이더라도 학교나 기관, 단체 등 여러 집단 구성원이 모이는 자리는 누구에게나 통하는 휴일을 택하는 게 그쪽 사고방식이다. 그래야 고유 업무에 지장을 주지 않아 부담 없이 많은 사람들이 참석한다.

이쪽에서는 공무(公務)일수록 평일에 해야 버젓이 출장, 혹은 합법적 결근이 용이하여 득이 된다. 그래야 참석자가 많아짐은 두 말 할 나위가 없다.

심포지엄만이 아니다. 일본총리나 각료들은 일반인들이 노는 연휴를 이용하여 곧잘 외국 순방에 나서곤 한다. 일본의 연휴가 순방국 연휴와 겹치지 않는다면 그로 인해 상대국 지도자에게 폐를 끼칠 리도 없으므로 금상첨화(錦上添花)인 것이다.

벤쿄카이라는 것도 그렇다. 특별한 케이스가 아니면 일과 후에 여는 것이 상례다. 벤쿄는 우리말로는 공부를 뜻한다. 한자로 공부(工夫)라고 적으면 일본에서는 연구라는 의미로 해석된다.

이야기가 빗나가지만 중국어로는 공부가 여가(餘暇)나 쿵푸를 가리킨다고 하고, 일본에서처럼 벤쿄(勉强)라고 써 보이면 중국인들은 '무리하게'라는 의미로 받아들인단다. 한국어로는 면학(勉學)은 있을망정 면강(勉强)은 없다.

꼬집어서 벤쿄카이라고 하기는 어려울지 모르나 여기 이색적인 협의회 하나를 소개해보자. 일본에서는 근 10년 연속 한 해 자살자 수가 3만 명을 넘었다. 피크는 2003년으로, 3만4천 명을 돌파했다. 교통사고 사망자의 5배이고, 선진국 가운데 러시아 다음으로 높은 자살률이라고 했다. 청소년 자살이 급증하는 것도 문제의 심각성을 더해 주었다.

그래서 정부와 지자체, 의료기관, 학교, 민간단체 사람들이 머리를 맞대고 숙의했다. 우리로 치자면 알기 쉽게 관계기관 대책회의, 그쪽 분위기로는 이른바 벤쿄카이 같은 모임을 여러 차례 가졌던 모양이다.

그렇게 해서 작성된 결론에 의거하여 모처럼 여야가 초당적으로 「자살대책기본법」을 2007년도에 통과시켰다. 법으로 죽음을 막는다는 게 다소 의아스러웠으나 효과가 컸다. 이 법 규정에 따라 정부가 매년 『자살대책백서』를 국회에 제출하도록 했는데, 2017년도 백서에 의하면 8년 연속 자살자가 감소하여 2만1천140명으로 집계되었다. 세계보건기구(WHO)가 발표하는 인구 10만 명당 자살률 역시 한국보다 낮아졌다.

각설하고, 일본에서는 벤쿄카이가 도처에서 행해진다. 절차가 번거롭고 비용도 많이 먹히는 세미나에 비해, 훨씬 간편하고 실속마저 차릴 수 있는 공부 모임이 붐을 이루는 것이다. 그래서 감히 외치건대, 여러 부류의 전문가 집단이 서로 이마를 맞대고 개인의 경험과 지식을 상호 충전하는 벤쿄카이야말로 이 나라 발전을 뒷받침한 지력(智力)과 응용력의 집적회로(集積回路)였다.

주머니 가벼운 서민들을 위한
간편식의 대명사

라멘 ラーメン

공영방송 NHK 프로그램 가운데 가정주부들 인기를 독차지하는 일일극이 있다. '연속 텔레비전 소설'이라는 부제(副題) 아래 아침마다 방영한다. 2018년 10월부터 내보낸다는 예고가 나온 99번째 드라마는 「만푸쿠(萬福)」, 극중 여주인공(福子)과 남주인공(萬平) 이름에서 한 자씩 따 지은 타이틀인데….

미국의 권위지 〈뉴욕타임스〉가 사설을 통해 한 일본인을 침이 마르도록 칭찬했다. 2007년 1월9일치에서다. 그렇다고 그가 거물 정치가나 저명한 석학은 아니었다. 그냥 어디에나 있을 법한 평범한 기업인이었다. 「미스터 누들(Noodles)에게 감사」라는 제목의 사설은 그 며칠 전 타계한 사람, 안도 모모후쿠(安藤百福)를 이렇게 회고했다.

혼다의 시빅이나 소니의 워크맨처럼 팀플레이에 의해 개발된 것과 달리, 안도 씨는 혼자 힘으로 노동자들을 위해 값싸고 제대로 된 음식물을 추구했다.

다름 아닌 봉지라면, 일본어로 인스턴트 라멘(ラーメン)을 가리킨다. 위 NHK 일일드라마 「만푸쿠」 실제 주인공이기도 한 닛신(日清)식품 창업자 안도가 인스턴트 라멘을 처음 발매한 것은 1958년이었다. 상표는 「치킨 라멘」. 한국에서는 1963년에 나온 삼양라면이 처음이란다.

안도가 즉석면을 개발하면서 정한 5대 요건은 맛있고 질리지 않을 것, 보존성이 좋을 것, 조리가 손쉬울 것, 값이 쌀 것, 안전하고 위생적일 것 등이었다. 그래서 성공을 거둔 다음인 1966년, 미국으로 출장 간 안도가 슈퍼마켓에서 이채로운 장면을 목격했다. 한 미국인이 봉지에 담긴 라멘을 꺼내 몇 조각으로 부순 뒤 종이컵에 담더니 뜨거운 물을 부어 포크로 먹지 않는가. 여기서 힌트를 얻어 내놓은 또 하나의 신상품이 꼬뿌라멘, 즉 컵라면이었다.

일부에서 인스턴트 라멘을 안도의 독창적인 아이디어가 아닌 중국 원산으로 폄하하는 데는 그만한 까닭이 있다. 안도는 원래 타이완에서 태어난 중국인이다. 본명은 오백복(吳百福), 스무 살이 넘어 오사카로 건너와 귀화했다. 따라서 타이완 명물 의면(意麵)을 모를 리 없고, 의면의 뿌리가 중국대륙에서 건너간 이부면(伊府

麵)이라는 것이다. 여하튼 그것을 일반상품으로 개발한 점에서는 분명 안도가 선구였다.

인스턴트 라멘이 붐을 이루게 된 계기도 엉뚱하다. 때는 1972년, 신좌익 무장 게릴라 연합적군(聯合赤軍)에 의한 아사마산장(淺間山莊) 사건이 터졌다. 나이 고작 16살에서 25살까지의 게릴라 5명이 경찰 추적을 피해 도주하다 산장 여성 관리인을 인질삼아 열흘이나 버텼다.

결국에는 경찰관 2명이 피격 순직하면서 모조리 체포되었다. 당시 산장을 포위 중이던 기동대원들은 선 채 꼬뿌라멘으로 끼니

나고야 타이완 라면.

를 때웠다. 그런 장면이 뉴스 시간에 텔레비전으로 생중계됨으로써 인스턴트 라멘 붐이 일어났다니 살다 살다 별 일 다 본다.

꼬뿌라멘 말고도 일본 편의점에 가면 주먹밥 오니기리(お握り)를 필두로 한 왕년의 싸구려 대용식이 고객을 기다린다. 우리 주변에서도 수제비처럼 제대로 끼니를 때우지 못하던 시절의 음식이 이제는 별미 반열에 들기도 한다. 그런 점을 차치하고라도 일본에서의 휴대식 혹은 간편식(簡便食) 인기는 어째 남다른 구석이 있다.

일본 통계에 따르면 세계 인스턴트 라멘 소비량은 중국이 연간 440억 개 가량으로 전체의 절반을 차지했다(2012년도). 그 다음이 인도네시아와 일본 순이었고, 1인당 연간 소비량은 72개의 한국이 단연 1위에 올랐다. 종주국 일본은 43개로 인도네시아, 베트남, 말레이시아에 이어 5위였다.

물론 일본에는 종류마저 다양한 갖가지 생(生)라멘을 끓여 파는 전문점이 도처에서 문전성시를 이룬다. 진정한 라멘 애호가들은 당연히 이쪽으로 발길을 돌린다. 이 또한 원조(元祖)는 중국 면요리다. 19세기 중순 쇄국을 풀고 개항하면서 요코하마(横浜)나 고베(神戸)와 같은 항구도시에 중국 음식점이 들어선 게 시발이었다.

그렇게 100년 세월이 쌓이면서 라멘 종류도 부지기수로 늘었다. 내가 살던 도쿄 신주쿠에는 '일본에서 제일 가느다란 라멘'이라는 플래카드를 내건 가게가 있었다. 서너 개 탁자와 카운터가 전부인 코딱지 만한 점포였지만, 점심 무렵이면 고급 외제차를 몰고 온 별난 청춘들까지 섞여 늘 장사진을 쳤다.

모르긴 해도 라멘 체인점이 흔한 것 역시 일본만의 현상이 아닐까. 1954년 창업한 고라쿠엔(幸樂苑)이 534군데 체인점을 거느려 업계 1위였다(2018년 4월 현재). 지금은 서울에서도 가는 곳마다 라멘 가게가 눈에 띄는 게 예전과는 사뭇 다른 풍경이로되, 바다 건너에서는 한 해 6천 개 이상의 라멘 가게가 신장개업하고 5천 개 이상이 문을 닫는다는 믿거나 말거나 한 수치마저 인터넷에 떠도는 지경이다.

글머리에 소개한 〈뉴욕타임스〉 사설은 "사람에게 고기 잡는 법을 가르치면 그 사람이 평생 먹고 살 수 있으나 인스턴트 라멘을 주면 더 이상 가르칠 필요가 없다"는 알쏭달쏭한 말로 안도 칭송을 마무리했다. 그야 어쨌든 라멘의 발상지 요코하마에 라멘박물관이 문을 열고, 안도 모모후쿠 발명기념관이 두 군데(오사카, 요코하마)나 들어섰다는 사실은 일본에서 차지하는 라멘의 비중을 가늠케 해준다.

이제야 한국인이 더 라면을 즐긴다지만, 나로서는 일본인의 라멘 사랑이 간단명료함을 추구하는 1회용 문화에 젖은 습성 탓으로 여겨짐을 어쩌지 못한다. 생화(生花)로 멋을 낸 뒤 시들면 버리는 꽃꽂이 이케바나(生け花)가 그렇고, 한번 쓴 뒤 쓰레기가 되는 나무젓가락 와리바시(割箸), 한꺼번에 피었다가 단숨에 져버리

는 벚꽃에 환호작약하는 모습에서도 단발성 문화의 그림자가 한 자락 깔려 있는 것이다. 옳고 그름을 따질 수 없는 미학(美學)으로서….

고르덴위크 golden week ゴ-ルデン ウイ-ク

한국에서 널리 쓰이는 용어 가운데 일제(日製)가 범람한다. 생짜 일본말 찌꺼기가 그냥 그대로 남아 있는가 하면, 해방 이후 새롭게 들어온 신품종도 꽤 된다. 그 중에는 이재(理財)를 뜻하는 '재테크' 처럼 망측한 기형어마저 있다. 한자인 재물 재(財)와 영어 테크닉을 비벼놓은 단어가 어느 결에 이 땅에서까지 태연히 나돌아 다닌지 오래인 것이다.

우리 언론의 스포츠 뉴스에서 자주 대하는 진검승부 역시 마찬가지다. 사무라이들이 연습용 목도(木刀)가 아니라 진짜 검을 들고 승부를 가린다고 해서 '신켄쇼부(眞劍勝負)'라고 하는데, 그런 사실을 알고나 진검승부를 입에 올리는지 모를 일이다. 하기야 이제는 하도 비슷한 케이스가 널려 일일이 챙기는 것조차 부질없는 짓거리가 되었다.

황금연휴라는 것 또한 일제의 혐의가 짙다. 다만 일본에서는 영어 발음으로 고르덴위쿠(약칭 GW)라는 것만이 다르다. 영어사전에 나오지 않는 골든 위크(golden week)는 조어(造語)의 천재 일본인들이 만들어낸 일본식 영어인 것이다.

애초에는 극장가에서 사용되었다고 한다. 4월말부터 5월초 사이에 연휴가 이어지면서 입장객이 늘어나자 고르덴위쿠라 불렀다. 지금도 변함없는 이 무렵의 공휴일은 이렇다. 타계한 히로히토 천황의 생일을 기린답시고 4월29일은 쇼와노히(昭和の日), 5월3일은 헌법기념일, 4일은 미도리노히(緑の日), 5일은 어린이날이다. 여기에 토, 일요일이 섞이기 십상이므로 어지간한 기업들은 아예 일주일이나 열흘 동안 셔터를 내리고 만다.

영화계에서는 봄철 대목인 고르덴위쿠와는 별도로 가을철 대목을 시루바위쿠(silver week)라 불렀다. 문화의 날인 11월3일을 전후한 연휴를 가리켰는데, 그런 작명의 유래는 골드(金)와 어울리는 실버(銀)였거나, 은막(銀幕)의 원어인 실버 스크린(silver screen)에서 짜낸 것이 아닐까 추측할 뿐이다. 단지 고르덴위쿠가 1950년대 초부터 일반화된 데 비해, 시루바위쿠는 이제 거의 쓰는 이가 드문 사어(死語)로 전락했다.

GW가 되면 일본인들은 손에 손을 잡고 나들이에 나선다. 흥미로운 사실은 민족 대이동을 방불케 하는 고루덴위쿠 나들이가 남이 무엇을 하면 따라서 하는 일본인의 집단성으로 풀이되기도 한다는 점이다.

그 같은 고루덴위쿠의 모난(?) 풍경 한 가지, 국민들 사이에 놀자판이 벌어지는 모습을 곁눈질하면서 총리를 위시한 각료와 고위 정치인들은 곧잘 공무(公務)로 외국 방문길에 오른다. 진정 서민들은 쉴 때 일하는 것이라면, 가히 성실한 공복(公僕)으로 칭찬받아 마땅하겠다.

낭만과 번화, 그리고
멋쟁이들의 특구(特區)

긴자 銀座 ぎんざ

서울의 명동, 도쿄의 긴자라고나 할까. 둘 다 한 시절을 상징하던 낭만의 거리요, 번화가의 대명사였다. 하지만 장강(長江)의 뒷물이 앞물을 밀어낸다는 중국 속담처럼 이제는 두 곳 다 뉴 패션의 으뜸 자리를 내놓지 않았나싶다. 명동은 강남 쪽에, 긴자는 롯본기(六本木)나 시부야(渋谷)에….

그러나 한 시절 시인묵객들 아지트 같았다는 명동의 환골탈태에 비하자면 긴자는 여전히 고급스럽고 클래식한 풍모를 당당히 지켜나간다. 긴자라는 이름의 유래는 멀리 도쿠가와 막부(德川幕府)가 통치하던 에도시대 초기로 거슬러 올라간다. 1612년 이곳에 은화 주조소(銀貨鑄造所) 은좌(銀座, GINZA)를 설치한 것이 출발이었다. 당시 금화 주조소였던 금좌(金座, KINZA) 역시 이웃에 있었으나 웬일인지 골드(gold)는 사라지고 실버(silver)만 살

긴자 5번지의 복합 쇼핑몰 긴자식스.

아남았다.

긴자가 근대적인 쇼핑의 거리로 꾸며진 것은 메이지유신 5년째이던 1872년이었다. 이 해 일어난 큰불로 긴자가 폐허로 변하자 메이지정부는 토지를 강제 수용하여 서구 스타일의 멋진 거리 건설에 착수했다. 개항과 더불어 외국과 맺었던 불평등조약 개정을 앞두고 수도의 외관부터 새롭게 단장하겠다는 의도였다고 한다.

건설 책임자도 외국인을 초빙했다. 3년에 걸친 공사를 맡은 토마스 워틀스라는 이름의 이 건축기사는 아일랜드 출신 영국인이라는 사실 외에는 지금껏 정확한 출신 내력이 전해지지 않는 수수께끼의 사나이다. 그는 신바시(新橋)로부터 교바시(京橋)에 이르는 1킬로미터 가로(街路)를 프랑스 파리 식으로 본뜨고, 건축물은 기둥이 발코니를 떠받치는 조지 왕조 풍의 런던 스타일로 만들어 전혀 새로운 긴자를 창조했다.

그렇게 공들여 일군 아름다운 긴자를 망친 것은 도쿄를 중심으로 한 간토(關東)지역을 급습했던 1923년의 대지진이었다. 모든 것이 무(無)로 돌아갔다. 지금의 긴자는 그 후 다시 일으켜 세운 것이니까 일본 최초의 서구식 거리 모습은 이제 박물관에 걸린 사진에서 찾을 수밖에 없다.

개화의 상징이었던 곳 긴자, 일본 전국 각지에 동명(同名)의 거리가 자그마치 490여 군데나 잇달아 생겨났다는 사실이 명소의 옛 영화를 증언해준다.

취업 빙하기가 배태한
이색 밥벌이

후리타 フリーター

「헤아」 항목에서 따로 다룰 테지만, 이 지구상에서 일본인들만큼 외래어를 즐기는 민족은 다시없다. 얼마든지 잘 통하는 자국어는 외면하고 일쑤 외국어를 들이댄다. 〈아사히신문〉 인기 칼럼 「천성인어(天聲人語)」를 읽다가 이런 대목에서 배꼽을 잡았다.

> 편의점이나 주점에 놓여 있는 무료 구인(求人) 정보지는 페이지마다 스태프 대모집이다. 배달이 아니고 딜리버리 스태프, 경비(警備)는 세큐리티 스태프, 창문 청소는 윈도우 클리닝 스태프란다.

좀 부풀리자면 일본에서는 날만 새면 새로운 가타카나어(カタカナ語), 즉 외래어가 탄생한다. 그런 단어를 접하노라면 그네들이

야 익숙할지 몰라도 외국인들로서는 여간 낭패가 아니다. 곁에 놓인 일본어사전을 뒤적여 보았자 나올 리 만무하니 더욱 난감하다.

후리타(フリーター) 역시 그런 외래어의 하나였다. 끙끙거리면서 어원 찾기 여행에 나섰다. 인터넷에 올라 있는 여러 사전류를 들여다본 끝에 발견한 영어 표기는 이랬다.

freeter = a job-hopping part-time worker

이 정도로는 도무지 얼른 와 닿지 않는다. 다시 이 사이트, 저 사이트를 기웃거리다 간신히 임자를 만났다. 출판사 산세이도(三省堂)가 펴낸 『신어사전(新語辞典)』, 거기에 비교적 자상한 설명이 나와 있다.

> 영어 free와 독일어 arbeiter의 합성어. 정해진 직장에 취직하지 않고 아르바이트로 생계를 이어가는 사람. 취로 의식의 변화에 따라 일하는 방식의 하나로 정착됨.

그래도 미심쩍어 후리타를 검색어로 친 뒤 여러 홈페이지를 뒤지던 중 익명의 일본인이 올려놓은 안성맞춤의 정의를 찾아냈다. 살짝 손질하여 옮기자면….

그것은 직업의 하나로 확립되었다. 후리타를 하는 까닭이 무엇인가? 자신의 꿈을 실현하느라 정해진 직장에는 얽매이지 않지만, 먹고 살아가기 위해 돈벌이를 해야 하는 사람이 있다. 반면 고용주 측에서는 정규 직원을 채용하기보다 후리타 쪽이 재정 면에서 득이 된다고 여기는 경우가 숱하다. 양쪽 다 일리가 있으므로 당사자가 좋다면 하등 말릴 일이 아니다.

드디어 2018년 봄, 〈주간 다이아몬드〉가 특집기사와 함께 후리타 명명 당사자로 자처하는 인물 인터뷰를 실었다. (주)리크루트가 발행하던 아르바이트 소식지 전(前) 편집장으로, 그가 1985년 처음 후리타라는 용어를 만들어 썼다고 주장했다. 기사에 적시된 "취업 빙하기에 학교를 나와 후리타로 전락한 제1세대가 이미 쉰 줄을 넘겼다"는 대목에 눈길이 갔다.

후생노동성 자료에 의하면 피크였던 2003년 217만 명을 헤아리다가 2009년에는 178만 명으로 줄었다. 나이별로는 20대가 근 80%를 차지했다. 그렇게 후리타에 적응한 얼마 후 또 하나의 외래어가 얼굴을 내밀었다. 니트(ニート).

이건 대체 무언가? 학교를 다니지도 않고, 일도 하지 않으며, 직업훈련도 받지 않는 사람이란다. 그렇다면 이쪽은 후리타보다 질이 나쁘다. 어원은 영국정부가 노동정책상의 인구 분류로서 규정한 용어 'Not in Education, Employment or Training'에서 따온 모양이었다.

이들의 숫자마저 들추기는 다소 민망스럽지만, 궁금해 할 독자들 편에 서기로 하자. 내각부(內閣府) 추계로는 2005년 시점에서 15세 ~ 34세 니트가 80만 명쯤이었다. 여기에는 집안일을 돕거나 입원 환자가 포함되었다니 정확도가 떨어진다. 그래서 후생노동성 2012년 조사에서 밝혀진 63만 명이 한층 접근된 수치로 여겨진다.

OECD 2007년 통계를 인용한 자료 한쪽 구석에 실려 있는 "한국 청년(15~29세) 6명 가운데 1명이 니트여서 평균을 크게 웃돈다"는 글에 실소(失笑)가 나왔다. 대졸 실업자가 수두룩한 우리의 딱한 현실, 2020년 도쿄올림픽을 코앞에 둔 일본에서는 이제 구직난이 아닌 구인난(求人難)이 심각하다는 뉴스가 들려오니 후리타나 니트 같은 낱말도 곧 시야에서 사라질지 모르겠다.

'배달의 민족'은
따로 있다

닷큐빙 宅急便 たっきゅうびん

일본 길거리를 달리는 트럭 가운데 새끼를 입에 문 검은 고양이가 마스코트로 그려진 색다른 화물 운송 차량이 종종 목격된다. 회사 이름은 야마토운수(ヤマト運輸). 홈페이지를 읽어보니 1919년에 트럭 4대로 사업을 시작한 모양이다. 당시 일본의 트럭 숫자가 통틀어 204대였다는 통계도 나와 있다.

2대 사장으로 취임한 창업자의 아들, 그는 어느 날 아들이 입던 양복을 지방에 사는 조카에게 보내주려고 작정했다. 그런데 방법이 마땅찮았다. 일부러 철도역으로 가서 수화물로 부치든가, 아니면 우체국 소포를 이용하는 수밖에 없었다. 우체국 소포는 무게 제한이 6킬로그램이었다. 명색이 화물 운송회사 사장 처지에 옷 한 벌 손쉽게 부치지 못한다니!

한국에도 진즉 뿌리내린 택배(宅配), 일본 택배의 대표 주자인 닷큐빙은 이런 계기로 생겨났다. 1976년 1월, 전화 한 통화면 달려감, 1개라도 됨, 이튿날 배달, 싼 운임, 간결한 포장이라는 다섯 가지 캐치프레이저를 내걸고 출발했다.

첫날은 단 11개뿐이었단다. 그게 지금은 기하급수로 늘어나고, 여러 경쟁업체들이 덩달아 이 블루오션에 뛰어들었다. 일본정부(국토교통성) 자료에는 2015년도 전체 택배 물량이 약 37억4천500만 개, 그 중 닷큐빙이 17억3천만 개로 1위였다.

동작이 날랜 고양이처럼 고객이 맡긴 화물을 잽싸게 배달하겠다는 의지를 담은 마스코트. 그래서인지 이 회사의 고양이 사랑은 유별난 것으로 소문났다. 사원들은 회사 통근 버스를 '고양이 버스'라 부르고, 사원용 목욕탕도 '고양이 목욕탕'이란다. 한동안 내보내던 텔레비전 광고 문구 역시 '택배는 고양이로!'였다.

2019년에 창사 100주년을 맞는 야마토운수. 세계 3대 운송업체로 꼽히는 DHL이나 UPS, Fedex보다 반세기는 더 역사가 오래되었다. 「사상(思想)을 견실하게, 예절을 중시하라」는 것은 이 회사의 튀는 사훈(社訓) 가운데 하나다.

이 같은 택배의 번영과는 거꾸로 역사 속으로 사라진 짐꾼도 있다. '아카보(赤帽)'가 그렇다. 아카보는 말뜻 그대로 빨간 모자를 가리킨다. 1897년 11월, 도쿄 신바시역(新橋驛) 플랫폼에서 빨간 모자를 쓰고 여행객들의 수화물을 옮겨주던 심부름꾼, 포터(porter)가 생겨난 이래 붙여진 이름이다. 수고비는 짐 숫자와 상관

없이 1회 2전(錢), 어림짐작으로 메밀국수 한 그릇 값이었다.

전성기였던 1940년경에는 도쿄역에만 80명 가까운 아카보가 부지런히 오갔고, 전국적으로는 1천 명을 헤아렸던 것으로 전해진다. 그러다 내리막길로 치달았다. 바퀴 달린 여행가방의 유행도 큰 영향을 미쳤다니 이를 어쩌나!

기록으로는 2000년 우에노역(上野驛), 이듬해에는 도쿄역에서도 아카보가 자취를 감추었다. 그 후 2006년 중서부 지방 오카야마(岡山) 역에서의 영업 종결로 완전히 막을 내렸다.

그나마 이름만은 간신히 살아남았다. 전국아카보경(輕)자동차운송협동조합연합회라는 긴 명칭을 가진 소형 운송업 관련 개인사업자들의 모임, 이를 통칭 '아카보'라고 부른단다.

2018년 현재 전국 44개 협동조합에 소속된 조합원 9천여 명, 차량 1만1천여 대가 방방곡곡을 구석구석 누비고 다닌다. 「하주(荷主)님의 마음을 운반하는 아카보」라는 슬로건 아래 어언 40여 년 역사를 적어가는 후발(後發) 아카보. 홈페이지의 헤드카피가 하필(!) 영어로 「The big trust a small Akaboucar has」였다. 작은 아카보 차량이 가진 큰 믿음이라는 뜻이렸다!

다카라쿠지 宝くじ, たからくじ

2018년 정초, 난데없는 복권 열기가 불어 닥쳤다. 진원지는 미국. 양대(兩大) 복권이라는 파워볼(PowerBall)과 메가밀리언(Mega Millions)이 잇달아 당첨자가 나오지 않아 당첨금이 엄청나게 불어 우리 돈으로 4천억 원대까지 치솟았다는 뉴스로 인해서였다.

복권의 역사는 멀리 로마시대로 거슬러 올라간다고 했다. 누군가는 15세기 중반 네덜란드가 요새(要塞) 구축 자금 조달을 위해 팔기 시작한 것을 근대적인 복권의 출발로 치기도 한다.

사방에 돈 놓고 돈 먹기 식 파친코 점포가 널린 일본에서는 언제쯤 복권이 생겼을까? 제설분분(諸說紛紛)하나 에도시대 유행한 도미쿠지(富籤)가 원조로 여겨진다. 글자 뜻으로는 '부자 뽑기'인데, 오래된 신사나 사찰이 낡은 건물 수리비를 마련하느라 시작한 모양이다.

정황 증거도 있다. 오사카에 있던 류안지(瀧安寺)라는 절에서 설날 이레 동안 신도들로 하여금 자신의 이름을 적은 지저깨비(木札)를 장롱처럼 생긴 궤짝에다 집어넣게 한다. 마감 날 스님이 송곳으로 세 번을 찍어 뽑아낸 당첨자에게 행운의 부적을 주었다는 것이다. 그 후로는 이름을 쓰는 대신 미리 번호가 적힌 표를 팔아 당첨금을 제한 나머지를 챙겼다니 영판 지금의 복권이다.

요즈음 유명 신사에서 종종 목격되는 광경, 관광객들이 잔뜩 호기심 어린 표정을 지으며 제비뽑기로 운세를 점친다. 오미쿠지(御神籤)다. 이 역시 알맹이는 다를 바 없다.

재미 삼아 100엔 혹은 200엔을 내고 제비를 뽑는 건 그렇다 치고, 그래서 '대흉(大凶)'이라고 적힌 쪽지를 대하고 기분 좋을 이는 없다. '대길(大吉)'이 나올 때까지 몇 번씩이고 되풀이하니 손 안 대고 코 풀 듯 신사의 수입만 짭짤해진다.

객쩍은 해프닝도 있었다. 무모하게 벌인 태평양전쟁 끝에 패색이 짙어가던 1945년 7월, 일본 정부는 쪼들리는 전쟁 비용을 긁어모을 목적으로 '이길 승(勝)'을 붙여 작명한 복권 가치후다(勝札)를 한 달 동안 팔았다. 유력 일간지에 이런 내용의 광고를 실어 호객(呼客)에 안간힘도 썼다.(〈아사히신문〉 8월 11일자)

기필코 이기기 위한 가치후다를 당신은 이미 샀나요? 이제 곧 추첨하는 날, 1등 10만 엔의 행운을 움켜쥘 권리는 당신에게도 있답니다. 그런 거금을 어디에 쓰느냐고 걱정하기 전에 가치후다를 사서 전력(戰力) 증강, 당첨되면 당신의 전의(戰意) 앙양! 쓸 데는 얼마든지 있습니다. 머뭇거릴 때가 아닙니다.

은행원 첫 월급이 80엔이던 시절, 가뜩이나 오랜 전쟁으로 찌들대로 찌든 살림살이에 한 장 10엔짜리 복권에 선뜻 손이 나갈리 없었으리라. 하필 판매를 마감하는 날 라디오를 통해 들려온 천황의 무조건 항복 선언. 가치후다를 산 사람들은 이기는 패가 아니라 지는 패라는 비아냥을 담아 '마케후다(負札)'라며 야유를 보냈다고 한다. 비록 전쟁에는 졌으나 약속은 약속, 열흘 후 추첨하여 당첨금을 지급했다니 그나마 다행인가?

새로운 복권 다카라쿠지(宝籤)가 모습을 드러낸 것은 그로부터 두어 달이 지난 1945년 10월29일이었다. 한국의 주택복권이 주택난 해소를 위한 고육지책이었듯, 다카라쿠지는 폐허로 변한 나라를 일으켜 세우기 위한 궁여지책이었다. 나라의 패망으로 절망에 빠진 서민들로서는 '보물 뽑기'라는 뜻의 다카라쿠지에서 진짜 보물을 찾기라도 하듯 희망을 걸었던가 보다. 잘 팔려나갔다.

사죄, 최근 다카라쿠지가 너무 잘 팔려 추첨 2, 3일 전이면

절품(切品)되어 여러분이 구입하지 못하니 대단히 죄송합니다. 다카라쿠지는 여러분의 꿈이기도 하오니 구입하실 때에는 한 분이 2장쯤만 사주시면 고맙겠습니다.

1963년 12월, 일본 전역의 복권 판매소에 나붙은 안내문이다. 발매 은행이 이런 호소문을 게시해야할 만큼 붐을 이루었다. 1등 당첨자에게는 10만 엔의 상금과 함께 덤으로 캘리코우(calico, 옥양목) 2탄(反)을 주었다. 경척(鯨尺)으로 1탄은 어른 옷 한 벌의 옷감이며, 2탄이 한 필(疋)이다.

다카라쿠지 공식 홈페이지에 의하면 그 무렵 일본 물가는 쌀 한 되가 암시장 가격으로 70엔, 무 1관이 8엔, 6평짜리 조립주택이 1천500엔이었다고 한다. 1등 당첨금의 가치를 짐작하고 남는다. 게다가 노름판의 개평처럼 '꽝'이 된 다카라쿠지 4장을 가져가면 담배 10개비를 거저 주며 달랬다니 울어야 하나 웃어야 하나!

붐은 그렇게 해서 서서히 불붙었다. 돈 가치 하락에다 가정주부와 젊은 팬들이 급격히 늘어난 것이 다카라쿠지 열풍을 부채질했다. 1976년 12월에는 급기야 '점보 다카라쿠지'라고 부추기면서 1등 1천만 엔짜리를 팔았다.

사고도 뒤따랐다. 명당으로 소문난 도쿄 고라쿠엥(後樂園) 판매소에는 8천여 명이 밤을 꼬박 새우며 긴 행렬을 이뤄 경찰 기동대가 출동해야 했다. 지방에서는 매표 와중의 혼란으로 수십 명이

죽고 다친 불상사마저 빚어졌다.

다카라쿠지는 지금도 쉴 새 없이 진화하고 있다. 점보 다카라쿠지도 시기 별로 발렌타인 점보, 썸머 점보, 연말 점보 등으로 가지를 치며 유혹의 손길을 뻗친다. 2013년부터는 1장에 300엔과 200엔으로 나뉜 로또(최고 당첨금 6억 엔)가 나왔다. 또 그 이듬해부터는 컴퓨터나 스마트폰, 휴대폰으로 구입이 가능한 인터넷 로또가 생겨 젊은 층의 주머니를 턴다.

뭉떵 세금을 떼는 다른 나라 복권과 달리 당첨금을 고스란히 안겨주는 다카라쿠지. 그런데도 왕년의 열기는 점점 사라지고 사양길에 접어들었다는 소식이다. 하기야 까마득한 당첨 확률을 알아차린 이들이라면 질겁하고 달아나지 않을 리 만무하리라.

셋째 마당

문화 · 생활 · 스포츠

밀리언셀러가 된
문고 책

이와나미분코 岩波文庫 いわなみぶんこ

옛날 서적을 보관하는 창고를 순 일본어로 후미쿠라라고 했다. 서고(書庫)였다. 그런데 후미에는 한자 문(文), 쿠라에는 고(庫)를 가져다 붙여 분코(文庫)라는 일본식 한자 용어를 만들어냈다. 13세기 말에 세워진 최고(最古)의 무가(武家) 서책 보관소인 가나자와(金澤)분코가 그렇다.

그 같은 문고에 새로운 뜻이 가미되었다. 세계적인 고전 명저를 싼 값에 제공하는 책을 문고 또는 문고본이라 불렀던 것이다. 한마디로 소형·염가·보급판이었다. 몇 차례 발전 단계를 거쳐 일본에서 발간되는 책 가운데 문고가 차지하는 비율이 대략 30%에 이를 만큼 적중(的中)했다.

효시는 도미산방(富山房)이란 이름의 출판사가 1903년 선보인 수진(袖珍) 명저 문고였다고 한다. 세계적으로는 1867년 독일에서 간행된 레크람 문고가 가장 빨랐던 모양이다.

비록 출발은 늦었으나 일본에서 문고 붐을 일으킨 장본인은 출판사 이와나미서점(岩波書店)이 1927년 7월10일에 펴낸 이와나미분코(이하 문고로 표기함)였다. 저명한 소설가 나쓰메 소세키(夏目漱石) 장편소설 『마음』(こころ)을 위시한 일본 문학 작품과, 톨스토이의 『전쟁과 평화』, 고대 그리스 철학자 플라톤이 지은 『소크라테스의 변명』 등 한꺼번에 22권을 발간했다. 닷새 뒤에는 칸트의 『실천이성비판』이 목록에 첨가되었다.

이후 이와나미 문고는 끊임없는 지성의 자양분을 일본인들에게 제공했다. 픽션과 논픽션을 망라하여 호주머니 사정이 여의치 않은 학생층과 청년 지식인들에게 고전으로부터 사상, 문학, 과학의 너른 지평을 열어주었다.

분야별로 띠지 색깔을 달리하여 구분했다. 빨간색은 외국문학, 녹색은 일본문학, 흰색은 사회과학, 푸른색은 철학과 역사, 노란색은 일본고전이었다.

발간 당시 책값은 검은 별표로 표시했다. 가령 『마음』은 별 2개로 40전, 『전쟁과 평화』(1권)는 별 5개로 1엔이라는 식이었다. 그 무렵 물가는 메밀국수 한 그릇이 10전, 카레라이스가 20전, 맥주 큰 병이 40전이었다고 한다. 초등학교 교사 초봉이 50엔, 은행원은 70엔이었다니 얼추 가늠할 수 있으리라.

농부의 아들로 태어나 1913년 이와나미서점을 창업한 이와나미 시게오(岩波茂雄)는 노동은 신성하다는 신념을 지니고 청경우독(晴耕雨讀)의 전원생활을 바랐다고 한다. 이 출판사 심벌마크가 밀레 그림 「씨 뿌리는 사람들」인 까닭도 거기에 있다.

제2차 세계대전 패전 후 궁핍했던 시절에도 지식인의 둘도 없는 반려가 되었던 이와나미 문고. 창간 80년을 맞은 2007년 여름까지 총 발간 타이틀이 무려 5천400여 종에 발행 부수 3억5천만 부였다. 이와나미 문고 편집부 공식 트위트에는 '2018년 4월 현재 약 6천 종'이라고 하니 그새 많이 불었다.

출판사 측이 밝히는 문고 베스트5는 1위가 『소크라테스의 변명』이었다. 뒤를 이어 나쓰메 소세키 중편소설 『도련님』(坊っちゃん)이 2위, 『마음』은 5위에 올랐다. 3위는 프랑스 사상가 겸 소설가 장 자크 루소(Jean Jacques Rousseau)가 소설 형식으로 쓴 교육론 『에밀』, 그리고 4위는 『논어(論語)』였다(2016년 12월).

이 모두가 100만 부 이상이 판매된 밀리언셀러라고 하니 가히 '문고 왕국' 일본의 진면목이 여실히 드러나는 셈이다.

최고 영예의
신인 문학상

아쿠타가와쇼 芥川賞 あくたがわしょう

한국에 동인(東仁)문학상, 이상(李箱)문학상 등 각종 문학상이 지천으로 널려 있듯이 일본에도 문학상은 쌨고 쌨다. 하지만 군계(群鷄)에는 일학(一鶴)이 있을 터인즉, 아쿠타가와쇼(芥川賞)가 닭 중의 학이란다면 좀 지나친 아부일까?

> 적어도 내 경우에는 (자살의 동기가) 다만 어렴풋한 불안이다.

1927년 7월24일, 이런 알쏭달쏭한 유언을 남기고 도쿄대학 영문과를 나온 서른다섯 살 천재작가가 자살로 생을 마감했다. 용띠해의 진월(辰月) 진시(辰時) 진각(辰刻)에 태어났다고 해서 이름에 용(龍)자가 들어갔다는 아쿠타가와 류노스케(芥川龍之介). 대표작 「나생문(羅生門)」 「하동(河童)」 「암중문답(闇中問答)」 등등.

그가 죽자 가슴을 치며 통곡한 이가 한둘이 아니었으나 고교 동창이자 함께 동인활동을 했던 기쿠치 히로시(菊池寬)의 슬픔에는 비길 바가 아니었다. 몇 해가 흐른 1935년, 기쿠치는 아쿠타가와를 기리는 문학상을 제정했다. 통속소설이 아닌 순문학 쪽에서 장래가 촉망되는 신인을 발굴한다는 취지였으며, 그가 1923년 창간한 잡지 〈분게이슌주(文藝春秋)〉가 설립한 공익 재단법인 일본문학진흥회에서 주관한다.

그와 함께 대중문학 분야의 신진 및 중견작가에게 주는 나오키쇼(直木賞)도 제정했다. 이쪽은 「남국태평기」를 쓴 나오키 산주고(直木三十五)가 대중문학에서 일군 선구적 공적을 기념하기 위한 것이었다. 두 상 모두 일본 패전의 해인 1945년도에 중단되었다가 5년 뒤 부활했다.

근년 들어 두 문학상 수상작의 경계가 모호해졌다는 지적이 나오자 일본문학진흥회가 확실하게 선을 그었다. 선고(選考) 대상을 아쿠타가와쇼는 '문학잡지나 동인지에 발표된 신진 작가의 중·단편 순문학', 나오키쇼는 '신진, 중견 작가가 쓴 엔터테인먼트 작품의 단행본'이라고 못 박은 것이다.

한해 상·하반기 두 차례에 걸쳐 뽑는 아쿠타가와쇼(수상자가 없는 경우도 있다)는 2018년 정월 158회 째 수상작을 발표했다. 그동안 노벨 문학상 수상작가 오에 겐자부로(大江健三郎)를 비롯하여 일본 문단을 주도하는 많은 소설가를 배출했다. 그런지라 수상과 얽힌 이야깃거리도 적지 않다.

일본 문단에서 가장 먼저 떠올리는 에피소드는 제1회 심사 결과를 둘러싼 잡음이었다. 그 무렵 이미 필명이 난 다자이 오사무(太宰治)가 응모했다가 미역국을 마셨다. 마약 중독이었던 다자이는 약값을 대느라 상금 500엔이 꼭 필요했다.

심사위원이던 가와바타 야스나리(川端康成)가 수상작 발표 후 〈분게이슌주〉에다 다자이의 탈락 이유를 "작가는 목하 생활에 미심쩍은 점이 있는지라 재능을 곧이곧대로 발휘하지 못한 안타까움이 있었다"고 썼다(1935년 9월호).

다자이가 발끈했다. 다른 잡지 〈분게이쯔신(文藝通信)〉 10월호에 반박문을 기고했다. "나는 분노에 타오른다.(…) 토스토에프스키 같은 몹시 착란된 (가와바타의) 애정이 내 몸을 처절하게 달궈 놓았다." 다음 달 똑같은 잡지에 가와바타가 재반론했다.

"다자이 씨는 (심사)위원회가 돌아가는 형편 따위는 모른다고 말할지 모른다. 모르면 더더욱 터무니없는 망상이나 그릇된 추측은 하지 않는 게 낫다."

참 딱한 것은 그렇게 주거니 받거니 다툰 뒤 제3회 아쿠타가와쇼에 또 응모한 다자이가 이번에는 "부디 잘 부탁한다"는 편지를 가와바타에게 보내 애걸복걸했다는 사실이다. 어지간히 마약이 당겼고, 돈이 급했던 모양이다.

이색 수상자도 여럿 나왔다. 2016년 상반기 수상작 「콤비니 인간」은 편의점에서 아르바이트하는 여성이 쓴 작품이어서 큰 화제를 뿌렸다. 또 바로 그 한 해 전에는 유명 개그맨이 수상하여 작품집이 단숨에 아쿠타가와쇼 수상작 가운데 최고 베스트셀러를 기록했다(229만 부). 단, 문고판까지 합칠 경우 무라카미 류(村上龍)의 『한없이 투명에 가까운 블루』(1976년 수상)의 354만 부가 여전히 1위에 올라 있다.

반면 수상쩍은 면도 있다. 오늘날 한국에서는 두말할 나위조차 없고 국제적으로도 명성이 자자한 소설가, 그래서 일본의 세 번째 노벨문학상 수상자로 유력시되는 무라카미 하루키(村上春樹)가 이 상과 인연이 없었다는 사실이다. 여류작가 요시모토 바나나(吉本ばなな)도 마찬가지인데, 그 정확한 이유를 속 시원하게 대는 일본인이 유감스럽게도 내 주위에는 없다.

이밖에도 아쿠타가와쇼에는 별난 전통이 있다. 우선 심사 장소가 벌써 반세기 넘게 똑같다. 도쿄에 있는 일본 3대 요정의 하나 신기라쿠(新喜樂)다. 같은 날 같은 시간에 1층에서는 아쿠타가와쇼, 2층에서는 나오키쇼 심사가 진행된다.

1875년 창업했다는 신기라쿠에는 만주 하얼빈에서 암살당하기 전 이토 히로부미가 자주 들락거렸던 모양이다. 그런 인연으로 그가 쓴 글씨를 새긴 석비(石碑)가 요정 뜰에 세워져 있다고 한다.

아쿠타가와쇼 심사위원은 본인 스스로 물러나지 않는 한 종신

(終身)인 것도 전통이다. 현재로는 노벨문학상 수상 이후 심사위원을 사양한 오에 겐자부로(大江健三郎)와, 우익 정치가로 더 잘 알려진 이시하라 신타로(石原愼太郎)가 작품 수준이 자꾸만 떨어져 진절머리가 난다면서 스스로 심사위원 명패를 집어던졌다.

아쿠타가와쇼가 수상자에게 본상(本賞)으로 회중시계를 주는 것도 변치 않는 관행이다. 부상(副賞)으로 주는 상금이 100만 엔이다. 다자이가 노리던 첫 회 상금 500엔이 현재 가치로 2천 배 가량 뛴 셈이긴 하지만 그리 큰 액수는 아니다. 하기야 수상작 발표가 텔레비전으로 생중계되고, 수상자는 일약 스타덤에 오르면서 작품집이 대번에 베스트셀러가 되는지라 돈 몇 푼 따질 계제가 아니다.

그건 그렇고, 역대 수상자 리스트를 뒤적이노라니 4명의 한국인 이름이 등장한다. 이회성(李恢成)과 이양지(李良枝), 유미리(柳美里), 그리고 현월(玄月). 이회성은 「다듬이질하는 여인」, 이양지는 「유희(由熙)」, 유미리는 「가족 시네마」, 현월은 「그늘의 집」으로 영예를 안았다.

현월이 수상한 지 벌써 20년이니 언제나 또 반가운 뉴스가 해협(海峽)을 건너오려나? 무척 기다려진다.

19세기 유럽에 일본 바람을 불러일으키다

우키요에 浮世絵 うきよえ

청일전쟁을 취재하기 위해 한반도로 달려온 외국기자 중 조르주 비고(Georges Bigot)라는 프랑스인이 있었다. 그는 1894년 8월 30일 부산에 도착하자마자 그린 3장의 그림과, “부산은 쓸쓸하고 조그만 항구이며 산에는 나무도 별로 없어서 불모지처럼 보인다”는 내용의 인상기를 〈르몽드 일뤼스트레(Le Monde Illustré)〉에 부쳤다.

기자가 그림을 그렸다는 게 이상할지 모르나 비고는 본업이 화가였다. 게다가 당시로서는 어디 없이 그림이 사진을 대신하고 있었다.

비고는 파리에서 열린 만국박람회에서 본 우키요에에 반하여 22세 때인 1882년 일본으로 건너갔다. 도대체 우키요에가 무엇이기에 그토록 이국 청년의 마음을 사로잡아 그 후 통산 18년 동안이나 일본에서 머물게 만들었을까?

> 숭고한 종교적 장면도 아니요 극적인 역사의 정경도 아닌, 극히 흔해빠진 서민들의 인생 단면을 흡사 스냅 사진처럼 잘라낸 풍속화. 이념적이고 관념적인 가공의 산수가 아니요, 평소 눈에 익은 실경(實景)을 일상적인 시각의 인상으로 다가서서 붙잡은 풍경화. 그리고 사계의 꽃이나, 그것과 시적(詩的)으로 연계된 새나 벌레를 그려 몸 가까이에 있는 자연을 벗 삼은 화조화(花鳥畵).

언젠가 나고야(名古屋) 시립박물관에서 열렸던 「메트로폴리탄 미술관 우키요에 명품전」 도록에 적힌 가쿠슈인(學習院)대학 고바야시 다다시(小林忠) 교수의 설명이다. 시기적으로는 에도시대에 발달했으며 육필화로 시작, 1765년 다색 판화인 니시키에(錦繪)가 나오면서 황금기를 이뤘다고 한다.

우키요에의 진가는 19세기 중반 파리에서 살던 인상파 화가들에 의해 먼저 발견되었다. 반 고흐(Vincent Willem van Gogh), 모네(Monet), 드가(Degas)를 비롯한 숱한 화가들이 유럽에 수출된 일본 도자기 포장지로 사용된 우키요에의 빼어난 소묘에 얼이 빠질 지경이었다. 화가뿐 아니라 작곡가 드뷔시(Debussy)는 우키요에를 감상하면서 관현악곡 「바다」를 작곡했을 정도였다.

다른 주장도 있긴 하다. 그동안 프랑스 화단(畵壇)을 지배해온 그림 스타일에 질려 새 것을 찾던 젊은 예술가들이 우키요에를 보고 한눈에 빠져들었으며, 이후 이들을 인상파라 명명했다는 것이다. 그러니까 선후가 바뀌었다는 주장이다. 당대 프랑스 미술비평가 에르네스트 셰노(Ernest Cheneau)는 1878년 출간한 저서 『파리 속의 일본』에 이렇게 적었다.

> 열광이 모든 아틀리에를 도화선(導火線)을 타고 전해지는 불길 같은 빠르기로 휩쌌다. 사람들은 의외의 구도, 교묘한 형상, 풍부한 색조, 현란한 회화 효과라는 독창성과 더불어 그런 효과를 얻기 위해 사용한 수법의 단순함을 칭찬하느라 지칠 줄도 몰랐다.

파리를 중심으로 퍼져나간 열풍, 자포니즘(japonisme)은 그 같은 새로운 문화현상의 상징어였다. 요즈음 유행어에 빗대자면 한류(韓流) 아닌 일류(日流)인가? 이 언저리에서 유독 반 고흐가 주목받는 이유는 그의 우키요에 사랑이 유별났기 때문이리라. 흔히 듣게 되는 이야기-- 반 고흐는 살아생전 제 작품은 딱 1점 밖에 팔지 못하면서 닥치는 대로 우키요에를 사들였다--는 것은 과장된 풍문이라고 한다.

자살로 인해 활동 기간이 짧았기에 미처 두각을 드러내지 못

널리 알려진 호쿠사이의 대표작. 금방이라도 파도가 넘쳐 나올 듯 힘이 넘친다.

했을 뿐 팔린 작품이 몇 점 있었고, 우키요에 역시 후원자였던 친동생 테오와 함께 구입했다는 것이다. 암스테르담에 있는 국립 반 고흐미술관이 반 고흐 유화 200여 점, 소묘 500여 점과 함께 소장한 우키요에(약 500점)가 바로 그것이다.

자포니즘의 기폭제 역할을 한 대표적 우키요에시(浮世繪師, 우키요에 화가) 가운데 가쓰시카 호쿠사이(葛飾北齋)가 있었다. 여기저기 떠돌며 그림을 배운 그는 우선 우키요에 역사상 획기적 전환점을 마련했다. 오랫동안 자연을 그저 인물의 배경으로 삼던 것에서 벗어나 자연과 인간의 조화를 꾀했던 것이다. 특히 눈 덮인 후지산을 그린 대표작 「부악(富嶽) 36경(景)」에 민중들이 넋을 잃었다고 전해진다.

다른 우키요에시들도 그랬지만 30개가 넘는 호(號)를 썼던 호쿠사이. 나중에 가서는 풍경화를 버리고 화조화와 미인도로 방향을 튼 그의 작품은 지금도 연하장이나 그림엽서의 단골이다. 그렇게 서민들과 가깝다보니 일본 각지에 우키요에를 걸어둔 전시장도 흔하다.

그 중 호쿠사이가 태어난 도쿄 스미다(墨田)에 2016년 세워진 스미다호쿠사이미술관은 호쿠사이 작품을 상설 전시한다. 또 중부 나가노현(長野県) 마쓰모토(松本)에 1982년 개관한 일본우키요에박물관에는 그 지방 호상(豪商)으로 거부(巨富)였던 사카이(酒井) 가문에서 대대로 수집한 육필화 1천 점을 포함한 우키요에 10만 점을 소장, 최대급으로 꼽힌다.

호쿠사이는 나이 아흔에 눈을 감으면서 "하늘이 나를 10년만 더 살게 해준다면 참되고 바른 화가가 되었으련만…"하고 한탄했단다. 늙은이의 노욕(老慾)이었을까, 대(大)화가의 미련이었을까?

엔에이치케이 NHK エンエイチケイ

한국은 KBS, 영국은 BBC, 일본은 NHK다. 셋 다 민간 상업방송이 아닌 공공방송이다. 나이순으로 따지면 BBC보다 한 해 이른 1925년 라디오방송을 시작한 NHK가 형님이다. 이때 명칭은 사단법인 도쿄방송국이었다.

흑백텔레비전 방송은 BBC가 1937년으로 가장 빨랐다. 비록 일본 식민지였지만 KBS 전신(前身)인 경성(京城)방송 개국은 BBC와 같은 해였다.

KBS는 한국방송공사의 영문 표기(Korea Broadcasting System)에서 머리글자를 땄다. NHK는 다르다. 일본방송협회의 일본어 발음(Nihon Hoso Kyokai)에서 따왔다. KBS는 각 가정에서 내는 수신료에다 광고 수입을 합쳐 운영한다. NHK는 예산의 97%를 수신료로 충당한다(2017년도). 당연히 광고방송은 일절 없다.

그러니 결제 수단에 따라 한 달 1천300엔 안팎인 텔레비전 수신료가 살림살이의 전부라고 해도 틀리지 않는다. 호랑이 담배 먹던 시절 이야기로 들리지만 월(月) 1엔씩 받던 라디오 청취료는 1968년 폐지했다.

NHK는 종종 여론의 도마 위에 오른다. 직원들의 부정행위가 잇달아 폭로되어 가뜩이나 밉상이 된 마당에 수신료 징수를 에워싼 잡음마저 끊이지 않아서이다. 사실 이 문제에 관한한 NHK는 KBS나 BBC가 부러워 죽을 지경이다.

NHK는 징수원이 일일이 집집마다 발품을 팔아 수신료를 걷어야 하는 반면, 한국과 영국에서는 자동 징수가 행해지기 때문이다. 가지 많은 나무 바람 잘 날 없다고 불상사가 불거질 때마다 징수원에게 퇴짜를 놓는 가정이 늘어만 간다. 상대적으로 NHK의 시름은 깊어만 가고….

아무리 그렇기로서니 NHK를 빼고 일본의 매스 미디어를 논하는 것은 무의미하다. 물론 세계 일간신문 발행 부수 랭킹에서 〈요미우리(讀賣)신문〉과 〈아사히(朝日)신문〉이 1, 2위를 차지하는 등 유력 일간지들이 여론을 선도한다(세계신문협회 WAN 2016년). 그러나 서민들에게 곧장 다가서는 영향력에서는 방송매체, 그 중에서도 NHK 쪽이 앞자리에 설 수밖에 없다.

「1천 일 동안 1천만 가구」

21세기 벽두에 내건 NHK 슬로건이었다. 이미 1천500만 시청

가구를 돌파한 위성방송(BS)에 이어, 고화질(高畵質)·쌍방향·다(多)채널을 내세우며 새롭게 시작한 BS디지털방송이 세운 목표였다. 산하에 종합 텔레비전, 교육 텔레비전, 디지털 하이비전, 위성 제1·제2텔레비전, 라디오 제1·제2방송, FM방송, 국제방송(텔레비전 및 라디오) 등을 거느린 NHK가 온갖 데이터를 가득 담은 최첨단 디지털방송에 거는 기대가 1천 일, 1천만 가구였던 셈이다.

일본의 방송 역사는 콘텐츠에서나 하드웨어에서나 단연 NHK가 독주했다. 민간 라디오 개국은 정확하게 26년이 늦었다. 텔레비전은 양쪽 다 1953년으로 똑같았다. 참고로 KBS 텔레비전은 1961부터 방영되기 시작했다.

위성방송은 1989년 스타트했고, 잇달아 하이비전이 선보였다. 뉴욕 UN본부에서 2000년 열린 각국 정상들의 밀레니엄 서미트는 NHK 하이비전으로 총회장 내 300인치 대형 스크린에 선명하게 비쳐졌다. 그 뒤를 이은 것이 BS디지털방송이었다. 아날로그 방송은 2011년 완전 종료했다.

이제 2018년 12월부터 NHK가 새로운 시도를 한다. 산하 방송기술연구소가 개발해온 차세대 방송 미디어 슈퍼 하이비전(Super Hi-Vision)에 도전하는 것이다. 멀티채널의 3차원 음향에다 초고성능 고화질 텔레비전이다. 가로(橫) 해상도가 8천 픽셀(pixel)인 8K 슈퍼 하이비전은 2020년 본격 방송이 목표다.

「NHK는 공공방송으로서 자주와 자율을 견지하고, 건전한 민주주의 발전과 문화 향상에 보탬이 되며, 풍부하고 좋은 방송을 하는 것을 사명으로 삼는다.」

NHK 윤리·행동 헌장(憲章)이다. 국고(세금) 지원 없이 오로지 시청료에만 매달리는 이유이기도 하다.

고지엥 広辞苑 こうじえん

일본 출판계에서 이상한 싸움이 붙은 적이 있었다. 불황에도 아랑곳없이 불어 닥친 국어사전 시장 쟁탈전의 돌풍. 유명 출판사들이 앞다투어 뛰어들면서 촉발된 싸움의 양상은 흡사 춘추전국 시대를 연상시켰다.

세계적인 백과사전 『브리태니커(Encyclopaedia Britannica)』가 고고(呱呱)의 소리를 울린 것은 1768년, 영국 스코틀랜드 신사협회가 3권짜리를 내놓은 것이 시초였다. 1943년부터는 미국 시카고대학으로 판권이 넘어가 1960년판의 경우 모두 27권으로 엮어졌다.

프랑스 백과사전은 라루스서점을 창설한 문법학자 피에르 라루스(Pierre Larousse)가 1905년 『푸치 라루스(Le Petit Larousse)』란 이름으로 편찬했다. 이 사전은 보통명사를 모은 1부와 고유명사를 다룬 2부로 짜여졌다. 2005년에 100주년 기념판이 간행되었다는 소식이고, 현재 스페인어 판이 나와 있는 모양이다.

일본에서는 20세기 초엽 『대일본 국어사전』 『대언해(大言海)』 등의 국어사전이 발간되었다. 하지만 적지 않은 일본인들은 태평양 전쟁이 끝난 지 10년 만인 1955년, 출판사 이와나미서점(岩波書店)에서 초판이 나온 『고지엥』을 대표적인 국어사전으로 꼽는다.

물론 『고지엥』 역시 편자(編者)인 신무라 이즈루(新村出)가 예전에 간행했던 『지엥(辭苑)』을 증보한 셈이긴 하다. 그럼에도 20만 항목을 집대성함으로써 사전다운 사전이란 이미지를 독자들에게 안겨주었던 것 같다.

『고지엥』에는 전통 아닌 전통 한 가지가 있었다. 14년마다 개정판을 낸다는 사실이었다. 실제로 초판 이후 14년 만에 제2판이 나왔다. 1976년 보정판(補訂版)을 내긴 했으나 제3판은 제2판을 낸 지 다시 14년이 지난 1983년 발간되었다.

그런 전통이 제4판째 와서 깨졌다. 계산대로라면 1997년쯤 나와야 할 것이 여섯 해나 앞당겨 얼굴을 내밀었던 것이다. 출판사측 설명은 '국제정세의 급격한 변화를 수용하기 위해서'였다. 그렇지만 이 무렵 산세이도(三省堂)가 새 단어를 과감히 수록한 『다이지린(大辭林)』을, 고단샤(講談社)가 현대 감각에 맞춰 컬러풀하게 꾸민 『니혼고다이지텐(日本語大辭典)』을 들이밀어 시장 쟁탈의 전운(戰雲)이 감돈 탓도 작용했으리라.

그런 판국에 일부 우익 지식인들이 주동이 되어 『고지엥』은 좌파의 시각에서 만들어진 사전이라는 투의 흠집 내기 움직임마저 표면화된 탓으로 출판사로서는 전전긍긍할 수밖에 없었다. 그것을 상징적으로 보여주는 단어 하나의 변화를 예시해보자.

초판에서는 「위안부」라는 항목에다 '전선(戰線)의 부대를 따라가 장병을 위안한 여성'이라고 했다. 3판에서는 '전선 장병을 위안하는 여성'으로 바꿨다. 4판은 항목을 「종군위안부」로 구체화한 뒤 '일·중(日中)전쟁, 태평양전쟁 때 일본군 장병의 성적(性的) 위안을 위해 종군하도록 한 여성'이라 명기했다.

한창 한국과 일본 사이에 이 문제가 삐걱거리기 시작하던 시기였다. 그래봤자 이미 찍어낸 사전, 그냥 넘어갔다. 5판은 1998년에 나왔다. 「종군위안부」 항목은 오히려 한 발 더 나아가 '대다수는 강제 연행된 조선인 여성'이라고 덧붙여졌다.

우익들이 들고 일어났음은 불문가지(不問可知). 10년 뒤 펴낸 6판에서는 이 대목이 '식민지, 점령지 출신 여성도 많이 포함되었다'로 살짝 누그러졌다. 그럼 그로부터 다시 10년이 흐른 2018년 정월에 나온 7판(수록 단어 25만어)에는 어떻게 적어 놓았을지 궁금한데….

출판사 이와나미서점 홈페이지는 『고지엥』을 국민적 사전이라고 자찬(自讚)한다. 그럴 만도 한 것이 6판까지 누적 발매량이 물경 1천190만여 부, 놀랍다. 내친 김에 빙긋 웃음을 머금게 만드는 에피소드 한 토막.

4판이 발행되던 해 일본사회, 특히 남성들 세계를 뒤흔든 문제의 책이 쓰나미처럼 서점가를 덮쳤다. 당시 최고 스타였던 낭랑(朗朗) 18세 영화배우 미야자와 리에(宮沢りえ) 누드 사진집 『산타페』. 비닐로 씌워져 있어서 맞돈 내고 사지 않으면 눈요기조차 못할 지경이라서 그랬나, 150만부가 팔렸다.

비슷한 무렵 서점에 등장한 『고지엥』 4판. 따분하기 짝이 없을 국어사전 판매 실적이 220만부. 도저히 믿어지지 않는 숫자였다. 하지만 〈아사히신문〉이 발행하던 고급 시사 주간지 〈아사히저널〉(1991년 11월 22일자)이 심층 취재하여 보도했으니 믿을 수밖에….

2017년 작고한 여류 소설가 스기모토 소노꼬(杉本苑子)가 유언 삼아 쓴 에세이 「춘풍추우(春風秋雨)」에 "(나는) 장례식도 묘지도 필요 없어요. 뼈는 바다에나 뿌려주고, 묘비 밑에 닳고 닳은 내 『고지엥』을 묻어주오"라는 구절이 들어가 세인(世人)의 눈길을 끌었던 모양이다. 이 또한 지어낸 이야기는 아니리.

세상이 온통 IT니 5G니 하며 어지럽게 돌아가니 종이책에 그늘이 드리우는 건 당연지사. 『고지엥』 역시 5판 100만부가 6판에서는 반 토막 나고, 7판에서는 그 절반도 안 되는 20만부 판매가 목표라고 했다. 그래도 그게 어딘가? 헐값의 얄팍한 소설책이 감히 견주지 못할 두툼한 국어사전 아닌가? 이와나미서점 홈페이지에 게재된 이런 글을 답으로 치기로 하자.

> 격변하는 세계, 의미를 알 수 없는 말이 범람하는 오늘날, 그럴수록 더 찾고 싶은 정확한 단어. 사람은 단어로 스스로를 알고 남을 알며, 살아갈 용기와 긍지를 손에 넣을 수 있다. 단어는 인간을 자유롭게 해준다.

남자 배우로만 펼치는 전통극

가부키 歌舞伎 かぶき

말하고, 노래하고, 춤춘다.

이것이 에도시대에 생겨나 민중 연극으로 자리를 굳힌 가부키의 총체이다. 남녀 간의 인연을 맺어 주는 신을 모셨다는 이즈모다이샤(出雲大社)의 무녀(巫女) 오쿠니가 교토에서 마치 승무와 같은 춤을 추며 흥행을 했다는 기록이 가부키의 시초로 꼽히기도 한다.

외형상 가장 큰 가부키의 특징은 배우가 몽땅 남자라는 사실이다. 등장인물 중 여성 역까지 여장남우(女裝男優)가 맡는다. 처음에는 여자가 했으나 관객에 의한 희롱이나 매춘 등이 생겨나 풍기가 문란해지자 관(官)이 나서서 남자들만 무대에 서게 했다. 가부키의 키(伎)가 애초에는 '계집 녀(女)'가 들어간 키(妓)였다는 사실과도 연관이 있을 법하다.

상류층이었던 무사계급에서는 눈길조차 주지 않았다는 민중극 가부키의 내용상 특징은 모든 공연이 해피엔딩으로 막을 내린다는 점이다. 마치 한국 고소설이 권선징악(勸善懲惡)과 더불어 지닌 특징과 유사하다 하겠다. 그밖에 오늘날까지 일본인들의 삶 속에 살아 숨 쉬는 가부키의 윤곽을 어림잡기 위해서는 소설가 한수산(韓水山)이 저서 『벚꽃도 사쿠라도 봄이면 핀다』에 설파해둔 다음과 같은 글을 읽는 편이 한결 이해하기 쉽다.

가부키 봄 공연을 알리는 포스터.

> 가부키는 과장과 화려 장대함으로 뒤덮여 있었다. 그리고 그것은 구체적인 연극이었고 사실성 위에 서 있었다. 회전무대와 하나미치(花道, 배우가 객석을 통해서 무대로 나아가게 되어 있는 길)는 절묘했다. 무대가 회전함으로서 가지는 공간의 확대는 그 발상부터가 독창적이었다. 그리고 하나미치, 극중 인물이 무대와는 반대편인 손님들 옆을 걸어

> 서 연극의 이야기 속인 무대로 걸어 들어가는 길 역시 독특했다. 현실에서 비현실로 가는 길, 그것이 하나미치였다. (중략) 그 절묘함 때문인가, 400년을 흘러 내려왔지만 이 무대의 발상은 그토록 참신하게 느껴질 수가 없었다.

가부키의 세계에는 양대 산맥이 있었다. 교토(京都)를 중심으로 한 가미가타(上方) 가부키가 그 하나요, 도쿄가 중심인 에도 가부키가 다른 하나다. 교토 쪽에 '상(上)' 자를 붙인 것은 거기에 왕궁이 있었기 때문이다.

아쉽게도 가미가타 가부키의 맥은 3대째에서 끊어졌다. 후계자를 키우지 못한 탓이었다. 그러다가 231년 만인 2005년 11월, 4대가 나타났다. 본명이 하야시 고타로인 가부키 인간문화재(일본에서는 인간국보라고 칭한다), 그가 가미가타 가부키 창시자 사카타 도주로(坂田藤十郎)의 이름을 이어받았던 것이다. 이것이 바로 습명(襲名)이라는 제도다. 마침 그가 그해 4월, 서울과 부산에서 공연한 직후였던지라 남다른 느낌으로 와 닿았다.

양념 삼아 덧붙이는 한 마디, 우리가 흔히 여흥자리에서 '18번'이라 일컫는 왜색 표현의 어원도 가부키에서 유래했다. 그것은 원래 에도 가부키를 이어온 제12대 이치가와 단주로(市川團十郎) 집안의 18가지 특기를 가리켰다. 이제는 일본에서마저 '아무개의 주하치반(18番)'이라고 쓰는 보통명사가 되었지만....

단주로의 가부키는 프랑스 파리 오페라좌 무대에 사상 처음으로 오르더니 2년 뒤인 2009년 9월에는 마침내 유네스코 세계문화유산으로 지정되었다.

놀고 즐기면서
결속의 끈을 당긴다

마쓰리 祭り まつり

일본인은 일밖에 모르는 일개미라는 소문만 굳게 믿고 일본생활을 시작한 외국인들은 이내 이상함을 깨닫곤 한다. 그들이 일만 잘 하는 게 아니라 놀기도 잘 하기 때문이다. 그렇다고 내가 일본인의 3대 즐거움으로 정의한 가라오케와 골프, 여행을 빗댄 이야기는 아니다.

경제발전으로 주머니 사정이 나아지면서 생겨난 놀이가 아니라, 예로부터 놀 때는 잘 논 어떤 내림이 발견되더라는 의미이다. 마을의 축제, 마쓰리가 꼭 그렇다.

자칫 이 나라는 마쓰리로 날이 새고 날이 지는 게 아닐까 하는 착각이 들 만큼 별의별 마쓰리가 다 있다. 가장 널리 알려진 것으로는 일본 3대 마쓰리를 꼽게 된다.

첫 번째가 기온마쓰리(祈園祭). 옛 도읍지 교토(京都)에 자리한 야사카(八坂)신사 주관으로 9세기경 시작되었다. 축제 기간은 7월 한 달을 꼬박 채운다. 두 번째는 오사카 덴만구(天滿宮)신사가 6월 하순부터 한 달 가량 펼치는 덴진마쓰리(天神祭)로, 10세기부터였다. 세 번째는 도쿄 간다(神田)신사가 격년으로 거행하는 간다마쓰리다.

3대 마쓰리 가운데 참가 인원이나 구경꾼 숫자 등으로 따질 때 으뜸은 아무래도 기온마쓰리다. 이에 비해 2년마다 5월 15일을 전후하여 행해지는 간다마쓰리에는 한 가지 사연이 전해진다. 원래 음력 9월 15일이 축제일이었다.

전국(戰國)시대 무장 도쿠가와 이에야스(德川家康)가 천하를 통일하는 계기가 된 세키가하라(関が原) 격전이 벌어져 승리를 거둔 날이 1600년 음력 9월 15일(양력 10월 21일)이었다. 마침 도쿠가와 막부가 들어선 곳도 간다신사가 자리한 지금의 도쿄, 그런 지연(地緣)까지 보태서 이 날을 길일(吉日)로 잡았다. 하지만 이 무렵 걸핏하면 태풍이 들이닥쳐 메이지시대부터 5월로 앞당겼다고 한다.

이제 3대 마쓰리처럼 아예 관광 상품이 되어버린 어마어마한 마쓰리가 아닌, 그야말로 생활의 한 부분인 조촐한 동네 축제로 시선을 모아보자.

초카이(町會)라는 것이 있다. 국제도시 도쿄라고 해서 예외는 아니다. 초는 한국으로 치자면 동(洞)일 터이다. 우리처럼 주민센터가 따로 없는 탓에 행정업무는 구청인 구야쿠쇼(区役所)에서 담당하지만, 동네마다 자치기구격인 초카이가 있다. 동네 축제로서의 마쓰리는 대개 이 초카이가 주관한다.

마쓰리를 앞두고는 가가호호 십시일반(十匙一飯)이 행해지는 모양이었다. 게시판에 나붙는 기부금과 헌물(獻物) 명부가 그걸 증명해준다. 당연히 강요는 아니리라.

한국에서도 풍물을 앞세워 한바탕 이 골목 저 골목을 돌며 축제의 뚜껑을 열듯, 혼백을 모신 가마인 오미코시(お神輿)를 맨 행렬이 거리 퍼레이드를 펼치며 마쓰리의 바람잡이를 한다. 슬슬 어둠이 깔리자 높아지는 북소리에 가무의 흥이 무르익고, 이런 음식 저런 물건을 파는 가설 난장이 길가에 빼곡하게 자리 잡으면서 왁자해진다.

주로 여름철에 펼쳐지는 동네 마쓰리에는 묘한 구석이 있다. 그저 흥청망청하는 게 아니라 이웃을 한데 뭉치게 한다. 한 울타리, 다시 말해 공동운명체라는 강한 인식을 은연중에 심어준다. 남녀노소 누구나 똑같은 옷차림으로 춤추고 손뼉 치는 원진(圓陣), 거기에 함께 융합하지 못하는 자야말로 내 편이 아니라 이단아인 요소모노(余所者)요, 엉덩이에 뿔난 송아지 꼴인 무라하치부(村八分)로 따돌렸으리라.

원로 엔카(演歌) 가수 겸 배우인 기타지마 사부로(北島三郎)는 유명한 NHK 연말 가요 잔치 고하쿠우타갓센(紅白歌合戰, 약칭 고하쿠)에 통산 50회나 출연했다. 최고 기록이다. 77세이던 2013년 무대를 끝으로 용퇴를 선언했는데, 그가 고하쿠에서 6차례 부른 히트곡 제목이 「마쓰리」다. 살짝 비틀어 앞부분 몇 소절만 번역하면 이렇다.

> 그래, 그래 남정네들은 마쓰리를
> 어깨에 짊어지고 살아왔지
> 산의 신, 바다의 신
> 올해도 정말이지 너무 고마워요

풍년과 풍어(豊漁)에 대한 기원과 감사를 담은 마쓰리의 정수(精髓), 삶의 고달픔도 이 순간만큼은 동구 밖으로 밀려난다. 다 함께 즐기고 노는 행복한 시간, 그러면서도 마쓰리는 이탈을 막으려 은밀하게 결속의 끈을 당기는 일본다운 의식(儀式)이다.

텔레비전에서 영화관으로,
동화(動畵)의 신천지

아니메 animation アニメ

2018년 4월5일, AP통신과 〈뉴욕타임스(NYT)〉, 〈르몽드〉 등 세계적인 언론이 한 일본인의 죽음을 급보했다. 다카하타 이사오(高畑勳). 애니메이션의 세계적 거장(巨匠)이다. 그 이야기는 잠깐 접어두고….

한 권의 시집이 100만 부 이상 팔린 기록을 가진 나라가 한국이다. 하나의 만화 주간지가 500만 부 이상씩 팔려 나간 기록을 가진 나라는 일본이다. 그러니 한국은 시의 나라요, 일본은 만화의 나라라고 해야 옳으리라.

일본만화를 통칭하는 망가(漫畵)의 인기는 지금도 여전하지만, 텔레비전을 보며 자라난 세대에게는 거기에 또 하나의 새로운 장르가 끼어든다. 동화(動畵) 혹은 애니메이션의 일본식 용어인 아니메다.

동화란 움직임을 24분의 1의 운동량으로 분해한 그림을 그려 한 장면씩 순차적으로 촬영하여 상영하는 것이란다. 아니메는 동화는 동화로되 점차 진화되어 텔레비전용에서 극장용 영화로 영역이 넓어졌다.

한국에서도 이제 미야자키 하야오(宮崎駿)를 모르는 젊은이는 드물다. 세계적으로 선풍을 일으킨 아니메 「이웃집 토토로」 「원령공주」 「바람계곡의 나오시카」를 만든 그 방면의 대가가 아닌가. 그의 나이 환갑이었던 2001년 여름방학에 맞춰 일본 내 300여 극장에서 동시 개봉한 신작 「센과 치히로의 행방불명」은 관객 동원 2천350만 명으로 일본영화 신기록을 세웠다. 그것은 외화(外畵) 「타이타닉」이 일본에서 세운 기록을 껑충 뛰어넘는 경이적인 수치였다.

미야자키에게는 잇달아 상복(賞福)도 터졌다. 「센과 치히로의 행방불명」으로 베를린영화제에서 애니메이션 사상 첫 금곰상을 수상했다. 연이어 아카데미상 시상식에서는 장편 애니메이션 부문 오스카상이 주어졌다.

그에 앞서 일본 국내에서도 기쿠치 간(菊池寬)상을 받았다. 왕년의 유명 작가 기쿠치 히로시를 기리기 위해 제정한 이 상은 문화와 스포츠 분야 등에서 뛰어난 업적을 쌓은 사람에게 주어진다.

그의 수상 이유는 "높은 수준의 아니메 작품을 20년 이상 제작함으로써 세대를 뛰어넘어 사람들에게 감동을 주었다"는 것이었다. 미국 프로야구에서 활약하는 이치로가 공동 수상자였다.

게다가 미야자키의 작품세계를 한 눈에 구경할 수 있는 사상 첫 공립 애니메이션 미술관도 개관되었다. 도쿄 미타카시(三鷹市)가 미야자키가 이끄는 스튜디오 지브리와 공동으로 건립한 미타카노모리(三鷹の森) 지브리 미술관은 미야자키 작품에 등장하는 꿈의 세계를 고스란히 재현해 놓았다고 한다.

참, 미야자키 소개에 가려졌지만 서두에 적은 다카하타 이사오와 미야자키는 떼려야 뗄 수 없는 사이였다. 1960년대로부터 인연을 맺었고, 다카하타가 아니메 제작에서 미야자키에게 끼친 영향은 한둘이 아니었다. 스튜디오 지브리 공동 설립자이기도 했다.

미야자키는 2013년 자신의 원작을 바탕으로 만든 아니메 영화 「바람이 분다」를 끝으로 장편 제작에서 손을 떼겠다고 발표하여 팬들을 놀라게 했다. 하지만 은퇴는 일쑤 번복이라는 것을 전제로 하기 마련, 2016년 11월 방영된 NHK 특별 프로그램 「끝나지 않은 사람 미야자키 하야오」를 통해 2019년 신작 장편 공개를 암시했다. 이를 계기로 또 다시 미야자키 붐이 재현될지 지켜볼 일이다.

1970년대에 어린 시절을 보낸 한국인들에게는 「우주소년 아톰」이라는 텔레비전 애니메이션이 아주 낯익다. 이 방면의 선구자인 데쓰카 오사무(手塚治虫)의 SF만화 「철완(鐵腕) 아톰」이 원전이다.

데쓰카가 직접 감독을 맡아 일본 최초의 텔레비전 아니메로 재창조함으로써 시청률 40%대의 폭발적 인기를 모았다. 그로 인해 아톰에게는 일본 아니메 산업의 파이어니어, 그리고 뒤이어 꼬리를 문 숱한 로봇만화의 원조라는 영예까지 주어졌다.

데쓰카에서 스타트하여 미야자키에게 바통을 넘겨가면서 세계를 석권하는 아니메의 저력(底力), 예사롭지 않다.

사랑방처럼 동네방네 사연 모이는
독특한 커뮤니티

센토 銭湯 せんとう

고도(古都) 나라(奈良)를 찾는 이들이 반드시 들르는 곳이 도다이지(東大寺)다. 구름처럼 몰려다니는 관광 인파에 뒤섞여 사슴들이 한가로이 돌아다니는 이채로운 광경. 본전(本殿)은 현존 세계 최대 목조 건축물이다. 그 안에는 높이 15미터 가량으로 이 또한 세계 최대인 청동 좌불(坐佛)이 모셔져 있다.

불교가 전래된 뒤 일본 사찰에는 수행승들이 몸을 청결히 하도록 욕당(浴堂)이란 시설을 지었다. 8세기경 건립된 도다이지는 한 시절 1만 명 승려를 거느린 대가람이었다. 당연히 욕당도 커야 했다. 오오유야(大湯屋), 국보 다음급인 중요문화재로 지정되어 있다.

시기는 분명치 않으나 스님 전용이던 욕당을 가난한 사람이나 병자(病者) 등 일반 신도들에게도 개방했다. 사람들 사이에 인기를 끌면서 입욕료를 받기 시작했다. 오늘날 동네 목욕탕 센토의 스타트 라인이었다. 그 점, 도다이지 오오유야는 일본에서 가장 해묵은 원조(元祖) 센토로 부름직하다.

센토는 특별한 공간이다. 서민들끼리의 지역 커뮤니티다. 대개 하루 일을 마친 이들이 오후 느지막이 문 여는 센토에 옹기종기 모여앉아 몸을 씻으며, 세상살이 정담을 주고받는 것이다. 트로이 유적을 발굴했던 독일인 하인리히 슐리만(Heinrich Schliemann)은 19세기 중엽 일본을 다녀가면서 "일본인이 세계에서 가장 청결한 국민임은 이론의 여지가 없다. 아무리 가난한 사람도 하루 한 번은 센토에 다닌다"고 찬탄을 금치 못했단다.

동네마다 들어선 센토와는 격(格)이 다르되, 일본인의 목욕 문화를 언급하면서 그냥 지나치기 섭섭한 게 온천이다. 구태여 토를 달지 않아도 외형적 구분은 누구나 알지만, 법 규정상 온천은 25도 이상의 더운물이 나오거나 탄산이나 유황분 등 특정 성분 농도가 일정 이상인 경우를 가리킨다.

야생 원숭이들이 깊은 산속 온천에 들어가 상처를 치료하는 것을 인간이 본떴다는 설과, 에도막부 시절 참근교대(參勤交代)로 영지와 에도 사이를 오가야했던 영주(領主)와 수행무사들이 왕래길 온천에서 여독(旅毒)을 풀면서 붐을 일으키는 계기가 마련되었다는 설이 전해진다. 게다가 이번에는 독일인의 센토 찬사에 버금가는 일본인의 온천 자랑.

> 일본은 세계 제1 온천의 나라입니다. 일본인은 온천에 몸을 담그는 것과, 온천여행을 좋아하는 세계 제1 국민입니다. 그리고 온천을 능숙하게 이용해온 세계 제1 국민이기도 했습니다. (大石眞人 지음 『온천의 문화지(文化誌)』 서문)

일본 온천을 찾는 한국인 관광객들이 혼욕(混浴)을 두고 옥신각신했다는 뒷이야기가 가끔 들렸으나, 센토야말로 초기에는 남녀노소 혼욕이었다고 한다. 건축 비용 문제로 남탕, 여탕을 따로 만들지 못했던 것이다. 더러 욕의(浴衣)를 입었다고 하나 보편화되지는 않았던가 보다. 18세기 말이 되자 막부가 풍기문란을 이유로 혼욕 금지령을 내렸지만 잘 지켜지지 않았던 것으로 전해진다.

19세기 들어선 뒤 수도인 에도 인구는 100만에서 120만 명, 센토 숫자는 600개가 넘었던 것으로 추정된다. 여기서는 격일제나 시간제로 남녀 구분을 시도했다니 역시 대도시가 다르긴 달랐던 모양이다.

한국 동네 목욕탕에 견주어 센토에는 없는 게 많다. 이발사도 없고 때밀이도 없다. 타올이나 헤어드라이어도 공짜가 아니다. 각자 지참하거나 돈을 내고 써야하는 것이다.

양쪽 다 전성기가 지났음은 똑같다. 1960년대 중반 전국에 2만 곳을 넘던 센토가 지금은 대폭 줄어 5천 남짓이란다. "일주일에 한 곳씩 문을 닫는다"는 소문이 빈 말은 아닌 듯하다. 그래서 나온

일본이나 한국이나 대중목욕탕이 사라져간다.

센토 활성화를 노린 새로운 움직임 하나.

고리타분하고 낡았다는 이미지를 떨치고 10대에서 30대 젊은 층을 타깃으로 삼는다고 했다. 한국의 치맥(치킨+맥주)을 닮은 센맥(센토+생맥주) 이벤트를 여는가 하면, 토요일과 일요일에 한해 오전에도 문을 여는 조탕(朝湯) 캠페인도 벌인다. 2016년 3월부터 그런 시도를 하고 나선 도쿄 센토 웹 페이지는 아예 영어로 선전 문구를 내걸었다.

「Tokyo Sento, We will always provide you New Sento!」

항상 새로운 센토를 제공하겠다는 이 슬로건. 옆 사람에게 물이나 비누 거품이 튀지 않게 주의하고, 탕에 들어갈 때는 먼저 몸부터 깨끗이 씻는 목욕 예절만은 예전 그대로이었으면 좋겠다.

서민 자녀에게 읽기,
쓰기 가르친 서당

데라코야 寺子屋 てらこや

봉건시대 일본에는 두 종류의 교육기관이 있었다. 하나는 조선시대 향교(鄕校)처럼 관에서 세운 공립 교육기관인 번교, 즉 한코(藩校)였다. 각 지역 영주들이 다스리던 곳이 번(藩)이었고, 300가량인 번에서 세운 학교 숫자 역시 비슷했다.

저마다 그럴싸한 교명(校名)을 지었는데, 북동부 모리오카 지방에 1636년 세워진 것은 작인관(作人館)이라는 재미있는 이름이었다. 그렇지, 학교란 인간을 만드는 곳일 테니까…. 그밖에는 명륜관(明倫館), 홍도관(弘道館)이 많았다.

한코에는 양반의 자제, 그러니까 무사 계급 자녀들이 다녔다. 교육기간은 일정하지 않았으며, 교양과 도덕, 그리고 무예를 주로 가르쳤다고 한다. 이에 비해 우리 서당(書堂) 격이라고 할 사립학교는 데라코야라고 불렀고, 각지에 2만여 개가 있었다.

농부나 상인 자녀를 대상으로 읽기와 쓰기, 그리고 주산을 곁들인 산수를 가르쳤다. 데라코야 경영자는 동네에 있는 사찰 주지도 있었고, 더러 사무라이가 부업으로 연 곳도 있었던 것으로 전해진다.

일본이 서양식 학제를 정식으로 도입한 것은 1872년이었다. 당시 메이지 신정부는 "모든 마을에 불학(不學)의 가정이 없고, 모든 가정에 불학의 인간이 없도록 기한다"고 선언했다. 이런 선언과 더불어 6세로부터 4년간 의무교육 제도를 시행했다.

고문으로 미국인 데이비드 머레이(David Murray)를 초빙한 사실에서도 알 수 있듯, 교육제도로부터 심지어는 칠판까지 미국을 본떴다. 20세기에 접어들어 의무교육 기간이 6년으로 늘어났고, 취학률은 이미 99%에 달했다. 일본이 요즈음처럼 의무교육 9년이 된 것은 1947년부터였다.

일본 학교라고 해서 문제점이 없을 리는 없다. 우리에게도 전염되어 왕따라는 용어를 낳은 이지메 문제, 게다가 2000년대에 들어와서는 학교에 가기 싫어하는 학생들이 자꾸 늘어나 골머리를 썩인다. 일본어로 후토코(不登校)라 불리는 이들 학생의 숫자가 초등학생 2만7천여 명, 중학생 9만8천여 명으로 최고 수준에 달한 것이 2015년도(문부과학성 조사). 한 학급에 한 명 꼴을 넘어섰다니 사회문제가 되고도 남을 현상이다.

한국의 자퇴 학생은 주로 내신 성적 문제나 해외 유학 붐으로 발생한다지만 일본 후토코는 다르다. 일본정부 조사로는 절반가량이 급우들과 마찰이 원인이고, 나머지는 성적 부진과 교사와의 관계라고 한다.

그런 마이너스 이미지와는 영 딴판인 일본인의 교육열은 알아주어야 한다. "일본에서는 거지도 읽고 쓸 줄 안다"고 으스대던 고이즈미 준이치로(小泉純一郎) 전 총리의 말을 통계자료가 입증한다. 취학률이 초등학교 100%, 중고교 99%에 도달한 것이 21세기에 들어선 첫 해의 수치다.

센타시켄 センター試験 せんたーしけん

일본판 대학 수학 능력시험이 곧 센타시켄이다. 이 말을 상징어로 고른 이유는 어디까지나 한국의 대학 수학 능력시험, 약칭 수능이 워낙 말도 많고 탈도 많은 탓에 원님 덕으로 나팔 부는 격임을 먼저 밝혀두어야겠다.

정식 명칭은 '대학 입학자 선발 대학입시 센터시험'으로 숨이 넘어가게 길다. 시험은 국어, 사회, 수학, 산수, 이과(理科), 외국어의 6교과 30과목이다. 한국의 수능은 하루에 끝나지만 이 시험은 '1월 13일 이후 첫 번째 토요일과 일요일' 이틀에 걸쳐 치러진다.

반드시 거쳐야 하는 의무는 없으나 모든 국공립 대학과 80% 이상의 사립대학이 시험 결과를 받아들인다. 2016년 현재 일본에는 전체 777개 대학 가운데 국·공립이 160여 개이며 나머지는 사립이다.

일본도 우리처럼 입시제도가 여러 차례 바뀌어 왔다. 한국의 예비고사와 닮은 '전국 공통 1차 시험'은 1979년도에 도입되어 10년 동안 이어졌다. 그것이 1990년도부터 센타시켄으로 대체되어 지금껏 시행되고 있다. 수능과 다른 점은 수험생이 필요로 하는 과목, 즉 자신이 지망하는 대학에서 요구하는 과목만 골라 시험을 본다는 사실이다.

좀체 판을 엎지 않는 일본이지만, 입시만큼은 다른가 보다. 이 시험의 명칭을 2021년부터 대학 입학 공통 테스트로 바꿀 모양이다. 그래서 달라지는 것 하나, 영어는 읽고 듣고 말하고 쓰는 4가지로 평가하겠단다.

한일 간에는 닮았으되 닮지 않은 사이비 현상이 쌨지만, 닮기로 치자면 입시 열풍은 정말이지 일란성 쌍둥이다. 심지어는 곁에서 부채질하는 언론의 선동(?)마저 흡사하다.

한국 신문들이 수능시험 답안과 예상 논술 문제까지 자상하게 게재했듯이, 일본 신문들 역시 가관이었다. 유력 신문들이 이틀 동안 꼬박꼬박 센타시켄 출제 문제와 답안에 귀한 지면을 할애했으니 말이다. 과연 두 나라를 빼고 주요 시사 일간지들이 앞 다투어 입시문제를 전재(轉載)한 곳이 어디 또 있었을까?

게다가 개인의 적성에는 아랑곳없이 오로지 명문대학이라는 알량한 사탕발림에 목을 매는 재수생들도 여간 딱하지 않다. 일본인들은 재수생을 로닝(浪人)이라고 부른다. 소속된 영지(領地)를 떠나 의지가지없이 헤매는 사무라이를 가리키던 애처로운 호칭, 우리말 사전에도 버젓이 올라 있는 낱말 '낭인'이 일본에서처럼 전와(轉訛)되지 않은 걸 그나마 다행으로 여겨야하나?

일본에서는 자녀수 감소, 이른바 소자화(少子化) 현상으로 머지않아 원하는 사람은 누구나 대학 문을 들어설 수 있다고 했다. 한국은 그보다 빠를 것이라는 예측에 이어 교육부 장관이 부총리급으로 격상되어 큰 기대를 걸었는데, 입시제도가 하도 오락가락하여 세상이 다 어수선하다.

어느 신사를 가도 합격을 기원하는 이들의 모습이 종종 눈에 띈다.

고하쿠우타갓센 紅白歌合戰 こうはくうたがっせん

어떤 일본인은 국민적 행사라고 했다. 아예 온 국민의 제례(祭禮)라고 부풀리는 이마저 있었다. 공영방송 NHK가 섣달 그믐밤에 방영하는 와이드 가요쇼 고하쿠우타갓센을 두고 하는 말이다. 분명한 사실은, 일본인들은 이 프로그램을 봐야 비로소 "아, 또 한 해가 저물어 가는구나!"라며 송구영신(送舊迎新)을 실감해왔다는 점이다.

줄여서 그냥 홍백, 즉 고하쿠(紅白)라고도 부르는 이 빅쇼가 첫 방송된 것은 1951년 1월3일이었다. 타이틀은 「홍백 음악 합전(合戰)」. NHK가 1945년 12월31일 라디오 전파에 실었다가 중단한 「홍백 음악 시합」을 부활시킨 것이었다.

내용은 단순했다. 유명 가수들을 홍팀, 백팀으로 나눠 히트곡을 부르는데 불과했으니까. 방송 날짜가 섣달 그믐날로 원위치된 것은 1951년 12월31일의 제2회부터였다. 그 이태 뒤인 제4회부터 명칭을 「고하쿠우타갓센」으로 고치면서 TV 중계가 스타트되었다.

처음 한동안은 인기가 없어 바쁘다는 핑계로 출연을 사양하는 가수도 있었던 모양이다. 그러던 것이 1959년 황태자 결혼식과 도쿄올림픽(1964년) 개최로 TV 붐이 일어나자 시청률 80% 돌파라는 경이적인 기록을 세우기에 이르렀다.

상전벽해(桑田碧海). 가수들은 출연 사양은커녕 출전자 명단에서 빠지면 숫제 낯을 들고 다니지 못했다. 급기야는 몇 회 연속 출연이냐가 인기의 바로미터처럼 여겨지기도 했다.

그러던 고하쿠에 그늘이 드리운 게 1984년, 한국계 톱 싱어 미야꼬 하루미(都はるみ, 한국명 李春美)가 은퇴하던 해부터였다. 급락한 시청률은 겨우(?) 50%대를 유지했다. 원인으로는 히트곡 부재와 함께 일본경제의 비약적 성장이 꼽혔다. 잘 먹고 잘 사는 풍족한 삶을 이루자 연말연시를 따분하게 안방에서 보내느니 나라 안팎으로 여행길에 나서는 이들이 늘었다는 분석이 따랐다.

그렇지만 썩어도 준치다. 지금도 해마다 가을이 되면 주요 언론에 올해의 출연자가 화제에 오른다. 사회를 누가 맡을 것인지까지 뉴스가 된다. 한국에서 건너가 활동하던 우리 가수도 여럿 고하쿠 무대에 올랐다.

아마 2004년에는 한류 열풍을 반영, 가장 많은 한국인이 출연하지 않았을까. 보아가 3번째 출연에다, 류(RYU)는 드라마 「겨울 연가」 주제곡 「처음부터 끝까지」를, 그리고 NHK가 방영한 또 한 편의 한국 드라마 「아름다운 날들」에서 가수 지망생 역을 맡았던 이정현이 「헤븐」을 불렀다. 이 드라마의 주연 탤런트 이병헌은 특별출연하여 우리말로 "문화교류를 통해 우정을 이어가자"고 제안하여 박수갈채를 받았다.

고하쿠 시청률은 1980년대 초반까지만 해도 70%를 넘었다. 21세기로 넘어오면서 간신히(!) 40%대는 유지했는데, 그마저 깨트려졌다. 2017년 시청률은 프로그램 후반부(2부)가 39.4%로 조사되었다.

이 대목에서 일본 언론들은 "고하쿠에 그늘이 지다"고 탄식한다. 하지만 솔직히 40%대에 육박하는 시청률은 시쳇말로 애들 장난이 아니다. 참고로 비교해보자.

일요일 황금시간대에 1년 내내 방영되는 NHK 대하드라마는 일본인들 사이에서 늘 큰 화젯거리다. 어떤 작품으로 할지, 주역 탤런트는 누가 맡는지 등등에 관심이 쏠린다. 여기서 역대 최고 시청률은 도쿠가와(德川) 막부 13대 쇼군(將軍)의 정실(正室)을 주인공으로 한 2008년작 「아쓰히메(篤姬)」(24.5%)가 차지했다.

이에 비해 2018년 1월 7일 첫 회가 나간 「사이고돈(西鄕どん)」은 죽을 쒔다. 역시 막부 말기로부터 메이지 초기까지 일본을 주름잡은 풍운아 사이고 다카모리(西鄕隆盛)를 다루는데, 불과 15.4%로 역대 시청률 워스트(worst) 2위로 내려앉았다.

그럼 한국은? KBS 일일 드라마 「미워도 사랑해」가 20.1%로 1위였다(2018년 3월 20일, 닐슨코리아). 이쯤이면 삼척동자(三尺童子)라도 고하쿠의 여전한 인기를 가늠할 수 있지 않을는지.

집주인 잘 만나야
셋방살이 편해진다!

오오야 大家 おおや

버블이라는 경제용어가 한 시절 우리 주변에서도 뻔질나게 나돌았다. 버블(bubble)의 정의는 첫째가 물거품이고 둘째는 덧없는 계획, 한마디로 사기다. 경제적 사건으로 버블이 맨 먼저 등장한 것은 17세기 네덜란드였다고 한다. 튤립 버블이라는 묘한 이름인데, 튤립 가격이 마구 오르도록 농간을 부려 꽃시장을 투기판으로 만든 다음, 사기꾼들은 유유히 먹튀 하고 말았다.

다른 하나는 18세기 초 영국에서 문을 연 남양회사(The South Sea Company)를 버블의 효시로 치기도 한다. 이 회사는 남양군도에서의 유망한 투자를 유혹하며 투기열풍을 일으키다가 도산, 수많은 파산자를 만들었다. 사람들은 이를 두고 'The South Sea Bubble'이라고 했다.

일본에서는 1990년대 들어 버블 사태(沙汰)가 났다. 핵심은 부동산이었다. 천정부지로 치솟았던 땅값, 그로 인한 집값과 집세 상승이 사상누각의 정체를 드러냈던 것이다. 이 무렵 일본에서 생활한 외국인 주재원이나 연수생들도 집세 급등에 한숨을 내쉬어야 했다.

일본에서는 전세라는 개념이 없는 거나 마찬가지다. 거의 월세다. 그래서 복덕방, 후도산야(不動産屋)에 가면 세세한 설명이 달린 임대 안내문이 사방에 덕지덕지 붙어 있다. 거기에는 똑같은 한자권이라도 그 나라에서만 통용되는 몇 가지 독특한 용어가 등장한다.

시키킹(敷金), 한자 뜻풀이로 깔아 놓은(敷) 돈(金)이니까 보증금이다. 대개 월세 두어 달 치를 내놓아야 한다. 단, 시키킹은 나중에 이사 나올 때 집 수리비만큼 빼고 돌려준다.

그 다음이 레이킹(禮金). 예의를 차려 주는 돈, 즉 오오야(大家)로 불리는 집주인에게 집 또는 방을 빌려주어 고맙다는 뜻에서 내는 상납금 꼴이니 셋방살이 신세를 더욱 서럽게 만드는 몹쓸 용어다. 역시 월세 두어 달 치를 셈한다.

정리하자면 이렇다. 복덕방에 가서 남향인지 동향인지, 가까운 역까지 거리가 얼마인지, 방이 하나인지 둘인지 등을 따져 예산에 맞는 걸 고른다. 보증인을 세워 얄팍한 책자로 된 꼼꼼한 계약서에 서명한 다음, 시키킹과 레이킹, 중개 수수료(한 달 치 집세)를 지불해야 집 열쇠를 건네주는 것이다.

말이 난 김에 계약서 이야기도 밝혀두자. 이 역시 직접 체험한 일이지만, 계약서에 동거 가족 수를 적어 넣도록 해둔 것은 또 그렇다 치자. 마지막 페이지에 세 가지 금기사항이 명시되어 있었다.

하나, 애완동물을 키우지 못함. 둘, 피아노와 같은 악기를 연주해서는 안 됨. 셋, 난방용 기구는 전기제품만을 사용할 것.

그만한 연유야 짐작이 갔지만, 약조를 어기는 순간 바로 쫓아낼 기세였으니 이거야 원! 듣자 하니 다른 선진 외국에서도 까다로운 임차(賃借) 규칙이 따른다니 우리만 너그러운지 알 수 없다. 옳고 그름을 떠나서….

요즈음은 버블이 사그라진 덕으로 도쿄에서도 월세가 제법 내렸다는 반가운 소식과 더불어, 글로벌화 추세와는 딴판으로 오오야들의 외국인 세입자 기피증만은 여전하다는 슬픈 소식도 간간히 들려온다. 잠깐 잠깐, 한 마디 더!

일본말 찌꺼기가 여기저기서 불쑥불쑥 고개를 내밀던 내 어릴 적 한국사회. 어른들 입에서 이따금 "그거야 오야 마음이지!"하는 빈정거림이 튀어나오곤 했다. 오야가 무얼 가리키는지 궁금했는데 바로 오오야, 집주인임을 일본어를 배우면서 간신히 알아차렸다.

사정이 그러니 현대판 오야 마음, 을(乙)을 대상으로 한 이른바 갑(甲)질 소리가 사방에서 들려오는 건가?

잇코다테 一戸建て いっこだて

남자 없고, 돈 없고, 신용 없음. 그렇게 서른 줄에 접어든 저자가 7천만 엔으로 집짓기를 결심! 이 '인생 최대 쇼핑'을 실행에 옮기자면서 분투에 분투를 거듭한 나날을 기록한 폭소 다큐멘터리!

꽤 이름이 알려진 여성 만화가가 오래 전 제목마저 괴팍한 두 권짜리 만화책을 출간했다. 『해치웠다고요, 잇코다테』. 잇코다테는 단독주택이다. 샐러리맨의 내 집 마련 꿈은 일본이라고 다를 바 없었다.

그야말로 맨 땅에서 시작한 집짓기 체험담에 서민들은 배꼽을 잡았다. 부동산업자와의 실랑이, 은행 융자의 높은 벽, 뻔질나게 드나든 공구점과 설계사무소, 게다가 방범과 신축건물 증후군(Sick

House Syndrome) 대책까지 머리를 짜내고….

그래도 그렇게나마 마이 홈으로 잇코다테를 장만했다면 성공 사례다. 그보다 주머니가 가벼운 이들은 나가야(長屋)라 불리는 공동주택에서 살았다. 에도시대에 유행한 나가야는 대개 목조 1층짜리로 현관을 열면 바로 부엌이고, 방은 2칸 정도였다.

위치도 큰길가가 아닌 골목 안이기 일쑤였고, 언감생심 욕실은 사치였다. 공동 화장실에 우물도 함께 썼다. 물을 긷기 위해 오거나 빨래를 하면서 이웃 아낙네와 수다 떠는 우물가 공론, 일본어로 이도바타카이기(井戸端会議)는 나가야만의 정겨운 풍속도(風俗圖)였다고 한다.

그 같은 나가야의 흐름을 이어받은 주거 양식이 아파트였다. 그중에도 공단주택, 일본어로 고단주타쿠(公団住宅)는 말하자면 한국의 주공아파트 격이다. 아파트라는 용어 자체가 일본인이 만든 화제(和製) 영어로되, 일본에서는 아파트 가운데 상대적으로 평수가 크고 고가인 경우에는 맨션이라고 부른다.

태평양전쟁 패전으로 폐허가 된 일본은 대략 420만 채의 주택이 부족했다. 심각한 주택난은 6·25전쟁 발발로 경기가 되살아난 1950년대 중반까지도 여전했다. 그래서 대도시의 집 없는 샐러리맨을 위한 분양 및 임대주택을 공급할 목적으로 설립한 것이 공공법인인 일본주택공단이었다.

설립 후 첫 공단주택은 1956년 제2의 도시 오사카에 세워진

900가구의 임대 아파트였다. 방 2개에 주방이 딸렸는데, 넓이는 평균 42평방미터로 12평 남짓했으며, 월세는 민간아파트의 절반 수준이었다. 무엇보다 공단주택이 재래 주택과 달리 양변기와 싱크대를 갖춘 서양식이란 점에 서민들의 관심이 집중되었다.

이처럼 나가야에서 잇코다테, 아파트 등으로 시대에 따라 주거공간이 변모해온 일본. 최근에는 새로운 골칫거리의 등장으로 자치단체들이 속을 태운다. 인구 감소로 인해 빈집, 아키야(空き家)가 늘어나는 것이다. 덩달아 치안과 위생 등 심각한 사회문제로 비화한다. 그렇지만 사유재산이라 함부로 처리하지도 못하니 속수무책, 그저 발만 동동 구르는 실정이다.

더구나 앞날 전망은 더욱 어둡다. 권위 있는 노무라(野村)총합연구소(NRI) 예상으로는 2033년이면 전국적으로 2천150만 채의 빈집이 생겨날 것이라고 했다. 세 채 가운데 한 채가 빈집이 될 거라니 우리 주변에서 들려오는 전세 대란이니 하는 말이 그 동네에서는 섬어(譫語), 잠꼬대가 될 판이다.

고쿠민에이요쇼 国民栄誉賞 こくみんえいよしょう

훈장(勳章)과는 달리 국민영예상, 고쿠민에이요쇼라는 게 일본에는 있다. 어쩌면 훈장보다 훨씬 값지다. 1977년에 생겼는데, 국민들에게 큰 기쁨과 즐거움을 안겨준 대중의 스타를 선정하여 총리가 직접 시상한다. 주로 스포츠 선수와 가수, 작곡가, 만화가, 영화감독이 단골이다.

뜻밖에도 첫 수상자는 타이완 출신 홈런왕 오 사다하루(王貞治)였다. 그가 일본 프로야구에서 홈런 세계 신기록(756개)을 수립한 것이 수상 이유였다. 그동안의 수상자 가운데 한국인도 알만한 사람을 꼽자면 세계적인 영화감독 구로사와 아키라(黒沢明), 엔카(演歌)의 여왕으로 불린 한국계 가수 미소라 히바리(美空ひばり)쯤일까?

2018년 평창 동계올림픽 피겨스케이팅에서 하뉴 유즈루(羽生

結弦)가 올림픽 2회 연속 금메달을 따 인기가 치솟자 대번에 사상 26명째 수상자로 거론되었다. 욕심쟁이 아베 총리가 벌이는 수작이라는 소문이 돌았다.

문제는 이 해 이미 일본장기(將棋)와 바둑 최고 고수에게 상을 주었고, 이 또한 아베의 입김이 분명했다. 그러니 국민영예상 남발, 스포츠의 정치 이용이란 비난이 쏟아져 불발로 그칠 공산이 컸으나 기어코 밀어붙였다. 6월 1일 정식으로 수상 결정이 내려진 것이다.

그렇다면 일본 야구의 전설로 불리는 이치로는? 본시 이치로(一郎)는 흔해 빠진 일본 남자 이름이다. 그것도 거의 어김없이 큰 아들에게 붙인다. 당연히 둘째는 지로(次郎)요, 셋째가 있다면 사부로(三郎)이리라.

하지만 이 자리의 이치로(イチロー)는 특별나다. 메이저리그(MLB)에 진출한 첫 해부터 방망이에 불이 붙어 2001년도 아메리칸 리그 신인왕과 타격왕, 도루왕의 영예를 한 손에 거머쥔 프로 야구계의 혜성을 가리키니까. 본명이 스즈키 이치로(鈴木一郎)인 그는 태평양을 건너가기 전, 이미 일본 야구계를 주름잡던 타자였다.

스즈키라는 성씨를 가진 선수가 워낙 많아서였을까, 그는 모국에서 활약할 때부터 유니폼에 'ICHIRO'라며 달랑 이름만 새긴 채 뛰었다. 그것은 메이저리그로 가서도 마찬가지였다. 제법 거뭇거뭇

수염을 기르고, 앙다문 입술에 날카로운 눈매를 가진 이치로를 바라보며 미국인들은 정통 사무라이를 연상했다고 한다.

그가 2007년에 급기야 일을 냈다. 장소는 샌프란시스코 AT&T 파크. 나부끼는 깃발에 적힌 문구는 전 세계 야구선수와 팬들의 가슴을 설레게 만든다는 메이저리그 올스타전. 이날 이치로는 2개의 신기록을 세웠다. 올스타전 사상 첫 그라운드 홈런, 그리고 아시아인 사상 첫 최우수선수(MVP).

그로부터 다시 10년 세월이 흐르는 동안 하나씩 기록을 갈아치웠다. 메이저리그 시즌 최다 안타(262개), 프로야구 통산 안타 세계기록(4,257개), 최다 경기 출전 기록(3,563 시합). 그러고도 여전히 현역이니 스스로 자신의 기록을 다시 써나가는 셈이다.

나이 마흔 넷인 2018년 3월, 이치로는 예전에 몸담았던 시애틀 매리너스 유니폼을 다시 입었다. 일본 언론은 그가 피크 때 연봉과 까마득하게 차이가 나는 푼돈(!)을 감수했다고 전했다. 하긴 이치로도 세월의 무게는 어쩌지 못할 터이니 몸값 또한 내리막길일 수밖에 없으리라.

바로 그 이치로가 국민영예상을 받을 뻔했다. 메이저리그 3관왕으로 등극한 2001년, 당시 고이즈미 준이치로 총리가 운을 뗐다. 그래도 영리한 이치로는 이를 덥석 물지 않았다. 과연 도루왕(盜壘王)이다 싶게 재빨리 "나는 아직 젊다"면서 수상 제의를 물리치고 뒤로 빠졌다. 국민영예상 역사상 세 번째 수상 거절이라고 했다.

등번호(背番) 51번인 이치로의 인기에 업혀 재미 좀 보려다 헛물 켠 고이즈미. 〈마이니치신문(每日新聞)〉이 칼럼에서 이렇게 이죽거렸다.

"고이즈미가 이치로와 똑같은 것은 재임 중 외국 방문 횟수가 51번이었다는 사실뿐이다."

그 나라에서나 이 나라에서나 잔머리 굴리는데 이골이 난 골통 정치가들, 사람들이 배꼽을 잡고 웃는 줄 알까 모를까.

어느 결에 이 땅에서도
붐을 이루는 서민 술집

이자카야 居酒屋 いざかや

"돈 없으면 집에 가서 빈대떡이나 부쳐 먹지~"

우리 국민 모두가 어렵던 한 시절, 대중가요 「빈대떡 신사」의 주인공은 요리점에 가서 푸짐한 주안상을 앞에 두고 한잔 술을 기울일 생각에 목구멍이 간질간질하다. 그러나 주머니 사정이 여의치를 않다.

아무리 그렇더라도 깍두기 안주에 막걸리 한 사발쯤이야 못하랴. 그 이름도 다정한 대폿집, 선술집이 발길 닿는 곳마다 있었으니 말이다.

한국 선술집에 걸맞은 일본 대중주점은 이자카야(居酒屋)다. 한데, 서민의 애환이 서린 이 두 이름이 풍기는 뉘앙스가 어째 쌍둥이처럼 닮은 구석이 있다. 우선 두 나라 국어사전 뜻풀이 자체가 흡사하다.

아카초칭이 걸린 이자카야.

[선술집] 술청 앞에 선 채로 술을 마시게 된 술집(『새국어 사전』, 동아출판사).
[이자카야] 가게 앞에서 술을 마시게 하는 술집(『고지엥』 이와나미).

물론 지금에 와서 이런 사전의 뜻풀이대로 하는 곳은 일본이건 한국이건 거의 없다. 모든 것이 전문화되어 가는 세태를 반영하듯 한국에서는 선술집이라는 명칭 자체가 거의 쓰이질 않는다. 안주 종류별로 "고기(肉類)로 할까, 회로 할까?"이거나, 그도 아니면 숫제 단골집 옥호로 목표를 정하는 주당(酒黨)들이 대부분이리라.

일본에서는 지금도 여전히 이자카야라는 단어가 살아 있다. 아니, 언제부터인지 현해탄을 건너 이 땅으로도 상륙했다. 이른바 퓨전을 내세우기 일쑤지만, 어쨌든 음식점이 즐비한 곳이면 어김없이 고개를 내민다.

슬쩍 훔쳐보니 손님의 절반은 젊은이들이다. 하기야 반일 구호와 음식 기호(嗜好)가 무슨 상관이랴. 일본에서 야키니쿠(燒肉)가 한국음식의 대명사로 통하며 인기를 누리는 마당이니 더욱 그렇다.

일본에서는 옥호 곁에 이자카야라는 단어를 병기해둔 술집이 적잖다. 예전에는 담쟁이덩굴 가지를 가게 문 앞에 늘어뜨려 심벌로 삼았다는 기록이 있거니와, 지금은 아카초칭(赤提燈)이라 불리는 붉은 등을 표지로 친다.

그러니까 아카초칭을 내다 건 것은 술집 주인이 빈대떡 신사와 같은 서민 주당들에게 값이 싸니 주머니 걱정일랑 접어두고 일단 한번 들어와 보시라는 시그널을 보내며 호객하는 것이나 다름없다.

자, 어쩔 것인가. 분위기 값을 한답시고 와장창 지갑을 털어가는 스나쿠(snack)나 구라부(club)를 택할 것인가, 나중에 두고두고 후회하지 말고 그저 값싸고 안주 푸짐한 이자카야로 발걸음을 돌릴 것인가? 판단은 주당 스스로가 내릴 일이다.

꼭 꼭 숨겨라
머리카락 보일라!

혼네 本音 ほんね

겉 다르고 속 다르다는 말이 있다. 한자어 표리부동(表裏不同)을 우리말로 그냥 옮긴 표현이지 싶다. 어원을 캐보려고 국어사전을 뒤적이니 표리라는 낱말의 두 번째 뜻풀이가 다소 수상쩍다. '왕조 때 임금이 신하에게 내리거나 신하가 임금에게 바치던 옷의 겉감과 안감'(동아출판사 『새국어사전』)이라니까.

이때의 겉과 속이 일본어로는 필경 다테마에(建前)와 혼네이다. 아무리 친한 사이라도 여간해서는 드러내지 않는다는 일본인들의 속내, 그것이 바로 혼네인 것이다. 그렇게 속마음은 가슴 깊숙이 묻어두고, 겉으로 내세우는 명분이 다테마에다. 적당한 비유가 될지 모르지만, 이야기를 거꾸로 돌려 일본인이 느낀 한국인의 심성 쪽으로 한번 접근해보기로 하자.

SF 작가이자 저술가인 도요타 아리쓰네(豊田有恒)가 『일본인과 한국인, 이것이 다르다』는 제법 궁금증을 자아내는 책을 펴낸 적이 있다. 내용 가운데 「한국인은 스파이 행위가 서투르다」는 항목에서 흥미로운 지적이 눈에 띈다. 요점만 정리하자면 이렇다.

> 한국인은 세계에서 가장 스파이로서의 적성이 모자라는 사람들이다. 주의주장이 앞서 스트레이트로 행동해서야 스파이로서는 실격이다. 한국인의 직정경행(直情徑行)한 국민성은 의리와 인정이 넘치기도 하여, 외교나 스파이 공작 등 표리를 적당히 나눌 필요가 있는 분야에는 어울리지 않는 게 분명하다.

직정경행이라는 단어는 꾸밈없이 내키는 대로 행동한다는 뜻이다. 말하자면 한국인에게는 혼네나 다테마에가 따로 있는 게 아니어서 감추고 말고 할 건더기가 없으며, 그것은 곧 마음이 통하는 사람에게는 간도 쓸개도 다 내주는 식의 무분별로 이어진다는 분석처럼 들린다.

아무래도 영 틀린 지적은 아닌 성싶다. 우리는 오히려 그런 식으로 처신해야지만 꾀죄죄하지 않고 통이 큰 사람으로 추겨 세워진다. 그러니 물불 가리지 않고, 앞뒤마저 재지 않는 한국인의 성급한 성격은 치밀성이 우선해야할 스파이 노릇과는 상극일 수밖에 없다.

그에 비하자면 답답할 정도로 혼네를 감추고 사는 일본인들은 곡정우행(曲情迂行)의 민족이라고 할만 했다. 하지만 세월이 흐르다보면 이 오랜 습성에 도전하는 돈키호테도 나타나기 마련이다. “이제 우리도 할 말은 하고 살자!”고 외치는 사람들, 대개는 우익 지식인 아니면 정치가들이다. 하지만 그들이 입에 올리는 할 말이라는 것이 역사를 왜곡하는 억지인 경우가 비일비재(非一非再)하니 되레 답답하기 짝이 없다.

일상어(日常語)가 드러내는
은근한 차이

우소 嘘

낯선 외국어 중에도 유독 귀에 속속 들어오는 단어가 있기 마련이다. 영어를 거의 못하는 어느 한국인이 전투라도 벌이는 각오로 미국여행을 떠났다가 의기양양하게 돌아왔다.

농반 진반으로 털어놓은 그 이의 무용담인즉 생큐(Thank you)와 플리즈(Please)만 적절히 쓰니 만사 통하더라는 것이다. 과연! 일본어에도 있다. '도~모(どうも)'와 '도~조(どうぞ)'가 그것이다. 영어로 치자면 앞쪽이 생큐요, 뒤쪽이 플리즈인 셈이다. 누구라도 일본 땅에서 하루만 지내면 귀가 따갑도록 들을 수 있다. 일본어가 서툰 내 지인은 일본생활 중에 이 두 단어를 아주 슬기롭게 써먹었다. 그가 자랑했다.

"상투적으로 고맙다고 할 때는 '도~모'라고 한 번만 한다. 좀 더 고마울 때는 두 번 한다. 진짜 고마우면 연거푸 세 번 해준다.

도~모, 도~모, 도~모!"

절묘했다. 그쯤이면 일본어 능력시험 2급은 받아야 마땅하다. 실전 일본어 시험이 있다면 1급에 버금가리라. 만약 좀 더 욕심을 내고 싶다면 하나만 더 외우면 된다. 나루호도(なるほど)다. 한자로는 성정(成程)이라고 적는다.

부사 용례와 감탄사 용례가 있는데, 일상생활에서 일본인들이 쓸 때는 거의가 감탄사 쪽이다. 사전에 나오는 뜻풀이는 '동감하거나 상대의 이야기에 맞장구 쳐줄 때 터트리는 말'이었다.

일본인들은 자기주장을 대놓고 드러내기를 꺼린다. 남의 이야기를 면전에서 반박하기도 주저한다. 그래서 혼네니 다테마에니 하는 표현이 나왔다.

그런 성격들인지라 남과 대화를 나누면서 입에 발린 시늉이더라도 수시로 나루호도를 연발하는 것이다. 좀 오래 일본생활을 한 외국인이라면, 그 때 그 때 옥타브나 뉘앙스에서 미묘한 차이를 눈치 채기도 하지만….

한일 양쪽 젊은 여성들이 걸핏하면 내뱉는 상투어에서도 기이한 대목이 발견된다. 서울의 명동이나 압구정동을 걷노라면 '진짜?'라는 소리가 시도 때도 없이 들려온다.

예컨대 아무개가 누구랑 사귄다더라는 친구의 귀엣말에 설마 그럴 리가… 혹은 놀라운 일인데…라고 반응할 때 '진짜?'라고 하는 듯하다. 똑같은 상황에서 일본의 긴자나 롯폰기에서 마주치는 젊은 여성들은 '우소!'라고 한다. 우소는 거짓말이라는 뜻이다.

어째서 한쪽은 '진짜?'이고 다른 쪽은 '가짜!'일까? 알쏭달쏭한 말의 세계, 새길수록 재밌다.

헤아 ヘア

일본인들은 외래어를 만드는 귀신이다. 간혹 다른 언어가 고개를 내밀기도 하나 주로 영어를 갖고 지지고 볶는다. 일러 화제영어(和製英語)다. 당연히 아무 거리낌 없이 곧잘 쓰기도 한다.

대개 두 가지 방법으로 짜낸다. 우선 영어만으로 짜깁기한다. 성희롱을 뜻하는 세쿠하라(セクハラ)가 대표적이다. sexual harassment를 토막 쳤다.

최근 새로 선보인 것으로는 아라사(アラサー), 아라포(アラフォー)라는 게 있다. 이건 또 뭐지? 앞쪽은 around thirty, 뒤쪽은 around forty에서 끌어온 말로, 각각 서른 전후와 마흔 전후 나이를 가리킨다. 2005년 11월 창간된 여성잡지 〈지젤(GISELe)〉이 처음 쓰기 시작하면서 퍼져나갔다고 한다.

다음은 일본어와 비벼놓은 외래어가 있다. 아사도라(朝ドラ)가 그렇다. 아침을 뜻하는 아사(朝)에다 드라마(ドラマ)를 오려서 붙였다. 서민의 인기를 끌며 높은 시청률을 자랑하는 NHK 아침 드라마 「연속 텔레비전 소설」(連続テレビ小説)을 지칭한다.

오래 전 신문, 잡지를 비롯한 일본 언론에서 느닷없는 헤아 논쟁이 붙었다. 외국인 처지에서는 기사 제목에 달린 헤아라는 단어만 보아서는 그게 무슨 입씨름인지 갈피를 잡기 어려웠다. 소위 가타가나어(カタカナ語)이니까 외래어임은 분명했다. 그래서 이리저리 머리를 굴려 집어낸 것이 머리카락, 헤어(hair)였다.

맞기는 맞았다. 틀림없이 영어로는 그랬다. 하지만 머리카락이 아니었다. 거웃, 그 중에서도 문제가 된 헤아는 여성의 것이었다. 어느 유명 사진작가가 당대 최고 인기 영화배우의 누드 사진집을 출판하면서 헤아를 그대로 노출시킨 것이 화근이라고 했다.

솔직히, 헤아의 의미를 알아차리고 흘렸던 웃음보다 더 큰 웃음이 터져 나왔다. 한국어 거웃처럼 일본어 어휘가 있을 터인데도 굳이 헤아라는 외래어를 들이댄 일본인답지 않은 성(sex)에의 새삼스런 외경이 우스웠다.

또 풍속(風俗)산업이라는 용어 아래 섹스의 물결이 넘실대는 일본 땅에서, 유독 헤아만을 불가침의 성역인양 문제 삼는 게 더 우습기도 했다. 그렇다면 조선시대 춘화(春畵)와는 질적, 양적으로 비교가 되지 않는 일본 마쿠라에(枕繪)의 노골적인 성희(性戲) 묘사는 도대체 무엇이란 말인가.

그 애매모호한 예술과 외설의 판정 기준은 일단 그림과 사진의 차이에 있는 성싶었다. 비유컨대 픽션과 논픽션의 가름라고나 할까? 하지만 좋게 말하자면 성에 관대하고, 나쁘게 말하자면 성에 문란한 일본인들 모습은 도처에서 발견된다. 텔레비전, 특히 거의 하루 종일 방영하는 민간방송(民放)이 대표적인 예이다.

낮이건 밤이건, 드라마이건 쇼 프로그램이건 걸핏하면 반라(半裸) 남녀가 펼치는 에로틱한 장면이 쏟아져 나와 외설과 불륜을 부추기고, 무방비 상태인 청소년의 성적 호기심까지 자극한다. 어느 한국 주재원 아내의 볼멘 푸념처럼 집안 어른이라도 다니러 와 있을 때는 함부로 텔레비전 켜기가 겁난다. 아무리 거기에는 헤아가 없다손 쳐도, 케이블 TV가 아닌 공중파 방송이 그럴진대 나머지는 불문가지이리라.

헤아 논쟁으로 문득 일본 역사서 『고지키(古事記)』의 천지창조 신화가 떠올랐다.

> 남신(男神)이 내 몸은 차츰차츰 완성되어 남아도는 부분이 있다. 그것을 당신 몸의 채 완성되지 않은 곳에 찔러서 막아 나라를 만들기로 하자며 여신(女神)을 유혹했다.

아무리 신화라지만 너무 낯 뜨겁다.

우주를 향한
과학기술의 성지(聖地)

다네가시마 種子島 たねがしま

20세기 최고 과학자로 일컬어지는 아인슈타인 박사. 그는 1922년, 바다 위에서 자신의 노벨 물리학상 수상 소식을 들었다. 그가 탄 배는 머나먼 극동의 섬나라, 일본을 향하고 있었다. 일본에 도착한 뒤 아인슈타인은 전국을 돌면서 43일 동안 강연 여행을 했다.

그가 어째서 그토록 먼 길을 마다 않고 일본을 찾았을까? 대답은 한 마디면 족하다. 그의 상대가 될 만큼 일본 과학 수준이 높았으리라. 무엇으로 입증할 것인가?

일본이 이미 러일전쟁 무렵에 미국을 뒤쫓아 잠수함의 원조라 할 잠수정을 만들었다면 수긍할까? 인명을 앗아가는 무기 이야기만 늘어놓는 게 썩 내키지는 않으나, 태평양전쟁에서는 자체 생산한 세계 최강 초대형 군함 야마토(大和)와 전투기 레이센(零戰)으로 미군의 간담을 서늘하게 만들기도 했다.

그렇다면 오늘 이 시간은…? 일본에서 초보적인 형태의 로켓 수평 발사 실험은 1955년에 행해졌다. 국립 도쿄대학의 자체 연구에 의한 것이었다. 그 후 1969년이 되자 우주개발사업단이 발족되고, 부설 우주센터가 세워졌다.

일본인들이 세계에서 가장 아름다운 로켓 발사기지라고 자랑하는 860만 평방미터의 우주센터가 세워진 곳은 일본열도 최남단 가고시마 앞바다 섬 다네가시마. 16세기 중엽, 포르투갈 장사치가 당대 최첨단 신무기였던 총 두 자루를 전해준 곳도 바로 여기였다.

일본은 1977년 첫 정지(靜止)위성 「기쿠」(菊, 국화) 2호 발사에 성공했다. 그로부터 지금까지 더러 실패의 쓴 잔도 마셔가며 수없이 로켓을 쏘아 올렸다. 그런 식으로 미국과 러시아, 프랑스에 이어 세계에서 네 번째로 우주라는 무한 공간에 손을 뻗친 일본.

잠깐 기록을 살펴보자. 수소(水素)의 원소기호 H를 붙인 H2A 로켓 1호기를 2001년 발사한 이래 37호기가 다네가시마 발사대를 떠난 게 2017년 12월이었다. 민간 기업인 미쓰비시중공(三菱重工)과 공동 개발한 H2B 로켓은 2009년 1호기에 이어 2019년에는 8, 9호기를 잇달아 발사할 예정이다. 게다가 2014년부터는 차세대 기간(基幹) 로켓이 될 H3 로켓 개발도 동시에 진행하고 있다. 1992년 첫 우주인이 탄생하더니 줄줄이 뒤를 이어 우주인 명부에 이름을 올렸다.

2015년 12월에는 5년 전 올려 보낸 탐사 위성 「아카쓰키」(曉,

새벽)를 금성(金星) 궤도에 진입시키는데 성공했다. 이것은 일본이 지구 이외 행성(行星)으로 탐사기를 투입한 첫 사례였다.

금년(2018년) 한 해 수성(水星) 탐사기 등 5기의 위성을 로켓에 실어 보내는 것을 비롯, 2025년까지 대략 40기의 위성 발사 프로그램이 세워져 있다는 다네가시마. 당면 목표는 러시아의 소유즈와 같은 유인 우주선 보유라고 한다.

일본이 보다 효율적인 우주 개발을 노려 관련기관을 통합한 우주항공연구개발기구(Japan Aerospace eXploration Agency, 약칭 JAXA)를 출범시킨 것이 2003년이었다. 그동안 쌓아온 값진 성과에도 불구하고 JAXA는 아직 성에 차지 않는 모양이다. 미국 NASA와 견주면서 예산(1천800억 엔)과 인원(약 1천600명)이 10분의 1에 불과하다고 엄살을 떤다.

와중에 더 신경이 쓰이는 것은 이웃 중국이 펼치는 우주 굴기(崛起). 하늘 궁궐(天宮)에다 신의 조각배(神舟), 옥토끼(玉兎) 등 화사한 이름을 달고 우주를 휘젓고 있으니 이미 다네가시마를 넘어선 것인가? 중국공산당 창당 100주년(2021년)에 맞춰 화성 탐사선 발사 계획도 진행하는 모양이니 일본의 오금이 저릴 만하다.

하지만 일본정부가 「과학기술기본법」을 제정한 1996년부터 5년 단위로 과학기술 기본계획을 수립, 시행하고 있음을 놓쳐서는 안 된다. 현재 진행 중인 제5차 연도(2016~2020년)에는 다소 줄었다는 예산 규모가 12조8천억 엔이다.

우리로서는 엄두조차 못 낼 풍부한 자금력. 다네가시마가 상징하는 눈부신 과학기술…. 지금까지 스무 명이 넘는 일본인이 과학부문 노벨상을 받은 게 결코 우연이 아니었음을 이제야 알겠다.

조쿠 族 ぞく

영어의 신(神=God)이라는 단어를 뒤집으면 개(Dog)가 된다는 우스개가 있다. 영국에서는 비행(非行) 청소년을 얍(Yob)이라 불렀다. 이 또한 소년(Boy)이 물구나무 선 것이었다.

일본인들은 조쿠라는 말을 곧잘 쓴다. 사회적인 현상으로서의 무슨 무슨 족이 등장한 지는 어언 반세기가 되어간다. 대표선수는 보소조쿠(暴走族)와 다케노코조쿠(竹の子族)였다.

앞쪽은 오토바이나 자동차를 떼 지어 몰고 다니며 이따금 행패를 부리기도 하는 거리의 무법자를 가리켰다. 뒤쪽은, 그보다는 한결 고상하지만, 내 인생은 나의 것을 외치며 청춘을 만끽하는 히피풍 젊은이들을 지칭했다.

다케노코조쿠의 메카는 도쿄 시내 하라주쿠(原宿)였다. 일요일만 되면 이곳에 삼삼오오 모여 형형색색으로 물들인 머리카락에 선글라스, 가죽옷 차림의 정장(!)으로, 직접 악기를 연주하거나 야외용 전축을 요란하게 틀어놓고 무아지경에 빠져들곤 했다. 그곳은 하필 다리 하나 건너에 근엄한 메이지신궁(明治神宮)이 있어서 절묘한 신구(新舊) 대비를 눈요기할 명소로도 각광을 받았다.

다케노코란 죽순(竹筍), 나아가 풋내기를 뜻하는 낱말이다. 그것이 특정 젊은이 집단의 대명사가 된 것은 1978년 하라주쿠에 뷰티크 다케노코라는 간판을 단 옷가게가 생겨남으로서 비롯되었다. 이 가게에서 파는 원색의 현란한 옷을 차려 입은 젊은이들이 주변에 몰려들었다는 의미에서 작명된 것이었다.

이후로도 많은 족들이 사회의 변모에 따라 부침했다. 인기 여성잡지 〈앙앙(an-an)〉이나 〈논노(non-no)〉를 즐겨보며 물 쓰듯 돈을 뿌리고 다니는 여성들은 머리글자를 하나씩 따 안논조쿠라 불렸다. 나중에는 집구석에만 틀어박혀 자신만의 성(城)을 쌓는 오타쿠조쿠(お宅族)도 등장했다. 원래 이 말은 남을 부를 때 이름으로 부르지 않고 오타쿠(한국어로는 댁이나 당신이 걸맞겠다)라고 하는 게 변형되었다.

한국에서는 이를 한국식 발음으로 비틀어 덕후라고 한단다. 일본에서처럼 사회성이 부족한 사람을 뜻하다가, 현재는 어떤 분야에 몰두해 전문가 이상의 열정과 흥미를 가진 사람이라는 긍정적인 의미로 사용된다는 설명이었다.

기성 관념을 깨트린 신인류, 신진루이(新人類)가 나타난 시기는 1980년대 중반이었다. 1990년대에 접어들어 이름붙일 말마저 궁할 만치 뉴 제너레이션이 출몰하자 '신'을 하나 더 붙여서 신신진루이(新新人類)라며 얼버무려야 할 지경이었다.

그건 그렇고, 예전에 우리 주변에서 곧잘 들려오던 오렌지족이니 야타족이니 하는 한국판 얍(Yob)들은 지금 어디서 무엇을 하고 있으려나?

서민의 애환 담아
심금을 울린 노래

엔카 演歌 えんか

미소라 히바리 앨범 「뒤돌아보지 마세요」.

'일본주식회사의 사가(社歌)를 불러온 여인.'

유명한 대중문학상인 나오키상(直木賞) 수상작가 니시키 마사아키(西木正明)가 한 여가수를 칭송하여 이런 정의를 내렸다. 차마 국가(國歌)라고 하지는 못하니까 에둘러 사가라고 했다.

주인공은 1989년 6월에 타계한 미소라 히바리(美空ひばり). 그녀는 왜 그토록 추켜 세워졌으며, 온 일본 신문과 방송이 그녀의 부음에 국상(國喪)이 난 듯 추모와 애도를 표한 것일까?

이유는 한 가지다. 전쟁에 져 황폐해진 국토, 그 잿더미 속에서 고달픈 삶을 이어가던 일본인들 마음을 그녀의 노래가 어루만져

주었기 때문이다. 엘레지의 노래, 서민의 가요 엔카. 엔카의 여왕 히바리는 무려 1천700여 곡의 심금을 울리는 노래를 남겼다.

그래서 감히 선언하건대, 폐허로부터 일본을 건져내어 경제대국을 일군 공로에서 엔카를 빼먹지 마시라. 마치 옛 우리 어른들이 풍자와 해학이 넘치는 노동요(勞動謠)를 읊조리며 시름을 이겨낸 것처럼, 일본인들에게 히바리의 노래는 오아시스였다. 일본정부가 그녀에게 「국민영예상」을 대중가수로서는 처음으로 추서한 것이 그걸 입증하고 남는다.

엔카. 발음이 같아서 염가(艶歌)로도 쓴 엔카의 원류는 멀리 19세기말로 거슬러 올라간다고 한다. 메이지시대였던 당시, 자유민권운동이 펼쳐지면서 정권 비판을 노래에 담은 정치 풍자가요를 연설노래(演說歌)라고 칭한 것이 기원이라는 것이다. 가운데 설(說)만 빠지고 민중가요의 하나인 엔카로 뿌리내렸다는 해설이다. 약간 전문적인 흉내를 낸 풀이는 이랬다.

> 일본조(調) 유행가의 하나. 절묘한 가락을 살린 통속적인 멜로디. 2박자에 단조곡(短調曲)이 많고 의리인정(義理人情)을 노래한다. (디지털 국어사전 『다이지센(大辭泉)』)

2007년에는 엔카 역사상 획기적인 사건이 연달아 일어났다. 어느 출판사가 중·고등학생용 음악 교과서에 사상 처음 엔카를 집어

넣었는데, 담당 관청인 문부과학성으로부터 당당히 검정 합격을 받은 것이다. 일본인의 삶 속에서 풍기는 내음과 인정을 배우는데 빠트릴 수 없는 음악문화라는 게 편집자의 주장이었다.

또 이 해 일본 문화청과 PTA전국협의회가 공동 선정한 일본 노래 100선(選)에 히바리 히트곡 「강물이 흐르듯이」를 위시한 엔카가 다른 동요, 창가(唱歌)와 어깨를 나란히 뽑힌 것은 어쩌면 당연한 일이었다. 게다가 이쓰키 히로시(五木ひろし)는 도쿄 국립극장 무대에 올라 엔카 가수로는 유사 이래 첫 공연을 함으로써 언론에 대서특필되었다.

그 후 다양해진 대중음악 장르와 변화된 젊은 팬들 취향으로 인해 엔카가 홀대를 받는다는 풍문이 들려왔다. 문득 일본에서 살던 시절, 민방(民放)이 아닌 NHK 텔레비전이 황금시간대에 엔카 프로그램을 편성하여 매주 방영하던 기억이 떠올라 인터넷 검색을 해보았다.

살아 있었다. 간판이 바뀌어 「새 일본의 노래(新日本のうた)」, 위성방송인 BS프레미엄에서 매주 일요일 오후 7시30분부터 9시까지 내보낸다고 했다. 2018년 4월 22일로 예정된 프로그램은 이쓰키 히로시 특집으로 꾸며진다는 선전 문구가 큼지막하게 홈페이지를 장식하고 있었다.

> 일본인의 마음에 깊이 남은 숱한 노래들. 수많은 이들의 지지를 받아 오랜 세월 친숙한 일본의 스탠더드 넘버라고 할 명곡을 소개하는 음악 프로그램.

NHK의 자화자찬이라고 못 본 척해도 그만이로되, KBS 「전국노래자랑」처럼 매주 전국을 누비며 무대를 꾸미는 「새 일본의 노래」. 한낱 가요 프로그램으로 치부할 수도 있겠건만, 2019년 2월 21일까지 무려 2년 치 개최지 일람을 미리 짜서 공시(公示)해놓은 치밀함. 혀를 내두르다가 그럼 그렇지, 일본인의 엔카 사랑이 그리 쉬 식을 손가 싶은 기분이 들었다.

서민들 애환을 절절히 담아낸 한국 대중가요 역시 정서상 엔카와 친자매나 마찬가지다. 우선 책 한 권을 펼친다. 음악평론가 기타나카 마사카즈(北中正和)가 쓴 『일본의 노래』, 거기 이런 구절이 눈에 띈다.

> 1960년대에는 이미자(李美子)가 일본에 데뷔하거나 아버지가 한국적(韓國籍)인 미야코 하루미(都はるみ)가 등장하기도 합니다만 (…) 일본 이름으로 활약하는 재일(在日) 한국인 가수가 본명을 입에 올리기 힘든 상황이 이어져 왔습니다.
>
> 그런 상황에 하나의 전기를 마련한 것이 이성애(李成

愛)의 「가슴 아프게」와 「열창」이라는 앨범이었지요. '엔카의 원류를 찾는다'는 부제가 붙은 그 앨범에서 그녀는 한국과 일본 엔카를 가리지 않고 불러 반향을 일으켰으며, 한때 엔카의 기원을 에워싼 논쟁까지 생겨날 정도였지요.

한일 두 나라 서민의 애환과 더불어 흘러내려온 정겨운 멜로디. 호칭이야 엔카든 트로트(Trot)든 대중가요든, 제발 그토록 구성진 가락을 뽕짝이라며 얕잡지는 마시라.

고도 경제성장기에
울려 퍼진 노랫가락

가라오케 カラオケ

신천지를 개척해가는 미국문화의 첨병은 코카콜라와 햄버거였다. 그에 비해 일본은 다쿠앙(澤庵)이 상징하는 재패니즈 푸드(japanese food)가 있다. 정작 일본 음식점에 가면 다쿠앙 구경하기가 쉽지 않지만, 생선회와 초밥 따위 와쇼쿠(和食)는 어느 결에 서양인 입맛마저 돌려놓고 말았다.

먹을거리는 아니로되 일본 대중문화의 첨병으로 자리를 굳힌 게 또 하나 있으니 바로 가라오케다. 반일 무드가 뿌리 깊은 한국 땅의 노래방 열풍은 이미 원조를 능가했다. 세계 유일무이 폐쇄 사회인 북한에도 진작 진출했다니 가히 신품종의 일본문화 소리를 듣기에 충분하다.

실제로 민간 싱크탱크 후지(富士)종합연구소가 「세계를 빛낸 20세기 일본제품」을 조사한 적이 있었다. 수도권 거주 남녀 2천 명에게 물었는데, 라멘(인스턴트 라면)에 이어 가라오케가 2위에 올랐다.

가라오케는 누가 발명했는가? 두 가지 설이 들린다. 첫째는 음향기기 메이커 파이오니어가 1970년 9월 마이크 믹싱 장치가 내장된 오디오를 시판한 것이 먼저라고 했다. 가요 테이프에서 가수 목소리를 빼고 반주만 남겨둔 뒤 마이크를 연결하여 아무나 따라 부를 수 있도록 했대서 가라(空=가짜, 혹은 비어 있는) 오케스트라, 즉 가라오케라 명명했다는 것이다. 이 설을 뒤집는 책이 일본에서 출간된 적이 있는데, 제목마저 『가라오케를 발명한 사나이』였다.

이 책에 의하면 이노우에(井上)라는 성씨를 가진 밴드마스타가 발명의 주인공이다. 그는 음악적인 재능은 별로였는데, 노래 부르는 손님의 음정과 박자를 잘 맞춰주는 게 특기였다. 어느 날 평소 아는 중소기업 사장이 지방여행을 함께 가자며 졸랐다. 여흥에서의 반주를 부탁할 요량이었다.

다른 일로 바빠 동행이 어려웠던 그가 자신의 반주를 녹음한 테이프를 대신 전달했다. 나중에 여행에서 돌아온 사장이 활짝 웃으며 엄지손가락을 내밀었다.

잘 하면 장사가 되겠다는 판단이 들었다. 그는 즉시 곡만 취입한 테이프가 딸린 앰프를 고안했고, 노래가사 카드도 별도로 덧붙였다. 1971년 정월에 「8 주크」라는 이름으로 세상에 선보인 이 물건이 세계 첫 가라오케 기기라는 것이다. 하지만 천려일실(千慮一失), 그가 특허를 신청하지 않아 돈방석에 앉을 절호의 찬스는 놓쳐버렸다고 한다.

가라오케가 먹혀든 요인은 일본의 시대상과 겹친다. 고도 경제 성장기를 맞아 주머니 사정이 나아진 서민들은 슬금슬금 주위를 두리번거리며 마땅한 놀이를 찾게 되었다. 그러나 출생률 저하에다, 도시는 과밀해진 반면 농촌은 과소해지는 등 재래의 공동체 개념이 무너짐으로써 놀이 스타일도 달라지지 않을 수 없었다. 혼자서, 혹은 서너 사람만으로도 가볍게 즐길 수 있는 유희가 없을까?

머리를 짜내어 여유 속의 빈곤에서 찾아낸 삼락(三樂)이 있었으니 여행, 골프, 가라오케가 아니었나 싶다. 특히 적은 비용으로, 성가시지 않게, 누가 알아주든 말든 가수가 된 양 자기만족에 젖어들게 해주는 가라오케는 밤거리의 네온 불빛을 받아 더욱 현란하게 넘쳐났다. 그 덕에 karaoke라며 영어사전 『웹스터』에도 버젓이 오른 국제어가 되었으니 출세 한번 빨라서 좋다.

고객을 왕으로
모시는 증거?

우에사마 上様 うえさま

일본 음식점 카운터에서 계산을 치르고 영수증을 끊어 달라고 하면 십중팔구 종업원이 되묻는다. "우에사마라고 해도 괜찮습니까?" 처음 경험하는 사람은 일순 화들짝 놀란다. 우에사마라니?

우에사마는 본시 임금이나 주군을 가리키는 단어가 아닌가. 조선왕조로 치면 상감마마나 마찬가지다. 그것이 현대에 와서 다른 뜻이 덧붙여졌다.

국어사전 『고지엔』에는 '첫째, 귀인의 존칭. 천황, 쇼군(將軍) 등을 지칭함. 둘째, 상점에서 영수증 등에 손님 이름 대신 적는 단어'라고 나와 있다. 그러니까 장사치들이 고객을 왕으로 모시겠다는 결연한 의지를 담은 표현이 그런 식의 경칭으로 굳어졌지 싶다.

상대 이름 뒤에 붙이는 호칭도 몇 가지가 있다. 계집아이는 짱(ちゃん)이고, 사내아이는 쿤(君)이 일반적이다. 귀여운 처녀에게

도 가끔 짱을 붙인다. 또 남자들이 손아래 부하를 부를 때도 쿤이 예사다.

다음은 상(さん)이나 사마(様)다. 사마는 격식을 갖추어야 할 상대 혹은 회사명 다음에 따르는 경칭이다. 가령 '000출판사 사마'라고 적힌 우편물을 받을 수 있다.

호칭 가운데 두루뭉실, 가장 흔하게 쓰는 것이 상이다. 연하건 연상이건, 지위가 높건 낮건, 친하건 아니건 편하게 써먹을 수 있으니 만능열쇠나 다름없다.

아들이 제 아비의 친구에게 붙여도 전혀 무엄하게 여기지 않으며, 일본 정치가 가운데 제일 높은 총리를 '아베 상!'하고 불러도 결코 방자하게 받아들이지 않는다.

말이 나왔으니 말이지만, 난생 처음 일본 국회의사당에서 열린 대정부 질문 장면을 NHK로 시청하다가 내 귀를 의심한 적이 있었다. 야당 국회의원이 마이크를 잡고 총리를 향해 언성을 높이며 무언가를 따진 뒤 제자리에 앉는다.

그러면 진행을 맡은 해당 상임위원장이 발언대로 총리를 불러낸다. 이때 태연히 총리의 성에다 쿤을 붙이는 게 아닌가! 하기야 일본국회 홈페이지를 열어보면 국회의원 명단에 죄다 쿤이 달렸다. 처음 국회가 열렸던 시절에는 쿤이 경칭이었기 때문이다.

이번에는 일본인의 성씨에 얽힌 사연. 일본에는 하늘의 별만큼이나 성씨가 많아 외국인들이 질겁한다. 신문을 읽거나, 텔레비전을 보거나, 사람을 만나거나, 하루 평균 하나 이상의 새로운 성씨를 대하게 된다.

『일본인의 성씨, 재미있는 잡학』이란 책을 쓴 일본가계도학회 회장은 그 수가 20만이라고 했다. 200~300이 고작인 한국인 성씨와는 천양지판이다. 당연히 사연이 있었다.

메이지유신으로 새 정부가 출범하자 성씨 없이 살아온 서민들도 성을 갖게끔 명자필칭령(名字必稱令)이 내려졌다. 우리의 주민등록번호처럼 효율적인 국민관리가 목적이었다. 한꺼번에 창씨를 하려니 우왕좌왕, 얼렁뚱땅 할 수밖에 없었다.

산 아래 사는 사람은 야마시타(山下), 밭 가운데 집이 있는 사람은 다나카(田中)라는 식이었다. 그렇게 성씨가 많다보니 자칫 헷갈리는 수가 있다. 가령 이런 경우다.

2018년 4월 25일, 도쿄 아카사카교엔(赤坂御苑)에서 천황이 주최하는 정례 봄 원유회(園遊會)가 열렸다. 사회 각계 인사들이 초청되는 자리인데, 이때 언론의 스포트라이트는 두 사람에게 쏠렸다. 한 명은 평창 동계올림픽 피겨 스케이팅 금메달리스트, 다른 한 명은 일본장기(將棋) 천재로 불리며 장기판을 휩쓴 최고 고수. 활동 영역이 판이한 두 사람이 원유회에서 만나 두 손을 마주잡은 장면이 신문 방송을 장식했다.

그런데 방송 뉴스를 들으며 고개를 갸우뚱한 외국인이 더러 있지 않았을까? 두 사람이 같은 성씨인데도 달리 불렸기 때문이다.

하뉴 유즈루(羽生結弦)와 하부 요시하루(羽生善治)로….

자신들도 미심쩍어 할 까다로운 성씨 풀이, 우리는 거저 일본에서 합법적으로 성을 갖지 않는 유일한 집안은 진짜 우에사마인 왕족들뿐이라는 사실만 기억하고 넘어가자.

무서움의 으뜸,
지진 중의 지진

다이신사이 大震災 だいしんさい

일본 어린이들에게는 예로부터 4가지 무서움이 있었다. 벼락, 불, 지진, 오야지(親父=아버지). 순서대로 훑어보자.

먼저 벼락. 일본은 대체로 일기가 불순하다. 방송 일기예보에서도 흐리고 때때로 비라는 말을 한국보다 훨씬 자주 듣게 된다. 당연히 벼락도 잦다. 청천벽력, 본디 말뜻대로 맑게 갠 하늘의 날벼락도 이따금 목격한다. 어찌 무섭지 않겠는가! "모진 놈 곁에 있다가 벼락 맞는다"는 한국 속담을 들려주면 일본의 어른들조차 부르르 떨지 모른다.

다음은 불. 목조 가옥이 태반을 차지하던 옛날에는 정말 대단했던 듯하다. 도쿠가와 막부(德川幕府) 시절의 에도는 몇 차례나 큰불에 휩싸인 기록이 나온다. 수시로 불이 나 세간살이를 태워먹는 바람에 엉뚱한 직업이 생겨 톡톡히 재미를 보았다. 이불 대여업이란다.

이번에는 지진에 앞서 오야지. 모르긴 해도 요즈음 일본 어린이들에게 오야지는 4대 무서움은커녕 4대 가소로움의 엄지에 꼽히리라. 이 점, 한국 역시 피차일반이다. 한두 자녀를 넘지 않는 핵가족 세상, 애지중지하는 사이에 잔뜩 어리광만 늘었다.

자, 끝 순서는 일본어로 지신(地震). 제 아무리 문명이 발달해도 떨칠 수 없는 무서움의 왕이 지진이다. 더구나 지질학 용어로 환태평양 플레이트(plate)에 맞물린 일본은 세계에서 발생하는 지진의 10% 이상이 집중되는 지진 왕국이다.

중부 지역 고베(神戶)를 덮쳤던 지진의 엄청난 피해는 20여 년이 흘렀건만 아직도 기억에 생생하다. 그토록 대비가 철저하다는 일본에서 5천 명이 넘는 인명을 순식간에 앗아가는 도저히 믿어지지 않는 일이 생겼으니까.

태풍에 이름이 있듯 일본에서는 지진에도 명칭이 붙는다. 대개는 일본 기상청이 지진 발생 지명에 따라 명명한다. 지진 규모가 커 지진 해일 쓰나미까지 덮치는 등 피해가 엄청난 경우에는 상황이 달라진다.

위에 나온 고베를 중심으로 한 지진은 한신·아와지 다이신사이(阪神·淡路大震災)다. 피해지역이 워낙 넓어 광역 지명을 인용했고, 그냥 지진이 아닌 대지진 재앙이어서 줄여 대진재로 격상되었다. 비슷한 케이스가 2011년 동북지방을 초토화한 지진으로, 히가

시니혼(東日本) 다이신사이다.

둘 다 각료회의 의결까지 거쳐 이름이 정해졌다니까 대진재가 정말 무섭기는 무섭다. 여기에다 현지에 거주하던 적지 않은 한국인까지 희생된 간토(關東) 다이신사이를 합쳐 3대 대진재로 꼽는다. 참고로 2016년 남부 구마모토(熊本)를 강타했던 지진은, 변경될 여지가 남아 있다지만, 아직은 그냥 구마모토 지진이다.

잦은 지진 탓에 예상 시나리오도 민(民)과 관(官)에서 번갈아 가며 낸다. 시차(時差)가 있어도 알맹이는 대동소이한지라 여기 맛보기로 예전에 관(중앙방재회의)에서 발표한 자료 하나를 들추어 보자.

> 도쿄 신주쿠, 겨울 어느 날 오후 6시. 고층 빌딩이 숲을 이룬 거리에는 오가는 인파가 물결을 이룬다. 전철은 퇴근하는 직장인들로 발 디딜 틈조차 없다. 그 시각 대지진이 발생했다.

위와 같은 가상 현실에서 간토 다이신사이와 비슷한 규모(M7.9)의 대지진이 도쿄를 축으로 다시 발생할 때 입게 될 자세한 피해 내용이었다. 이른바 수도(首都) 직하(直下) 지진에 대한 예상이었다.

주택 밀집 지역에서는 낡은 집들이 줄줄이 무너졌다. 모두 18만 채가 완파되었다. 여기서 4천 명의 희생자가 나왔다. 무너진 집에서 불길이 치솟아 주변으로 번지기 시작했다. 건물 안에 4만 명이 갇히거나 쓰러진 가구에 깔렸다. 61만 채 소실, 희생자 다시 8천 명. 휴대전화도 불통이다. 수백만의 난민이 전기마저 끊겨 암흑천지로 돌변한 길거리에서 밤을 맞았다.

지진은 크게 유감(有感)과 무감(無感)으로 나뉜다. 사람이 몸으로 감지할 수 있는 것이 유감 지진으로, 무서움의 대상이다. 유감은 다시 진도(震度, magnitude)를 표시하는 수치로 나누기도 하고, 미(微)·경(輕)·약(弱)·중(中)·강(强)·격(激) 등 한자 표기로 등급을 매기는 수도 있다. 그 무엇이든 간에 현재의 과학으로는 예측을 불허한다는 사실, 그래서 지진이 무섭고 대진재는 더 무섭다.

청결의 상징인가,
삼림 파괴 범인인가?

와리바시 割り箸 わりばし

난생 처음 서울에 온 한 일본 중견 언론인이 놀랍다는 표정을 지으며 물었다.

"한국인들은 식사를 할 때 언제나 젓가락과 스푼을 함께 씁니까?"

그렇다는 대답에 그는 고개를 갸웃거렸다. 동양문화권, 적어도 한·중·일 세 나라에서 가족이 저마다 수저를 갖추고 식사하는 나라는 한국밖에 없다는 게 그의 지적 호기심을 자극한 모양이었다.

그러고 보면 일본인과 중국인들은 거의 젓가락만 사용할 뿐, 숟가락은 공동으로 사용하는 것 하나가 달랑 식탁에 놓여진다. 일본인들은 숫제 된장국 미소시루(みそ汁)마저 국그릇을 들고 젓가락으로 저어가며 마신다.

짧은 소견이지만 한 가지 점에 생각이 미쳤다. 순가락 상용은 끼니마다 국물을 먹었다는 뜻이고, 그것은 곧 농경민족의 정주성(定住性)을 상징하는 게 아닐까? 떠돌이 삶에서는 국물처럼 귀찮은 존재가 없을 테니까…. 한민족이 남의 침략만 받았지 제대로 침략해본 적이 없다는 역사 또한 이와 결부시키고 싶었다.

젓가락의 일본어는 하시(箸)다. 발음이 같은 낱말 중에는 새(鳥)의 부리가 있다. 그래서 고대 일본 천황이 즉위 의식인 다이죠사이(大嘗祭)를 행할 때 푸른 대나무를 굽혀 핀셋 모양 도구를 만들어 신전에 음식을 올렸는데, 그것이 새의 부리를 닮아 하시라고 했다는 설이 있다.

일반인들이 젓가락을 쓴 것은 고분시대(4세기~6세기)였다는 게 정설로 통한다. 전문가들 이야기로 중국은 한대(漢代), 한국은

'청결'과 '삼림 훼손'의 두 이미지를 가진 와리바시.

낙랑군 유적과 삼국시대 고분에서 금속제 수저가 출토되었다고 한다.

일본의 하시는 분명 외래 문물이건만 와리바시로 불리는 일회용 나무젓가락은 독자적 창안품이다. 『식물지(食物誌)』『동아시아의 식사문화』 등을 저술한 국립민족학박물관 이시게 나오미치(石毛直道) 교수는 와리바시의 등장을 19세기 전후로 단정했다.

와리바시를 둘로 쪼개는 것은 잔치와 같은 축사(祝事), 제사와 같은 신사(神事)에서 세리머니의 시작을 의미했다. 그만큼 청결함을 강조하여 한 번 쓰고 버리는 와리바시가 등장했다는 것이다. 게다가 우동과 소바, 라멘처럼 면류가 지천인 일본에서 재질이 나무라 잘 미끄러지지 않는 와리바시는 필수품이나 다름없다.

소비량은 한창 때 250억 벌에서 190억 벌(1인당 연 150벌)로 떨어졌다(임야청, 2012년 통계). 그 중 중국산이 98%를 차지하고, 삼나무로 만드는 일본산은 2%에 지나지 않는다. 그 바람에 "일본에서 와리바시를 사용하니 열대우림이 파괴된다"는 비판이 일어나 소비량 감소로 이어졌다.

그래도 일부에서는 와리바시를 아이디어 상품으로 꼽으며 지지를 보내는 목소리도 여전하다. 경제림 육성을 위한 간벌(間伐)로 생긴 나무를 사용함으로써 재활용 효율을 높인다는 점, 나무가 쇠나 콘크리트에 비해 이산화탄소 배출을 억제하여 지구온난화 방지에 기여한다는 것이 장점으로 꼽혔다.

와리바시의 편리성과 위생성에도 불구하고 외부 눈총을 의식하는 음식점이 점차 늘어나는 추세다. 씻어서 다시 사용한다는 뜻의 아라이바시(洗い箸)를 도입한 식당이 2만여 곳으로 집계되면서 전체 음식점의 30%를 차지한 것이다(2013년 통계).

그럼에도 여전히 와리바시가 대세임을 어쩌지 못하는 현실, 일본 젊은이들이 자기 물건 가운데 남이 사용해서 가장 불쾌한 것으로 속옷과 젓가락을 꼽았다는 뉴스를 본 기억이 그래서 아직도 뇌리를 감돈다.

친근하고 듬직한
주민의 벗

오마와리상 お巡りさん おまわりさん

반일 교육을 받고 자라난 한국인에게는 일본경찰 이미지가 고울 리 없다. 일제 치하 헌병과 더불어 서민들을 괴롭힌 주재소 순사나, 독립 운동가를 무자비하게 탄압했다는 사상범 담당 특별 고등계 형사, 약칭 특고(特高)에 관한 이야기를 귀에 못이 박히도록 들었기 때문이다.

어느 나라 어느 사회나 대동소이할지 모르나 일본인 스스로도 경찰을 그리 탐탁하게 여기는 눈치는 아니다. 은어가 많은 것만 해도 그렇다. 26만여 명에 달하는 일본경찰은 통칭하여 사쓰(察)다. 경찰의 '찰' 자만 떼어서 읽은 것이다. 이에 비해 형사는 '데카'라는 은어로도 불린다. 유래가 재미있다.

전통 일본옷(和服)의 각이 진 소매를 카쿠소데(角袖)라고 한다. 오늘날 형사들이 유니폼이 아닌 사복을 입듯, 예전에는 카쿠소데의 일본옷을 입고 돌아다녔다. 그걸 그냥 카쿠소데라고 하려니까 다소 멋쩍었든지 앞뒤 한 글자씩만 따서 순서를 뒤바꾼 다음 데카라고 빈정거린 모양이었다.

경찰 조직 중 다른 나라에는 없는 독특한 것이 있다. 경찰 내부 은어로는 PB(Police Box)인 대민(對民) 접촉 최말단 부서 고방(交番)이 그것이다. 교대로 당번을 선다고 해서 고방이라 명명했는데, 역사가 무척 오래되었다.

메이지유신 직후인 1871년 도쿄에서 나졸(邏卒)을 채용하여 둔소(屯所), 현재로 치면 경찰서를 중심으로 동네 순찰을 시킨 게 출발이었다. 몇 해 뒤 경시청을 설치하면서 나졸을 순사로 바꿔 불렀고, 이들을 배치한 곳이 고방쇼(交番所)였다.

세월이 흐르면서 사람들은 친근감을 담아 고방에서 근무하는 순사를 오마와리상이라고 부르기 시작했다. 패트롤카가 아닌 자전거를 타거나, 아니면 그냥 도보로 골목길을 거니는 모습에서 '돌아다니는 사람'이 된 것이다. 순사의 순(巡)을 그대로 살린 셈이다.

반듯한 제복 차림에 경찰봉을 들고 동네를 방범 순찰하거나, 이따금 주민들 애로 사항에 귀 기울이고, 또 길 모르는 외지인을 가이드하기도 하는 오마와리상. 한국으로 치자면 방범초소를 약간 키운 규모인 고방은 전국 각지에 대략 6천 곳을 헤아린다. 두세 명이 24시간 교대 근무하는 오마와리상 숫자는 5만 명에 살짝 못 미친다.

훗카이도의 하코다테에서 예전 복장의 오마와리 상이 관광객 가족과 기념촬영.

2018년 봄에는 일본 최대 비와(琵琶)호수가 있는 시가현(滋賀県)의 한 고방에서 엄청난 사건이 발생하여 사회가 벌컥 뒤집혔다. 나이 고작 19살의 새파란 신참이 40대 고참 오마와리상을 고방 내에서 권총으로 살해했던 것이다. 근무 태도를 나무란데 앙심을 품고 저지른 범행으로 전해졌다.

하지만 전체적인 고방의 이미지는 밝고 화사하며 미담(美談)이 새어나오는 곳이다. 다소 세월이 흐른 과거지사이지만, 근무 중 순직한 오마와리상을 그리워하며 동네 꼬마들이 그가 근무하던 고방 책상 위에 하얀 꽃송이를 갖다놓던 애틋한 장면, 왕년의 특고와는 정말 유가 달랐다.

그래서인지 싱가포르와 브라질 경찰이 고방 제도를 수입해 가서 이름마저 'KOBAN'이라고 부른다는 자랑을 들은 게 오래 전이다. 이번에 다시 자료를 뒤적여 보니 사웅파울로 시내에 설치된 고방만 벌써 268곳이라는 통계가 나와 있었다.

부라쿠 部落 ぶらく

이따금 사람들의 입에 오르내리는 몇몇 단어가 있다. 부라쿠, 아이누(アイヌ), 자이니치(在日)…. 그것은 마치 일본판 게토(ghetto)라고나 할 차별과 멸시의 대상을 뜻했다. 국어사전 『고지엥』을 펼쳐 부라쿠의 정의부터 읽어본다.

> 신분적 사회적으로 심한 차별 대우를 받아온 사람들이 집단적으로 사는 지역. 에도시대에 형성되었으며 그 주민은 1871년(메이지 4년) 법제상으로는 신분에서 해방되었으나, 사회적 차별은 여태 완전히 근절되지 않았다.

한국으로 치자면 지난 시절 소 잡는 백정과 같았다. 세상살이의 가장 밑바닥 직업, 젊은이들로부터 기피 당한 3D 직종과도 비할

바가 아닌 막일에 종사한 이들이었다. 비슷한 용어에 에타(穢多)가 있었고 히닌(非人)이 있었다. 중국에서 유래되었다는 에타는 '더러울 예(穢)'라는 자의(字意)만으로도 대충 짐작함직 하고, 그보다 직설적으로 들리는 히닌은 비인간이라는 치욕적 폄훼였다.

신라 때 생겨나 고려시대로 넘어가면서 고착화된 백정처럼 우리 땅에도 반상(班常)의 구분에 비기지 못할 혹독한 비하어는 존재했다. 그 말이 그 말인 화척(禾尺)이니 무자리니 양수척(楊水尺)이니 하는 특정 직업을 지칭하는 용어들이 다 그랬다. 이들은 주로 버드나무 껍질을 벗겨 고리짝 따위를 만들어 팔아 생계를 이었다. 그러니 한국이나 일본이나 오십보백보라고 웃어넘길 일일까?

부라쿠에 대한 일본사회의 차별은 사전에도 나와 있듯이 워낙 뿌리가 질기다. 정부가 앞장서 「지역개선대책 특별조치법」(일명 지대법) 등을 시행했으나 진학, 결혼, 취업을 위시한 온갖 장애가 부라쿠민(部落民)의 발목을 잡아당겼다. 결국 부라쿠 출신자들은 사회의 그늘로 스며들지 않을 도리가 없었다. 그 바람에 조직폭력단(일명 야쿠자) 멤버의 60% 가량이 부라쿠 출신이라는 공안조사청 데이터가 제시되기도 했다.

이 같은 사회의 차별에 대응하여 부라쿠민들은 1922년 3월3일 전국 수평사(水平社)라는 단체를 결성했다. 당시 창립 취지문 타이틀이 「좋은 날을 위하여」였고, 이것이 일본 최초의 인권선언으로 받아들여진다.

그 후 수평사는 1942년 해산되고, 태평양전쟁이 끝난 이듬해 부라쿠 해방 전국위원회라는 명칭으로 되살아났다. 이 단체가 1955년 부라쿠 해방동맹으로 간판을 바꾼 뒤 1980년대 중반에 이르기까지 4개로 분파되었다.

이들은 지금도 〈가이호(解放)신문〉이라는 기관지를 발행하며 서로 소식을 전한다. 또 수평사 발상지인 고도(古都) 나라(奈良)에 1986년 수평사 역사관(1999년 박물관으로 개칭)을 세워 쓰라렸던 과거 기록과 생생한 자료들을 모아놓았다.

자, 이제 아퀴를 짓자. 그것이 부라쿠든, 아이누든, 자이니치든 차별적 용어가 횡행하는 곳은 결코 건강한 사회가 아니다.

괴롭히는 방법도 가지가지,
요지경 세상

세쿠하라 セクハラ

어느 집단에서건 미운 오리새끼처럼 따돌림 당하거나 놀림감이 되는 대상은 생겨나기 마련이다. 비단 사람뿐 아니라 동물의 세계에도 그런 학대 현상은 존재한다.

일본사회의 이지메(いじめ)는 그런 점에서 다소 독특하다. 우선 어느 세계에서나 있음직한 현상치고는 발생 빈도가 너무 높다. 게다가 따돌리는 이지메코(いじめ子)나 따돌림 당하는 이지메라렛코(いじめられっ子)의 살인이나 자살로 연결되기도 한다는 측면에서는 잔인하기조차 하다.

2013년 9월부터 일본에서는 새로운 법 하나가 시행되었다. 그 해 6월 의원 입법으로 가결한 「이지메 방지대책 특별법」이다. 법 제정 계기는 두 해 전 발생한 중부 지방 어느 중학교 2학년 학생의 이지메 자살이었다. 학교 측이 이를 은폐한 게 이듬해 뒤늦게 드러나 세상이 떠들썩해지자 국회의원들이 나섰던 것이다.

법으로 이지메를 막을 수 있을지 의문이지만, 이지메의 정의(定義)가 처음으로 명문화되었다. '다른 아동 생도가 행하는 심리적 또는 물리적인 영향을 끼치는 행위에 의해, 대상 생도가 심신의 고통을 느끼는 것'이라고 규정했다.

히로히토 천황이 재위한 쇼와(昭和)시대의 역사를 정리한 연표를 훑어보건대 사건으로서 이지메가 첫 등장한 것은 1952년 11월 24일로 나와 있다. 그 몇 해 전 동북부에 위치한 미야기현(宮城縣) 한 마을에서 백일해 예방접종 잘못으로 젖먹이 60여 명이 신체장애를 일으켰다. 이들이 초등학교에 입학할 시기가 되자 다른 아이들이 왁친, 왁친하고 놀리며 따돌린다는 내용이었다.

한동안 뜸하던 이지메가 재일 한국인에 대한 민족차별로 나타난 것은 1979년 9월의 일이었다. 도쿄 인근 사이타마현(埼玉縣)의 중학 1년생 임현일(林賢一) 군이 급우들로부터 냄새가 난다며 항상 놀림 당하고 시달린 끝에 투신으로 생을 마감하고 말았던 것이다.

1980년대 중반에는 이지메에 대한 일본사회의 관심이 피크에 달했다. 일본경찰청이 처음으로 『이지메 백서』라는 것을 발간하여 전국적인 실태를 파악했다. 이를 받아 문부성도 부랴부랴 긴급대책 마련에 나섰다.

그로부터 20여 년. 일본 언론에서 관련 뉴스가 그다지 눈에 띄지 않아 기세가 한풀 꺾였나 했다. 아니었다. 수치로는 여전했다.

도쿄의 공립 초중고를 대상으로 2006년도에 발생한 이지메를 조사한 결과, 한 해 전에 견주어 7배나 늘었더라고 도 교육위원회가 발표했다. 여기에는 이지메의 정의를 확대한 요인도 작용했다.

종래에는 계속적인 공격으로 심각한 고통을 받은 경우를 이지메라고 했다. 하지만 이지메로 인한 자살사건이 꼬리를 무는 바람에 이 정의에서 '계속적인'과 '심각한'이라는 표현을 빼기로 했다. 그렇게 새로운 기준을 적용한 조사에서는 놀리거나 욕설이 가장 많았고, 그 다음이 따돌리거나 무시, 쥐어박음 순으로 이어졌다.

예로부터 일본사회에는 무라하치부(村八分)가 있었다. 정확하게는 마을이 정해둔 규약을 어기는 통에 아무도 상대해주지 말도록 마을회의에서 벌칙이 내려진 케이스였다. 그것이 나중에 가서 단순한 집단 따돌림의 뜻으로도 쓰이게 되었다.

아이들 세계의 이지메가 어른들에게로 퍼진 것은 1980년대 후반이었다. 이 무렵 일본사회 여기저기서 다소 생소한 용어 하나가 들려오기 시작했다. 세쿠하라(セクハラ). 성적(性的) 괴롭힘을 의미하는 영어 sexual harassment에서 나온 말이었다. 주로 여성을 희롱하거나 수치심을 안겨주는 언동을 가리켰다. 정식으로는 1997년 남녀고용기회균등법을 개정하면서 세쿠하라 규정을 두었다고 한다.

2018년 봄 일본에는 다시금 거센 세쿠하라 폭풍이 불었다. 세쿠하라를 했다는 사람이 재무성 사무차관이라는 막강 정부기관

고위관료였고, 피해자는 방송사 여기자였기에 더 큰 관심이 쏠렸으리라. 결국 사무차관은 옷을 벗었다.

파와하라(パワハラ)가 세쿠하라를 뒤따랐다. 역시 영어 power harassment를 비튼 용어로, 직장 내에서 상사가 부하를 괴롭히는 것을 뜻했다. 이밖에 하급자에게 억지로 술을 마시게 하여 낭패 보게 만드는 것은 아루하라(アルハラ), alcohol harassment가 어원이었다.

인터넷 사이트에 오른 숫자만 해도 30종에서 40종까지 종류도 다채로운 일본 특유의 이런 하라, 저런 하라. 학교에서 이지메를 당하고 자란 착한 학생이 사회에 나가 세쿠하라나 파와하라에 다시 직면한다면 이를 어쩌나? 상상만으로도 소름이 돋는다.

고교 야구선수들,
꿈을 수(繡) 놓는다

고시엔 甲子園 こうしえん

일본인 쳐놓고 고시엔을 모르는 사람은 없다. 중부지방 니시미야(西宮)의 조그만 동네가 어찌 그리 유명한가? 야구장 덕분이다. 그렇다고 도쿄돔처럼 전천후 첨단 구장도 아니다. 이유는 그저 하나, 그곳에서 한해 두 번, 전국 고등학교 야구대회가 열리기 때문이다.

고시엔은 1924년에 건설된 프로야구 한신(阪神) 타이거즈 홈구장이다. 완공된 해가 갑자년(甲子年)이어서 고시엔으로 명명되었고, 동네 이름마저 고시엔으로 바뀌었다.

한국에서는 프로야구 출범 후 인기마저 시들해졌는데도 어지간한 신문사가 죄 고교 야구대회를 주최한다. 고교 야구팀이 4천개를 넘나드는 일본(2017년 고교야구연맹 가입 3천989팀)에서는 〈마이니치(毎日)신문〉과 〈아사히(朝日)신문〉이 봄과 여름에 나누어 여는 단 두 차례의 전국대회 밖에 없다. 고시엔구장이 완공된

고교 야구의 상징으로 통하는 고시엔.

이후로는 둘 다 이곳에서 경기를 치른다.

역사는 '여름의 고시엔'이라 불리는 〈아사히신문〉 쪽이 오래다. 1915년에 스타트했다. '봄의 고시엔'인 〈마이니치신문〉 주최 대회는 선고(選考)위원회가 32개 출전 팀을 뽑는 방식이다. 단, 5년마다 기념대회라고 하여 4개 팀을 추가한다. 이 대회를 센바쓰(選拔)라는 약칭으로 부르는 까닭이 바로 이 '선발'에 있다.

이에 비해 '여름의 고시엔'은 광역 지방자치단체 별로 예선을 거쳐 출전 팀이 정해진다. 47개 도도부현(都道府縣)에 한 팀씩인데, 인구가 많은 도쿄와 땅이 넓은 홋카이도(北海道)는 2팀을 배정하여 모두 49개 팀이 나선다. 기록을 보니 1926년의 제12회 대회에는 식민지였던 조선, 대만, 만주 대표도 출전했던 것으로 나와 야릇한 기분을 안겨준다.

고시엔의 열기는 무척 뜨겁다. 1회전부터 결승전까지 모든 경기를 공영방송 NHK가 텔레비전과 라디오로 생중계하는 것부터 예사롭지 않다. 매 게임마다 이긴 팀 교가가 구장에 울려 퍼진다. 진 팀 선수들은 눈물을 훔치며 열심히 운동장 흙을 봉지에 쓸어 담는다. 대회 마지막 날에는 우승 팀 3학년 선수들도 '굿바이 고시엔'이라며 흙을 담아간다. 평생 간직할 기념물인 것이다.

전국 고교생 만화 경연대회를 버젓이 '만화 고시엔'이라고 부르듯이, 고시엔의 인기를 드러내는 일화는 숱하다. 2006년 이른 봄, 홋카이도 삿포로(札幌) 역 앞에 〈아사히신문〉 호외가 뿌려졌다. 고시엔에 나가기로 된 그 지역 팀이 출전을 포기했다는 뉴스였다. 3학년 선수들이 술집에서 술 마시고 담배 피우다가 적발된 탓이었다. 그렇다고 신문이 호외까지 찍어?

국회의원 선거에서도 해프닝이 있었다. 한 후보자가 홍보자료에 '고교 시절 고시엔 4번 출전'이라고 자랑했다. 그가 당선된 뒤 언론에 의해 거짓말이 탄로 났다. 고시엔 출전은 3번뿐이었다고 했다. 그것도 벤치만 지킨 후보 선수였단다. 아무리 그래도 그렇지, 이제는 어엿이 금배지를 단 의원님을 망신 준다?

그렇다면 한국에는 70여 개에 불과한 고교 야구팀이 일본에는 어떻게 그토록 많으며, 그럼에도 불구하고 어째서 전국 규모 대회는 딱 두 번밖에 없을까? 대략 5천에 육박하는 고교(2017년 5월 현재 4천907개) 가운데 순수한 취미활동으로 야구를 택하는 곳이 많아 팀 숫자만 늘었다. 게다가 아무리 전국대회라도 정규 수업에 지장이 없도록 봄방학과 여름방학을 이용한다. 야구는 겨울 스포츠가 아니다.

그것과 일맥상통하는 또 다른 일화! 여름의 고시엔을 향한 지역 예선전에서 전무후무(前無後無)한 신기록이 세워졌다. 7회 콜드게임, 스코어는 122 대 0. 무참하게 패배한 팀은 한적한 북쪽 어촌 마을 고등학교, 워낙 학생 수가 적어 간신히 9명 배터리를 채운 팀이었다. 안타 86개, 포볼 33개, 도루 76개를 허용했단다. 자신들이 친 안타는 제로(0), 삼진만 16번 당했다.

이 대목에서 놓쳐서는 안 될 중요한 사실! 진 팀은 중도에 게임을 포기할 수 있었으나 이를 악물고 버텼다. 이긴 팀은 적당히 봐줄 수 있었건만 끝까지 진지한 자세로 몰아붙였다. 이견도 들렸으나 이를 두고 스포츠 정신의 진수였다고 칭찬하는 쪽이 더 많았다.

태평양전쟁 통에 5년간 중지된 것을 빼고는 해마다 열려온 고교 야구선수들을 위한 꿈의 무대. 2018년에 각각 90회(봄)와 100회(여름)를 맞았다. 봄 대회를 앞두고 〈마이니치신문〉 간판 칼럼 「여록(餘錄)」(2018년 3월 23일자)에 재미있는 글이 실렸다.

10년 전 80회 대회 때 이 칼럼에서 "야구의 봄은 고시엔을 찾아왔지만 고지엔에는 오지 않았다"고 썼단다. 발음이 닮은 국어사전 『고지엔(廣辭苑)』을 끌어들였는데, 이번 90회에는 이 사전에도 야구의 봄이 왔다는 것이었다.

'구춘(球春)'이라는 단어였다. 6판(2008년 발간)에서는 이 단어가 빠지더니 7판(2018년 발간)에는 들어갔다고 했다. 뜻풀이는 '야구 시즌이 시작되는 이른 봄 무렵'이었다. 바로 봄의 센바쓰를 빗댄 단어다.

〈아사히신문〉이 선정한 여름 대회 캐치프레이저도 단도직입(單刀直入)이다. 「진정한 여름(本気の夏), 100회째」. 출전 학교도 56개교로 늘어나 고교 야구 1세기를 되새기려 한다. 부럽다.

스모 相撲 すも

2018년 봄, 일본 언론이 시끌벅적했다. 어처구니없는 해프닝 탓이었다. 뭐랄까, 무지몰각? 그도 아니면 당연지사? 일단 잠깐 뒤로 밀쳐놓기로 하고….

몸무게 200킬로그램을 오락가락하는 거구의 사나이들이 어느 해 설날 직후 서울에 나타났다. 일본 씨름 스모 선수들이었다. 그들은 한일 월드컵 축구에서 맺어진 두 나라의 우정을 다지느라 찾아온 친선사절이었다.

일본에서는 일 년에 6번, 한 번에 보름동안 스모의 챔피언 결정전 오오즈모(大相撲)가 개최된다. NHK는 도쿄에서 3번, 지방에서 3번씩 번갈아 열리는 게임을 죄다 생중계한다.

스모는 도효(土俵)라고 하는 직경 4.55미터의 둥근 씨름판 안에서 경기가 치러진다. 발바닥 이외의 신체가 바닥에 닿거나, 도효

바깥으로 밀려나면 진다. 리키시(力士)라고도 불리는 선수들은 팬티 아닌 팬티인 마와시(マワシ)만 달랑 걸치고 나온다. 아슬아슬하게 보여도 벗겨질 염려가 절대 없다니까 안심하시라.

상대를 제압하는 기술은 여럿 있으나 생략하는 대신 반칙 몇 가지만 들먹여보자. 주먹을 쥐고 쳐서는 안 된다. 손바닥으로 뺨을 때리는 것은 상관없다. 머리카락을 고의로 잡아당기거나 눈이나 명치 같은 급소를 찌르면 안 된다. 발로 차는 것도 반칙이다.

스모의 특징 가운데 하나는 선수들이 도통 말이 없다는 점이다. 도효 위에서 들리는 유일한 소리는 경기 진행자인 교지(行司)가 이따금 지르는 짧은 외침이다. 전통복식 차림의 교지는 경기가 조금만 늘어져도 "노콧타! 핫키요이!"라고 버럭 소리 지른다. 직역하면 "남았다! 발기양양(發氣揚揚)"으로 아직 승부가 가려지지 않았으니 분발하라는 뜻이다. 일종의 추임새다.

리키시들은 급수에 따라 스모협회로부터 월급을 받는 샐러리맨이다. 최고위인 요코즈나(横綱)는 월 282만 엔, 상여금과 각종 수당을 합쳐 연 4천500여만 엔을 받는다. 물론 양로금(養老金)이라는 명칭의 퇴직금도 있다. 요코즈나가 1천500만 엔이다(2017년). 이밖에는 경기를 벌일 때마다 일반인이나 기업체가 거는 현상금(하나에 6만2천 엔) 가운데 세금과 스모협회 사무경비를 떼고 3만 엔을 배당받는다.

스모협회의 홈페이지 영어판 화면

「의무교육을 마친 건강한 남자, 키 167센티 몸무게 67킬로그램 이상, 나이 23세 미만」

2018년 현재 리키시 입문 기본조건이다. '중졸 남자'라는 규정 때문에 한 때 여성계가 들고일어난 적이 있었다. 스모 관중의 절반 이상이 여성이니 부아가 치밀 만도 했다. 글머리에 쓴 2018년 해프닝도 맥락은 똑같다.

준교(巡業)라는 게 있다. 스모 홍보를 위해 휴식기를 이용하여 선수들이 전국을 돌며 시범경기를 갖는 것을 가리킨다. 2018년의 준교가 열렸던 어느 지방도시 시장이 도효 위에서 축사를 하다가 갑자기 쓰러졌다. 관중석에 있던 두 여성이 뛰어올라가 심장 마사지를 시작했다.

순간, 장내 스피커가 울려 퍼졌다. “여자는 도효로 올라가면 안 됩니다. 당장 내려가세요!” 못 들은 척 구급대가 도착할 때까지 응급처치를 계속한 덕분에 시장은 목숨을 건졌고, 여인 중 한 명은 간호사로 신분이 밝혀졌다. 매스컴이 발끈하고 나섰다. 아무리 그래도 그렇지, 생명이 오가는데 전통만 따지다니!

그런 여성 금기보다 한결 돋보이는 스모의 전통은 따로 있다. 옷차림, 헤어스타일, 요란한 절차와 의식이 몽땅 옛날 그대로이다. 그래서 더욱 더 이 고풍스러운 스포츠에서마저 주저 없이 일본적인 미(美)를 들추곤 한다. 2002년 들어 해금이 될 때까지는 리키시가 속물스러운(!) 상업 광고에 출연하는 것조차 금지시켰다.

그래도 국제화, 첨단 과학화의 물결에는 어쩌지 못한다. 스모협회가 일본어와 영어로 된 홈페이지(www.sumo.or.jp)를 꾸며놓은 것이나, 최강자 대열에 외국인들이 즐비하다는 사실도 그렇다.

300년 역사에서 요코즈나에 오른 선수는 72명(2018년 봄 현재)에 불과하다. 외국인 첫 요코즈나는 1993년 탄생한 하와이 출신 미국인이었다. 이후 이제는 몽골인들이 바통을 이어받아 스모판을 휘어잡는다. 일본인들로서야 적이 약이 오를 만도 하다.

교진 巨人, きょじん

미스터 자이언트로 불린 사나이가 있었다. 남달리 덩치가 커서가 아니었다. 그가 청춘을 만끽하고 인생을 불사른 곳이 프로야구 요미우리(讀賣) 자이언트였고, 그의 발자취가 유난히 컸기 때문이다.

등 번호 3번, 현역 시절 수위 타자 6회, 홈런왕 2회, 타점왕 5회, MVP 5회를 기록한 나가시마 시게오(長嶋茂雄)가 바로 그 사나이다. 내친걸음에 밝혀두자면 생애 통산 타율 3할5리, 안타 2천471개, 홈런 444개.

영어 자이언트(giant)를 일본어로 옮겨 속칭 교진. 가장 많은 팬들을 몰고 다니며 온갖 화제를 뿌리는 구단. 1934년 대일본 도쿄야구구락부(大日本東京野球俱樂部)라는 이름으로 창단되었다. 이로써 일본 프로야구 역사의 첫 장이 열렸다. 흥미로운 점은 교진

창단 주역이 하필 경찰 출신의 태평양전쟁 A급 전범(戰犯)이자, 오늘날 세계 최대 발행부수를 자랑하는 일간 〈요미우리신문〉 사주였다는 사실이다.

일본 프로야구에는 센트럴리그와 퍼시픽리그 각 6개 팀이 있다. 센트럴리그는 주니치(中日), 야쿠르트, 자이언트, 한신(阪神), 히로시마(廣島), 요코하마(橫浜). 퍼시픽리그는 세이부(西武), 소프트뱅크, 닛폰햄, 롯데, 오릭스, 라쿠텐(樂天)으로 짜여졌다.

2001년 9월, 〈요미우리신문〉 계열 민방 N-TV가 정규 방송을 중단하고 긴급 생중계를 시작했다. 나가시마 감독의 은퇴 기자회견이었다. 다른 방송사들도 서둘러 속보를 내보냈다. '미스터 자이언트, 65세의 아쉬운 이별'이 주제였다.

선수 생활을 마감하면서 "교진은 영구 불멸하리라!"는 톡 튀는 명언을 남겼던 나가시마. 그는 이듬해 곧장 감독으로 취임하여 꼴찌를 면치 못하던 팀을 연속 2회 리그 우승으로 이끌었다.

그가 두 번째로 지휘봉을 쥔 것은 첫 전천후 야구장 도쿄돔이 개장된 뒤였다. 그로부터 10년, 미스터 자이언트의 교진은 세 차례 리그 우승과 두 차례 일본 시리즈 챔피언을 달성했다. 그럼에도 불구하고 나가시마의 퇴장을 재촉한 요인은 아무래도 시청률 하락과 수익 격감 탓으로 분석되었다.

그 후 그는 여론에 등 떠밀려 올림픽 대표팀 감독을 맡았다. 메이저리그에 진출하여 활약하는 선수도 많았건만, 어찌 된 영문인지 올림픽에서는 일본팀이 맥을 추지 못했다. 그래서 미스터 자이언트가 맡아 한번 본때를 보여 달라는 요청이 쇄도했던 것이다.

그 같은 일본인들의 한풀이를 위해 복귀했던 그가 2004년 뇌경색으로 쓰러지자 일본에서 발행되는 6개 스포츠신문은 모조리 1면 머리기사로 보도했다. 〈아사히신문〉을 필두로 한 종합 일간지들도 연일 난리법석이었다. 쓰러진 지 1년여 만에 그가 도쿄돔에 모습을 나타냈을 때에는 몰려든 취재진만 400명을 넘었다.

한국에서 건너간 야구 천재 이승엽이 교진에서 방망이를 휘두르던 게 벌써 10년 전, 성적이 밑바닥을 기는 요즈음(2017년 센트럴리그 4위, 퍼시픽리그와의 교류전 10위)도 여일(如一)한 교진 팬들의 열성과 극성. 일편단심이란 단어가 절묘하게 통한다.

하코네에키덴 箱根駅伝 はこねえきでん

우선 반세기쯤 세월을 거스른다. 1967년 3월 스웨덴. 제5회 스톡홀름 올림픽 개최 55주년 기념식이 스톡홀름 올림픽경기장에서 열리고 있었다. 난데없이 나이 여든 가까운 한 동양인이 운동복 차림으로 육상 트랙을 한 바퀴 돌았다. 잠시 뒤 이런 장내 방송이 울려 퍼졌다.

> 「일본의 가나쿠리 선수가 이제 막 골인했습니다. 시간은 54년 8개월하고도 5시간32분30초3, 이로써 제5회 스톡홀름 올림픽의 모든 경기가 종료되었습니다.」

'일본 마라톤의 아버지'로 불리는 가나쿠리 시소(金栗四三). 그는 올림픽 출전 일본 대표선수 1호로 스톡홀름 마라톤에 출전했다. 1912년이었다. 레이스 도중 그가 사라져버렸다. 행방불명된 마라톤 주자! 당시 현지 언론에는 이렇게 가십거리로 다루어진 모양이었다. 진상은 이랬다.

일본에서 배와 기차를 번갈아 타며 20일 여로 끝에 간신히 도착한 스톡홀름. 시합 당일 기온은 섭씨 40도, 숙소로 데리러 오기로 한 자동차가 펑크를 내는 바람에 가나쿠리는 뛰어서 허급지급 경기장으로 달려가자마자 출전선수(68명)들과 함께 스타트라인에 섰다.

가나쿠리는 레이스 도중 일사병으로 의식을 잃었다. 얼마나 혹독한 날씨였던지 선수 절반이 기권했고, 포르투갈 대표는 이튿날 죽었다. 올림픽 역사상 첫 케이스라고 한다. 쓰러진 가나쿠리를 발견한 근처 농가의 농부가 자택으로 업고가 보살폈다. 이튿날 그가 의식을 회복했을 때에는 올림픽 성화가 이미 꺼진 다음이었다.

자, 이제 본론으로 들어가자. 통칭 하코네에키덴. 정식 명칭은 도쿄 하코네 간(間) 왕복 대학 역전 경주. 올해(2018년)로 93회째를 맞은 최고 인기 대학 스포츠다. 해마다 1월2일, 3일 이틀에 걸쳐 열려 설날 분위기를 왕창 띄우는 것으로도 유명하다.

최대 일간지 〈요미우리신문〉과 간토(關東)학생육상경기연맹이 공동주최한다. 간토가 들어간 것에서 짐작할 수 있듯 참가 선수는 몽땅 도쿄를 중심으로 한 간토지역 21개 대학 재학생. 도쿄와 하코네 사이를 왕복 10개 구간(총 217.1킬로미터)으로 나눠 주자 10

명이 뛴다. 선수들이 바통 터치가 아니라 대학마다 특색을 살려 만든 어깨띠를 이어받아 매는 광경도 이색적이다.

1987년부터 요미우리 계열사인 일본텔레비전방송(日テレ)이 생중계를 시작하면서 열기가 치솟았다. 물론 지금은 라디오는 라디오대로, 유력 일간지는 인터넷판으로 생중계나 다름없이 구간별 소식을 리얼타임으로 알린다.

유서 깊은 이 대학 역전마라톤의 서막을 연 사람이 바로 가나쿠리였다. 그는 육상선수 육성이라는 목표를 실현시키고자 동분서주했다. 그런 노력이 서서히 결실을 맺고, 그게 국제 육상계에 알려지면서 스톡홀름 초대장을 받기에 이르렀던 것이다.

추위에는 아랑곳없이 연도(沿道)로 쏟아져 나오는 구름 같은 구경꾼. 그로 인해 주최 측이 골머리를 썩인다는 '행복한 고민'을 털어놓는 하코네에키덴. 국외자가 이러쿵저러쿵 간섭할 일은 아니로되, 살짝 눈살이 찌푸려지는 이야기도 들려온다. 너무 인기를 끌다보니 우승을 위해 아프리카 선수를 스카우트하는 대학이 늘어난다는 것이다. 그래서야 종합우승 팀에 주는 가나쿠리배(杯)가 멋쩍지 않을까?

사립 명문 와세다(早稻田)와 게이오(慶應)대학이 맞붙는 전통 스포츠 제전, 소케이센(早慶戰) 역시 유명세를 탄다. 소케이센은 야구와 럭비, 축구, 조정 네 종목이 주를 이룬다. 그 중 지금껏 가장 인기가 있으며 역사도 오랜 야구는 1903년 팡파르가 울렸으나 불과 두 해만에 정부가 경기 중지 명령을 내렸다. 응원 과열로 불상사가 우려된다는 이유에서였다.

그러다가 1914년 메이지(明治)대학을 끌어들인 3파전으로 부활했고, 세월이 흐르면서 릿쿄(立教)와 호세이(法政) 및 도쿄(東京)대학이 가세한 도쿄 6대학 야구로 바뀌었다. 다만 6팀 리그에서 마지막 경기는 항상 와세다와 게이오가 맞붙도록 대진표를 짜는 게 불문율이다.

소케이센의 두 대학 중 먼저 문을 연 곳은 게이오다. 일본 최고액권인 1만 엔 지폐에 초상화가 새겨진 계몽사상가 후쿠자와 유키치(福澤諭吉). 그가 네덜란드를 통해 스며들던 서양학문 난학(蘭學)을 가르치는 사설 학원(私塾)으로 1858년 설립했다. 지금도 이 학교 공식 명칭이 게이오기주쿠(義塾)대학인 것처럼 '숙(塾)'이 들어가는 이유다. 숙훈(塾訓)이라고 부르는 교훈은 일신의 독립 없이 일국의 독립도 없다는 「독립자존(自尊)」이다.

와세다는 정치가 오쿠마 시게노부(大隈重信)가 학문의 독립과 활용을 기치로 내세우면서 1882년 개교한 도쿄전문학교가 출발이다. 오쿠마는 훗날 총리를 역임하는데, 학교가 대학으로 승격할 때 그의 별장이 있던 동네 지명을 따서 와세다대학으로 개칭했다.

소케이센은 얼마나 인기가 있는가? 항상 경기장을 채우는 관중 숫자도 그러려니와, 또 하나의 일본다운 바로미터가 있다. 황실의 관심이 그것이다. 1950년 가을에는 히로히토(裕仁) 천황 부부가 전전(戰前)에 이어 두 번째로 야구를 관전했다. 1990년대 들어와서는 새로 즉위한 아키히토(明仁) 천황 부부가 발걸음을 옮겼다.

야구보다 한참 늦게 스타트한 축구는 황태자 시절의 아키히토 부부가 찾아갔다. 미치꼬 비(妃)로서는 이때가 난생 첫 축구 구경이었다고 한다. 또 1994년에는 황태자 나루히토(德仁) 부부가 경기장에 모습을 보여 부전자전(父傳子傳)의 광경을 연출했다.

명문 대학끼리의 스포츠 제전은 더러 있다. 미국 동부지역 8개 대학이 미식축구 챔피언을 가리는 아이비리그(Ivy League)가 그렇고, 1826년 테이프를 끊은 조정을 필두로 영국의 옥스퍼드와 케임브리지대학이 벌이는 옥스브리지((Oxbridge) 혹은 케임퍼드(Camford)가 그렇다.

야구는 봄과 가을, 축구는 여름, 조정은 봄, 그리고 럭비는 근로감사절로 열리는 날짜가 다른 소케이센. 근년 들어 학생 의식 저하로 다소 열기가 식었다며 입맛을 다시는 소리가 들린다.

그래도 게이오대학 응원가 제목 「젊은 피」처럼, 하코네에키덴이나 소케이센이나 젊은 대학생 선수들의 피가 끓는 게 얼마나 장한 일인가! 참, 가나쿠리의 평생 신조였다는 「체력·기력·노력」은 스포츠인이라면 누구나 마음에 새겨둠직하다.

누군가 아름드리나무에 흔적을 남겼다. 시데(紙垂)를 흉내낸 것이라면 성역과 풍요의 기원을 담은 모양이다. 지긋이 바라보며 나도 은근슬쩍 지일(知日)의 알찬 열매가 맺히기를 소망해본다.

책갈피를 여미며

다다익선(多多益善). 작년 한해 일본을 찾아간 한국인 숫자가 700만 명을 넘어섰단다. 놀랍다. 많을수록 좋다. 여론몰이에 능한 정치꾼들이 일쑤 써먹는 무작정 반일(反日)에 놀아나지 않으려면 몸소 눈으로 보고, 귀로 듣고, 마음으로 느끼는 게 으뜸이다.

등잔 밑이 어둡고 이웃집이 멀다며 손사래 치다가는 밑진다. 바짝 다가서서 똑바로 살피면 남는다. 애증(愛憎)을 접고, 내 눈의 들보부터 치우자. 비로소 길이 트인다.

제제다사(濟濟多士). 이제 눈 밝고 귀 밝고 마음 밝은 이들이 쏟아질 차례다. 지심(知心)으로 손잡으면 물방울이 바위를 뚫는다. 얼씨구절씨구!

상징어(象徵語)를 돋보기 삼아 일본을 톺아보는 네 번째 시도, 『일본지식채널』(예담) 이래 훌쩍 10년이 흘렀다. 여전히 남는 허방 짚기의 아쉬움, 누군가에게 디딤돌로나마 놓일 수 있기를 목 빼고 기다린다.

2018년 8월을 앞두고

조 양 욱

상징어와 떠나는 일본 역사문화 기행

Japan Keywords 99

초판 1쇄 2018년 7월 25일
초판 2쇄 2018년 9월 5일
지은이 조양욱
발행 (주)엔북

(주)엔북
우)04074 서울 마포구 와우산로3길 17 4층
전화 02-334-6721~2
팩스 02-6910-0410
메일 goodbook@nbook.seoul.kr
신고 제 300-2003-161
ISBN 978-89-89683-61-2 03910
ⓒ조양욱, 2018